아들러
삶의 의미

아들러
삶의 의미

Der Sinn des Lebens

일, 사랑, 관계로 읽는
아들러 심리학

알프레드 아들러 지음 | 최호영 옮김

🏵 을유문화사

아들러
삶의 의미

일, 사랑, 관계로 읽는
아들러 심리학

발행일
2019년 5월 25일 초판 1쇄
2024년 5월 5일 초판 7쇄

지은이 | 알프레드 아들러
옮긴이 | 최호영
펴낸이 | 정무영, 정상준
펴낸곳 | (주)을유문화사

창립일 | 1945년 12월 1일
주소 | 서울시 마포구 서교동 469-48
전화 | 02-733-8153
팩스 | 02-732-9154
홈페이지 | www.eulyoo.co.kr

ISBN 978-89-324-7402-1   03180

"인간은 자신이 이해하는 것보다 훨씬 많이 안다."

알프레드 아들러

일러두기

1. 이 책은 알프레드 아들러가 1933년에 발표한 *Der Sinn des Lebens*를 번역한 것이다.

2. 원문에서 이탤릭으로 강조한 곳은 볼드체로 표시했다.

3. 원주는 후주로 하였고, 옮긴이의 주는 본문 하단에 각주로 달았다. 그리고 본문 내용 중 보충 설명이
   필요한 경우 옮긴이가 [ ]안에 내용 이해를 돕는 단어나 글을 넣었다.

나는 오랜 세월 정신 질환을 상담하는 의사로서 그리고 학교와 가정에
서는 심리학자이자 양육자로서 늘 엄청나게 많은 인간 군상을 접해 왔
다. 나는 내 경험을 바탕으로 증명할 수 없는 것은 절대로 주장하지 않
으려고 무척 애썼다. 따라서 내가 인간의 운명을 집중적으로 관찰할 기
회가 훨씬 적었던 사람들의 선입견과 종종 충돌한 것은 그리 놀라운 일
이 아니다. 이럴 때면 나는 다른 사람의 주장을 아주 냉정하게 검토하려
고 노력했는데, 이것은 내게 그리 어려운 일이 아니다. 왜냐하면 나는
스스로 어떤 엄격한 규칙이나 선입견에도 얽매이지 않았다고 믿기 때문
이다. 오히려 내가 신봉하는 원칙은 모든 것이 현재와 다르게 흘러갈 수
도 있다는 것이다. 개인의 유일무이함은 짧은 공식으로 표현할 수 없다.
그리고 일반 규칙이란 (내 개인심리학이 제시하는 규칙도 포함해) 개개인이
눈에 들어오거나 들어오지 않는 시야를 임시로 비추는 보조 수단일 뿐
이다. 규칙에 대한 이런 평가, 유연함을 강조하고 미묘한 차이를 놓치지

않으려는 이런 감성을 바탕으로 나는 아동이 유아기에 자유로운 창의력을 발휘하며 나중에 삶의 확고한 운동 법칙*이 확립되면 목표 지향적인 힘을 발휘한다는 사실을 점점 더 확신하게 되었다. 완전, 완성, 우월 또는 진화를 추구하는 아동에게 자유로운 활동 공간을 인정하는 이런 관점에서 볼 때 타고난 능력의(일반적인 것이든 인간적으로 변형된 것이든) 영향력과 환경 또는 양육의 영향력이란 자신의 생활양식을 놀이하듯 쌓아 가는 아동의 집짓기 블록과도 같다.

그리고 내가 확신하게 된 또 한 가지는 다음과 같다. 오직 '영원의 관점에서sub specie aeternitatis'[즉 일시적이고 기만적인 현상이 아니라 영원한 진리의 관점에서] 제대로 구축된 아동의 생활양식만이 삶의 무게를 차질 없이 견뎌 낼 것이다. 아동은 늘 새롭고 다양한 과제에 직면하는데, 훈련된 반사(조건 반사) 능력이나 타고난 정신적 능력만으로는 이것을 풀 수 없다. 훈련된 반사 능력이나 타고난 능력만 지닌 아동을 늘 다른 문제를 제기하는 세계의 시험에 내놓는 것만큼 무모한 일도 없을 것이다. 결코 멈출 줄 모르는, 그러나 결국에는 생활양식의 길로 접어들 수밖에 없는

---

* 아들러에 따르면 개인은 이미 어린 시절에 자기 자신, 주위 사람, 주위 세계에 관한 견해를 형성하며, 이를 바탕으로 자신이 적절하다고 생각하는 전략, 방법, 수단 등을 사용해 완전의 목표를 추구한다. 완전의 목표를 추구하는 이런 개인적인 방식을 싸잡아 아들러는 개인의 '운동 법칙Bewegungsgesetz' 또는 개인의 '생활양식Lebensstil' 등으로 불렀다. 개인의 '운동 법칙'이라는 표현이 현대인에게는 낯설지 모르나, 과학적 심리학이 생겨나기 시작하던 20세기 초엽에 아들러는 물리 현상을 설명하던 뉴턴의 운동 법칙처럼 심리 현상을 설명하는 근본 원리를 찾으려 한 것으로 보인다. 참고로 프로이트는 정신분석Psychoanalyse을 정신역학Psychodynamik이라고도 불렀는데, 이것도 인간 내면에 있는 힘들의 상호 작용을 물리 역학처럼 서술하겠다는 연구 계획의 표현이었다.

창조적인 정신에게 이것은 언제나 가장 큰 과제다. 여러 심리학 학파에서 본능, 추동, 감정, 사고, 행위, 쾌락과 불쾌에 대한 태도, 자기애와 공동체 감정Gemeinschaftsgefühl(공동체 의식) 등으로 부르는 모든 것도 결국 생활양식으로 수렴된다. 생활양식이 모든 표현 형태를 좌우하며, 전체가 부분을 좌우한다. 만약 오류가 있다면, 그것은 운동 법칙에, 생활양식의 최종 목표에 있지 이것의 일부 표현에 있지 않다.

내가 이런 통찰을 배울 수 있었던 세 번째 사실은 다음과 같다. 심리 과정에서 인과 법칙처럼 보이는 것은 모두 자신의 교리를 기계론적으로 또는 물리학적으로 포장하려는 많은 심리학자의 경향에서 비롯한 것이다. 사람들은 비유를 들기 위해 위아래로 작동하는 펌프 장치, 극성을 지닌 자석, 기초 욕구를 충족하려고 사납게 싸우는 동물 등등을 끌어들인다. 그러나 이런 관점에서는 인간의 심리 과정이 지닌 근본적인 특성이 드러나지 않는다. 물리학에서도 인과 법칙의 토대를 허물고 그 대신에 사태 전개의 통계적 확률을 이야기하는 마당에 개인심리학이 정신 사태의 인과 법칙을 부정한다는 비난은 더 이상 진지하게 고려할 가치도 없을 것이다. 일반인에게도 자명하듯이, 무한히 다양한 실패를 실패로 '이해'할 수는 있어도 이것을 인과 관계로 설명할 수는 없다.

많은 심리학자가 법석대는 절대적 확실성의 토대를 이제 우리가 정당한 이유로 떠날 경우, 인간을 측정할 유일한 척도로 남는 것은 **인류의 필연적인 물음에 비추어 본 인간의 운동**이다. 세 가지 물음이 모든 인간에게 불가피하게 제기되는데, 공생인Mitmensch에 대한 입장, 직업, 사랑이 바로 그것이다. 첫 번째를 통해 서로 연결된 이 세 가지는 우연한 것이 아니라 우리가 피할 수 없는 물음이다. 이것은 인간이 사회, 우주적 요인, 이성異性과 맺는 관계에서 비롯한다.* 이것을 어떻게 해결하느냐가 인류의 운명과 안녕을 좌우한다. 인간은 전체의 일부다. 또한 인간의 가치도 이 물음을 개인마다 어떻게 해결하느냐에 따라 달라진다. 이것은 우리가 풀어야 할 수학 문제와도 같다. 오류가 클수록, 오류가 있는 생활양식의 주인은 더 큰 곤란에 처할 가능성이 높기 때문이다. 이런 곤란은 개인이 지닌 공동체 감정의 용량이 시험대에 오를 때 노골적으로 모습을 드러낸다. 외인성 요인은, 협력과 공생을 요구하는 과제의 시급성은 언제나 아동의 행동 장애, 신경증과 신경정신증, 자살, 범죄, 중독, 성도착 같은 잘못된 증상을 유발한다.

이런 증상을 통해 공생 능력의 결핍이 폭로될 때 제기되는 물음은 단순히 학술이 아니라 치유를 위해 중요하다. 과연 공동체 감정의 성장이 언제 어떻게 저지되었을까? 이 물음에 따라 관련 사건을 찾다 보면 유아기까지 거슬러 올라가게 되고, 거기서 경험상 올바른 발달에 장애가 되었을 법한 상황을 접하게 된다. 그러나 거기에는 언제나 아동의 잘못된 응답이 함께 있다. 그리고 이렇게 드러난 상황을 좀 더 자세히 살펴보면, 정당한 개입에 아동이 잘못 응답한 경우도 있고, 잘못된 개입에 잘못 응답한 경우도 있으며, 또 어떤 때는(무척 드물기는 하지만) 잘못된 개입에 아동이 올바로 응답한 경우도 있다. 그리고 아동은 외부 세계로

---

* 직업과 우주적 요인의 연관성. 위에서 언급한 '영원의 관점' 같은 표현 때문에 후기 아들러의 총체론적 인간 이해는 신비주의로 나아간다고 해석되기도 한다. 이렇게 볼 때 인간은 사회 전체를 넘어 우주 전체의 일부다.

부터 자신의 견해와 반대되는 인상을 받을 경우 일단 접어든 길을 포기하기보다는 늘 극복을 지향하는 방향으로 추가 훈련을 경험한다. 그러므로 양육은 양호한 영향력을 행사하는 것뿐만 아니라 이런 영향력을 바탕으로 아동의 창의력이 무엇을 구성하는지를 면밀히 점검하는 일도 포함한다. 그래야만 구성이 잘못되었으면 개선을 위한 길의 목표는 닦을 수 있기 때문이다. 그리고 이 더 나은 길의 목표는 언제나 협력과 타인에 대한 관심을 제고하는 데 있다.

아동이 자신의 운동 법칙을 발견하면, 아동의 다른 모든 능력도 이 운동 법칙에 결부된 특성을 보이게 된다. 아동의 운동 법칙은 리듬, 기질, 활동, 무엇보다 공동체 감정의 정도를 관찰해 판단할 수 있는데, 이런 현상은 빠르면 생후 2년에도 나타나고 5년부터는 확실히 나타난다. 이 책의 주요 고찰 대상은 운동 법칙과 결부된 통각^{Apperzeption},* 즉 인간이 자신과 외부 세계를 바라보는 방식이다. 다시 말해 이것은 아동이, 그리고 나중에는 같은 운동 법칙의 지배를 받는 성인이 자신과 세계에 관해 획득한 견해다. 그러나 이 견해는 연구 대상인 사람의 말과 생각을 통해 드러나지 않는다. 왜냐하면 이것들은 모두 극복을 지향하는, 그래서 자신을 단죄할 때조차 높은 곳을 곁눈질하게 만드는 운동 법칙의 마법에 너무나 강력히 사로잡혀 있기 때문이다. 더 중요한 것은 아동이 언어나 개념을 충분히 구사하지 못하는 시기에 삶 전체를, 내가 구체적으로 생활양식이라고 부른 것을 구축한다는 사실이다. 나중에 아동의 이

---

* 통각統覺이란 다양한 지각 내용을 통일하는 의식 작용을 가리킨다.

해력이 더 성장하더라도, 이것은 결코 단어로 표현된 적이 없는 운동 속에서 이루어지기 때문에, 비판의 대상이 될 수도 없고, 경험의 비판으로부터도 자유롭다. 이것은 [프로이트가 주장하는] 억압된 무의식 같은 것이 전혀 아니며 오히려 '이해되지 못한 것', '이해를 벗어난 것'이다. 사람들이 전문가와 이야기할 때 바탕에 깔려 있는 것은 오히려 그 사람의 생활양식과 (공동체 감정이 있어야 풀리는) 삶의 과제에 대한 그 사람의 태도다.

따라서 자신과 외부 세계에 관한 견해를 알아내는 최선의 방법은 그 사람이 삶에서 어떤 의미를 발견하는지, 그리고 자신의 삶에 어떤 의미를 부여하는지를 살피는 것이다. 이것이 이상적인 공동체 감정, 공생, 협력, 공생인과 불협화음을 낼 경우, 틀림없이 여기에서 그 불협화음이 분명하게 울려 퍼질 것이기 때문이다.

이제 우리는 삶의 의미에 관해 그리고 다양한 인간이 어디에서 삶의 의미를 찾는지에 관해 무언가를 아는 것이 어째서 중요한지를 이해할 준비가 되었다. 만약 우리의 경험 밖에 있는 삶의 의미에 관해 적어도 일부라도 탄탄한 인식이 가능하다면, 이것에 명백히 반하는 사람은 당연히 불의의 편에 서게 될 것이다.

앞으로 보게 되겠지만 이 책의 저자로서 나는 일단 조심스럽게 내 경험을 통해 충분히 뒷받침됐다고 여기는 부분의 성공만을 추구할 것이다. 내가 이 과제를 기꺼이 받아들이는 까닭은 삶의 의미를 어느 정도 분명히 인식할 경우 추가 연구를 위한 과학적 프로그램이 자라날 것이라는 희망뿐 아니라 삶의 의미를 더 잘 인식함으로써 이 의미를 위해 나설 사람의 수도 이 인식의 성장과 함께 뚜렷이 증가할 것이라는 희망의 손짓 때문이다.

1. 자신과 세계에 관한 견해

내가 전혀 의심하지 않는 사실은 사람은 누구나 살면서 마치 자신의 힘과 능력에 관해 아주 확실한 견해를 가지고 있는 것처럼, 그리고 마치 당면 사태의 어려움 또는 쉬움에 관해 행동을 개시할 때부터 분명히 알고 있는 것처럼 행동한다는 점이다. 한마디로 말해, **인간의 행동은 자신의 견해에서 비롯한다.** 이것은 그리 놀라운 일이 아닌데, 왜냐하면 우리는 감각을 통해 사실을 받아들이는 것이 아니라 외부 세계의 반사체, 주관적인 상像만을 받아들이기 때문이다. "모든 것은 견해에 달렸다Omnia ad opinionem suspensa sunt." 심리학 연구에서는 세네카Seneca의 이 말을 잊지 말아야 할 것이다. 삶의 중대한 사실들에 대한 우리의 견해는 우리의 생활양식에 좌우된다. 우리의 견해와 충돌하는 사실에 부딪힐 때만 우리는 직접 경험을 통해 견해를 일부 수정하고 인과 법칙을 수용하는 경향이 있지만, 이때도 삶에 대처하는 견해를 바꾸지는 않는다. 독사가 실제로 내 발에 접근하든 아니면 내가 그저 그렇게 믿든 내게 미치는 효과는 똑같

1. 자신과 세계에 관한 견해

다. 어머니와 분리된 응석둥이가 도둑이 들까 봐 무서워하든 아니면 정말로 집에 도둑이 들었든 아이의 불안에는 전혀 차이가 없다.* 어떤 경우라도, 불안을 야기하는 아이의 가정이 반증되더라도, 어머니 없이는 살 수 없다는 아이의 견해는 변하지 않는다. 광장공포증에 시달리면서 발 밑 땅바닥이 흔들린다는 느낌 또는 생각 때문에 거리로 나서길 꺼리는 남성은 상태가 양호한 날에 발 밑 땅바닥이 정말로 흔들려도 똑같이 반응할 것이다. 다른 사람과 협력할 준비가 되지 않은 탓에 도둑질이 더 쉽다고 잘못 판단해 건전한 노동을 피하는 도둑이 노동에 대해 보이는 반감은 실제로 노동이 도둑질보다 더 힘들 때 노동에 대해 보이는 반감과 다르지 않다. 삶이 절망적이라고 잘못 판단해 죽음을 택하려는 자살자는 실제로 삶이 절망적일 때도 다르게 반응하지 않을 것이다. 중독자는 삶의 과제를 떳떳하게 해결하기보다 중독 물질이 선사하는 안도감을 더 높게 평가하지만, 설령 이런 평가가 실제로 타당하다고 해서 그의 행동이 달라지는 것은 아니다. 남성 동성애자는 자신이 두려워하는 여성에게 매력을 느끼지 못하는 반면에 정복하면 승리감을 안겨 줄 법한 남성에게 매력을 느낀다. 이들은 모두 어떤 견해에서 출발하는데, 만약 이 견해가 옳다면 이들의 행동은 객관적으로도 합리적이라고 평가할 수 있을 것이다.

다음과 같은 사례가 있었다. 36세의 어느 변호사는 자신의 직업에 전혀 흥미가 없었다. 그는 자신이 성공을 거두지 못한 이유가

• 역자는 이 글에 사용된 "verzärteltes Kind"와 "verwöhntes Kind"를 같은 의미로 이해했으며, 맥락에 따라 "응석둥이" 또는 "(부모/어머니의) 응석받이에 길든 아이"로 옮겼음을 밝혀둔다.

자신을 찾는 소수의 의뢰인에게 나쁜 인상을 주었기 때문일 거라고 생각했다. 그는 사람들과도 잘 어울리지 못했으며, 특히 젊은 여성 앞에서는 유난히 수줍음을 탔다. 그는 오랜 망설임 끝에 거의 억지로 떠밀려 결혼했지만, 1년 만에 이혼하고 말았다. 그는 이제 세상을 거의 등진 채 부모와 함께 살고 있으며, 부모가 그의 뒷바라지를 떠맡다시피 하고 있다.

　　외아들인 그는 어머니의 엄청난 응석받이에 길들면서 성장했다. 어머니는 늘 그를 감싸고돌았다. 어머니는 아들이 언젠가 아주 훌륭한 인물이 될 것이라는 말을 입에 달고 살았으며, 그래서 아이와 아버지도 덩달아 그렇게 믿었다. 이 소년은 이런 기대 속에서 성장했으며, 뛰어난 학교 성적이 이런 기대를 증명하는 것 같았다. 응석둥이로 자라서 자제력이 없는 대다수 아이가 그렇듯이 그는 수음의 야릇한 매력에 빠져들었으며, 결국 학교에서 그의 이상한 짓을 목격한 여자 아이들의 놀림거리가 되고 말았다. 그래서 그는 여자 아이들을 완전히 등지게 되었다. 외톨이가 된 그는 사랑과 결혼에 관한 승리의 환상에 빠져들었으며, 그가 완전히 지배할 수 있었고 오랫동안 성적 욕망의 대상이기도 했던 어머니에 대해서만 매력을 느꼈다. 이 사례에서도 분명하게 볼 수 있듯이 이른바 오이디푸스 콤플렉스Ödipuskomplex*는 어떤 증상의 '기초'라기보다 아이를 과잉보호하는 어머니에 의해 나타나는

---

* 프로이트의 이론에서 아이가 이성 관계의 부모에게는 성욕을 느끼고 동성 관계의 부모에게는 적대감을 느낀다는 복합 감정

부작용인데, 이런 증상은 소년 또는 청소년의 잘난 허영심이 소녀 때문에 상처를 입었다고 느낄 때 또는 사회적 관심이 제대로 발달하지 못해서 다른 친구들과 어울리지 못할 때 더욱 두드러진다. 대학을 졸업하기 직전 자립의 문제가 수면 위로 떠올랐을 때, 그는 우울증에 빠져 다시 세상을 등지게 되었다. 아동기에 그는 부모의 응석받이에 길든 아이가 으레 그렇듯이 심약하고 낯을 많이 가렸다. 그리고 나중에는 학교 친구들을 회피했으며, 이제는 직장에서도 과거와 마찬가지로 몸을 뺀다.

나는 이상의 서술로 만족하면서 그가 자신의 후퇴를 정당화하기 위해 들었던 그 밖의 반주 코드들, '이유', 변명, 기타 증상에 대해서는 더 이상 언급하지 않을 것이다. 하나는 분명하다. 이 남성은 평생 동안 바뀌지 않았다. 그는 언제나 1등이 되고자 했으며 성공이 불확실할 때면 늘 후퇴했다. 삶에 대한 그의 견해는 (그에게는 감춰져 있지만 우리가 추측할 수 있는 그의 견해는) 다음과 같은 공식으로 요약할 수 있다. "세상이 내게 승리를 허락하지 않으므로, 나는 뒤로 물러설 것이다." 우리는 그가 다른 사람에 대한 승리를 삶의 완성으로 간주하는 인간으로서 바로 이런 측면에서는 제대로 똑똑하게 처신했다고 말할 수 있을 것이다. 그가 확립한 운동 법칙에 담긴 것은 '이성理性'이나 '상식'이 아니라 내가 '사적 지능'•이라고 부른 것이다. 때문에 설령 다른 사람

• 공동체 감정 또는 상식과 분리된 채 개인이 자기 합리화를 위해 사용하는 논리를 아들러는 '사적 지능' 또는 '사적인 내면의 논리'라고 불렀다.

에게는 이런 삶이 전혀 가치가 없어 보여도, 그의 행동은 별로 달라지지 않았을 것이다.

　표현 형태가 다르고 현실 차단 성향이 덜하긴 하지만 다음 사례도 비슷하다. 26세의 한 남성은 어머니의 편애를 받은 두 형제와 함께 성장했다. 질투심이 강했던 그는 형의 우월한 능력을 따라잡으려고 무진 애를 썼다. 어머니에 대해 그는 일찌감치 비판적인 태도를 취했고, 삶의 새로운 국면에 처한 아이가 늘 그렇듯이 아버지에게 끌렸다. 어머니에 대한 반감은 할머니와 보모의 견디기 힘든 버릇 탓에 이내 여성 전체로 확대되었다. 여성의 지배를 벗어나고 남성을 지배하겠다는 야망이 엄청나게 커졌다. 그는 온갖 방법을 동원해 형의 우월함을 저지하려 했다. 체력, 체육, 사냥 등에서는 형이 우월했기 때문에 그는 신체 활동을 혐오하게 되었다. 그는 이미 여성을 배제하려 했던 것처럼 신체 활동을 자신의 영향력 범위에서 배제했다. 그는 승리감을 안겨 줄 만한 성취에만 관심을 가졌다. 한동안 그는 한 소녀를 멀찌감치 떨어져서 사랑하고 흠모했다. 그러나 이런 소극적인 태도가 마음에 들지 않았는지, 소녀는 다른 남자에게 가 버렸다. 행복한 결혼 생활을 하는 형을 보면서 자신은 그렇게 행복하지 못할 것이라는 걱정이 들었고, 어머니와 보낸 어린 시절처럼 또다시 자신이 열등한 역할을 하는 것으로 세상 사람들의 눈에 비칠까 봐 두려웠다. 형의 우월을 인정하지 않으려는 그의 충동이 얼마나 강렬했는지를 보여 주는 한 예를 들어 보자. 한번은 사냥을 나갔던 형이

의기양양한 표정으로 멋진 여우 가죽을 들고 집으로 돌아왔다.
그러자 우리의 친구는 형의 승리를 박탈하기 위해 몰래 하얀 여
우 꼬리를 잘랐다. 그의 성 충동은 여성을 배제한 후 그에게 유일
하게 남은 방향으로 흘렀으며, 비교적 좁은 범위에서 왕성하게
활동하던 그는 결국 동성애자가 되었다. 삶의 의미에 관한 그의
견해를 해독하기는 어렵지 않다. 그에게 삶이란 그가 시작한 모
든 것에서 우월한 자가 되는 것이었다. 그리고 이를 달성하기 위
해 그는 승리할 자신이 없는 모든 활동을 배제했다. 그러나 문제
를 규명하기 위한 우리의 대화 속에서 가장 먼저 알게 된 씁쓸한
사실은 동성연애의 파트너도 자신의 마법적인 매력을 바탕으로
자신의 우위를 주장했다는 점이다.

이 경우에도 우리는 '사적 지능'의 작동을 관찰할 수 있으며, 만약
소녀로부터 거부당하는 것이 일반 현상이라면 대다수 다른 사람들도
똑같은 길을 갔을 것이다. 실제로 강력한 일반화 경향은 생활양식을 구
축할 때 무척 자주 나타나는 근본적인 오류다.

'인생 계획'과 '견해'는 서로를 보완한다. 이 둘의 뿌리는 아동이 체
험에 기초한 자신의 결론을 단어와 개념으로 표현할 수 없던 시기까지
거슬러 올라간다. 그러나 이미 이 시기에 아동은 말 없는 결론을 바탕으
로 또는 종종 하찮은 체험이나 강력한 감정이 실린 말 없는 경험을 바탕
으로 더 일반적인 형태의 행동을 발달시키기 시작한다. 그리고 단어와
개념이 없는 시기에 형성된 일반적인 결론과 이에 관련된 경향은 이후

시기에도 계속 효력을 발휘한다. (물론 이후 시기에는 이런 효력이 다양하게 완화되는데, 왜냐하면 상식이 어느 정도 교정력을 발휘해 인간이 규칙, 표어, 원칙 등에 너무 의지하지 않도록 억제하는 역할을 하기 때문이다. 나중에 보게 되겠지만 의지와 보장에 대한 과도한 추구는 심각한 불확실성과 열등감의 표현인데, 우리가 여기에서 해방될 수 있는 것은 공동체 감정을 통해 제고된 상식 덕분이다.) 특히 자주 관찰되는 다음과 같은 사례는 동물의 경우에도 똑같이 잘못된 과정이 나타난다는 사실을 보여 준다. 강아지 한 마리가 거리에서 주인을 쫓아가도록 훈련을 받았다. 이 기술을 이미 꽤 익힌 어느 날 강아지가 막 출발하는 자동차 위로 뛰어오르는 일이 벌어졌다. 자동차의 속도 때문에 강아지는 그만 밖으로 나뒹굴고 말았지만, 다행히 별 상처는 입지 않았다. 틀림없이 이것은 강아지에게 본능적으로 반응할 수 없었던 아주 특별한 경험이었을 것이다. 그리고 이 개가 그 후로도 훈련에 진척을 보인 반면 사고 장소로는 결코 가려 하지 않았다는 사실을 고려하면, '조건 반사' 같은 것도 일어나지 않은 듯하다. 이 개는 거리나 차량이 아니라 사고 장소를 무서워했으며, (때로는 인간도 그런 것처럼) 자신의 부주의나 미숙함이 아니라 장소가 문제였다는 일반적인 결론에 도달한 셈이다. 그래서 개가 보기에는 이 장소에 언제나 위험이 도사리고 있었다. 비슷한 행동을 보이는 많은 사람들과 마찬가지로 이 개가 이런 견해를 고수한 까닭은 이를 통해 적어도 '이 장소에서는' 더 이상 다치지 않을 것이라는 목표를 달성할 수 있었던 덕분이다. 이와 비슷한 구조는 신경증에서도 자주 발견된다. 패배의 위험과 자존심의 손상을 두려워하는 신경증 환자는 해결할 수 없는 것으로 오인된 문제에 직면해 심

1. 자신과 세계에 관한 견해

리적 동요를 느낄 때 이런 동요에서 비롯한 신체적 또는 정신적 증상을 받아들이면서 이를 핑계로 후퇴를 개시함으로써 자신을 보호하려 한다.

'사실'이 아니라 사실에 관한 우리의 '견해'가 우리에게 영향을 미친다는 사실은 분명하다. 자신이 사실에 부합하는 견해를 가지고 있다는 확신은 특히 경험이 적은 아동이나 공동체를 멀리하는 성인의 경우에 불충분한 경험이나 반대 견해의 부재 덕분에 유지되며 나아가 이런 견해에 따른 행동의 성공 덕분이기도 하다. 그러나 이런 기준은 종종 불충분한 것인데, 왜냐하면 행동 범위가 제한된 경우가 많고, 비교적 사소한 과오나 반대 견해는 종종 힘들이지 않고 또는 다른 방법으로도 어느 정도 매끈하게 처리할 수 있기 때문이다. 그리고 이런 사정 때문에 인생 계획이 일단 수립되면 오랫동안 유지되는 경향이 있다. 우리는 비교적 큰 과오를 범해야만 좀 더 예리한 반성을 하게 되는데, 그나마 이것이 결실을 맺으려면 개인적인 우월의 목표와 무관한 삶의 과제를 해결하기 위해 협력하는 자세가 필요하다.

그러므로 우리의 결론은 누구나 자신과 삶의 과제에 관한 '견해'를 갖고 있으며, 본인 스스로도 이해하거나 설명하지 못하는 이런 인생 노선과 운동 법칙이 그 사람을 지탱한다는 것이다. 이 운동 법칙은 아동기의 좁은 공간 안에서 발생하며, 이것의 발달은 아동이 타고난 힘과 외부 세계로부터 받은 인상을 수학적으로 공식화할 수 없는 자유로운 방식으로 활용하는 가운데 별다른 선택 제약 없이 이루어진다. '본능', '추동', 외부 세계와 양육으로부터 받은 인상의 방향과 이것의 목표 지향적 활용은 아동의 예술 작품이다. 이것은 '소유심리학Besitzpsychologie'이 아니라 '사용심리학Gebrauchspsychologie'의 관점에서만 이해될 수 있다.• 많은 경우에 유형, 유사성, 대강의 일치 등은 늘 존재하는 미묘한 차이를 담지 못하는 언어의 빈곤이 빚은 결과이거나 통계적 확률의 결과일 뿐이다. 이런 것들을 확인했다고 바로 규칙을 수립해서는 안 된다. 이것은 개별 사례의 이해를 촉진하지 않으며, 유일무이한 개별 사례를 발견하기 위한 시야를 비추는 데 사용될 뿐이다. 예컨대 심각한 열등감을 확인했다고 하더라도 아직 개별 사례의 종류와 특성에 관해서는 아무것도 알지 못하며, 양육이나 사회적 환경의 어떤 결함을 지적할 때도 마찬가지다. 왜냐하면 이런 결함은 외부 세계를 대하는 개인의 행동 속에서 언제나 다양한 형태로, 즉 아동의 창의력과 이에 기초한 아동의 '견해'가 개입해 언제나 개인마다 다른 모습으로 나타나기 때문이다.

위에서 말한 것을 설명하기 위해 몇 가지 도식적인 예를 들어 보자. 한 아이가 태어날 때부터 위장병에, 즉 소화 기관의 타고난 열등성에 시달렸지만, (이상적으로는 거의 일어나지 않는) 완전히 합목적적인 영양 공급을 받지 못했다면, 이런 아이는 음식 및 이와 관련된 모든 것에 특별한 관심을 갖기 쉽다.[1] 이를 통해 자신과 삶에 대한 아이의 견해는 영양 섭취에 대한 관심과 강력하게 결부될 것이며, 아마도 나중에는 음식과의 연관성을 깨닫게 되어 돈에 대한 관심도 커질 것이다. 그러나 이것은 사례별로 정말로 그러한지 늘 재검증할 필요가 있다.

• 관건은 아동이 무엇을 갖고 태어나느냐(소유심리학) 또는 어떤 환경 영향을 받느냐가 아니라 아동이 이것을 어떻게 사용하느냐(사용심리학)라고 아들러는 말한다.

1. 자신과 세계에 관한 견해

태어날 때부터 어머니가 모든 수고를 대신한 아이는, 다시 말해 어머니의 응석받이에 길든 아이는 나중에도 자신의 일을 혼자 처리하지 못할 가능성이 높다. 이를 바탕으로 그리고 이와 비슷한 여러 현상을 바탕으로 이 아이는 다른 사람이 자기 대신 모든 것을 처리해야 한다는 견해 속에서 살고 있다고 정당하게 말할 수 있을 것이다. 그러나 이어지는 사례들과 마찬가지로 여기서도 이런 판단이 확실하려면 포괄적인 확인 작업이 필요하다. 아이가 자신의 의지를 부모에게 강제할 수 있는 기회를 일찌감치 얻은 경우, 이 아이는 늘 살면서 다른 사람을 지배하려는 견해를 가지고 있으리라 짐작할 수 있다. 그리고 외부 세계에서 반대되는 경험을 할 경우에 이런 아이는 대개 외부 세계에 대해 '망설이는 태도'를 보일 것이며,[2] 공동체 감정의 측면에서 요구되는 수정을 하지 않은 채 종종 성욕까지 포함해 자신의 모든 욕망을 가족에게만 제한할 것이다. 일찌감치 각종 분야에서 자신의 능력에 맞게 동등한 협력자로서 대우를 받으며 자란 아이는 초인적인 요구에 직면하지 않는 한 언제나 올바른 공동체 생활에 대한 자신의 견해에 따라 삶의 과제를 해결하려 할 것이다.[3]

마찬가지로 아버지가 부당하게 가족을 돌보지 않는 집안의 소녀는 특히 오빠나 친척 또는 이웃을 통해 또는 독서를 통해 추가로 비슷한 경험을 할 경우에 남자는 다 똑같다는 견해를 형성하기 쉽다. 그리고 이런 견해가 일단 형성되면 다른 경험은 더 이상 큰 주목을 받지 못할 것이다. 예컨대 오빠가 대학 진학이나 직업 준비를 위해 고등 교육을 받게 될 경우, 여자 아이들은 원래 무능력하다거나 고등 교육에서 부당하게 배제된다는 견해를 형성하기 쉬울 것이다. 한 가족의 여러 아이 중에서 한 아이가 경시 또는 무시받는다고 느낄 경우, 이 아이는 "나는 언제나 후순위야"라고 말하면서 위축되기 쉽다. 또는 자기도 할 수 있다는 견해를 바탕으로 모두를 능가하고 어느 누구도 인정하지 않으려는 격앙된 노력을 촉발할 수도 있다. 아들을 과잉보호하는 어머니는 아들로 하여금 오로지 자기만을 위하고 제대로 협력하지도 않으면서 어디서든 자기가 중심이 되어야 한다는 견해를 갖도록 오도하기 쉽다. 어머니가 한 아들에게 끊임없이 비판과 잔소리를 해 대고, 게다가 노골적으로 다른 아들을 편애하면, 차별 대우를 받은 아들은 나중에 모든 여성을 불신의 눈초리로 바라보기 쉬우며, 이것은 다시 온갖 증상의 계기가 될 수 있다. 사고 또는 질병을 많이 겪은 아이는 세계가 위험으로 가득하다는 견해를 형성하기 쉬우며 이에 따라 처신할 가능성이 높다. 그리고 가족이 전통적으로 외부 세계에 대해 불안과 불신에 찬 태도를 보일 경우에도, 미묘한 차이와 함께 비슷한 일이 벌어질 것이다.

이렇게 수없이 다양한 견해가 현실 및 현실의 사회적 요구와 충돌할 수 있으며 또 실제로 종종 충돌한다는 사실은 자명하다. 자신과 삶의 과제에 대한 개인의 잘못된 견해는 언젠가 공동체 감정의 관점에서 해결을 요구하는 현실의 냉혹한 반발에 부닥칠 것이다. 그리고 이런 충돌은 충격을 낳는다. 그러나 자신의 생활양식으로는 사회적 요구를 또는 외인성 요인을 견뎌 낼 수 없다는 실패자의 견해는 이런 충격을 통해서도 폐기되거나 바뀌지 않을 것이며, 개인적 우월의 추구는 계속될 것이다. 이럴 때 남는 것은 활동 영역을 협소한 범위로 제한하기, 생활양식

1. 자신과 세계에 관한 견해

의 실패가 우려되는 과제 차단하기, 올바른 해결을 위한 준비가 되지 않은 과제를 자신의 운동 법칙에서 배제하기뿐이다. 그러나 그렇게 하더라도 정신적이거나 신체적인 충격은 사라지지 않을 것이며, 그나마 남아 있는 공동체 감정마저 퇴색할 경우 삶의 온갖 실패를 경험하게 될 것이다. 이럴 때 개인은 어쩔 수 없이 신경증 환자처럼 후퇴하거나 또는 용기와 결코 혼동될 수 없는 남은 활력을 동원해 반사회적 부적응자의 길로 빠져들 것이다. 그리고 이 모든 경우에 분명한 것은 '견해'가 개인의 세계상을 떠받치면서 그의 사고와 감정, 욕망과 행위를 규정한다는 점이다.

2. 생활양식의 탐구를 위한 심리학적 수단과 방법

삶의 과제를 마주하는 개인의 견해를 탐구하기 위해, 그리고 삶이 우리에게 드러내려는 의미를 탐구하기 위해 우리는 어떤 수단과 방법도 성급하게 배제하지 않을 것이다. 삶의 의미에 관한 개인의 견해는 결코 한가한 사안이 아니다. 왜냐하면 이것이 궁극적으로 개인의 사고와 느낌과 행위를 좌우하기 때문이다. 그러나 삶의 진정한 의미는 그릇되게 행동하는 개인이 부딪히는 저항 속에서 모습을 드러낸다. 가르침과 양육과 치유의 과제는 이 두 사태 사이에서 펼쳐진다. 개인에 대한 지식은 아주 오래된 것이다. 예를 몇 개만 들자면 고대 민족의 역사서와 위인전, 성경, 호메로스Homer, 플루타르크Plutarch, 고대 그리스와 로마의 모든 시인, 전설, 동화, 우화, 신화 등에서 우리는 개별 인물에 대한 탁월한 이해를 찾아볼 수 있다. 근대까지도 한 인간의 생활양식을 가장 잘 추적한 사람은 주로 시인이었다. 개인을 나눌 수 없는 전체로서 바라보면서 개인의 삶의 범위에 있는 과제들과 밀접한 연관 속에서 개인의 삶과 죽음

2. 생활양식의 탐구를 위한 심리학적 수단과 방법

과 행위를 묘사하는 시인의 능력이야말로 그들의 작품을 대하는 우리에게 최고의 감탄을 자아낸다. 물론 그 밖에도 남들보다 앞선 인간 이해와 경험을 후대에 남긴 사람들이 있었다. 이들과 인간 이해의 천재들을 특징짓는 것은 인간을 움직이는 여러 원동력의 연관 관계에 대한 깊은 통찰이었으며, 이것은 공동체와의 유대, 인류에 대한 관심을 바탕으로 해서만 성장할 수 있는 능력이었다. 더 큰 경험, 더 나은 통찰, 더 깊은 시선은 이들이 가진 공동체 감정에 주어진 보상이었다. 이들의 작품에서 빠질 수 없는 것, 헤아릴 수 없이 무수한 표현 운동을 다른 사람이 어느 정도 이해하도록 서술하는 능력, 측정 수단의 도움을 빌리지 않고도 이것을 기록하는 능력은 언제나 직감의 능력에서 비롯했다. 오직 이런 방식으로 이들은 표현 운동들 뒤에 그리고 표현 운동들 사이에 숨은 것을, 즉 개인의 운동 법칙을 볼 수 있었다. 많은 사람은 이런 재능을 '직관'이라고 부르면서 오직 최고 지성의 소유자들만 이것을 가지고 있다고 생각한다. 그러나 실제로 이 재능은 지극히 인간적인 것이다. 삶의 혼돈 속에서, 가늠할 수 없는 미래 앞에서 누구나 이 재능을 쉬지 않고 발휘한다.

우리 앞에 놓인 지극히 사소한 과제부터 아주 중대한 과제까지 모든 과제는 언제나 새롭고 언제나 변형된 것이기 때문에, 만약 우리가 한 가지 도식에 따라, 예컨대 '조건 반사'에 따라 이것을 풀 수밖에 없는 처지라면 우리는 늘 새로운 과오를 범할 수밖에 없을 것이다. 늘 다르다는 것은 이전에 했던 행동을 다시 시험대에 올려야 하는 새로운 도전을 항상 우리에게 제기한다. 심지어 카드놀이도 '조건 반사'만으로는 제대로

할 수 없다. 올바른 직감이 있어야 비로소 과제를 정복할 수 있다. 그리고 이런 직감은 협력자 또는 공생인에게서, 인류의 모든 과제를 행복하게 해결하려는 관심을 가진 사람에게서 가장 강력하게 나타난다. 왜냐하면 이런 사람은 인간의 모든 미래 사태를 향한 시선으로 인류의 역사와 개인의 운명을 살피기 때문이다.

철학이 심리학을 돌보기 전까지 심리학은 하찮은 기술에 불과했다. 과학적 인간 이해의 뿌리는 철학과 철학적 인간학에서 발생했다. 모든 사태를 세계의 보편적인 법칙으로 파악하려는 다양한 시도에도 불구하고 개인을 무시할 수는 없었다. 개인의 모든 표현 형태를 아우르는 통일성은 뒤집을 수 없는 진리가 되었다. 만물의 법칙을 인간 본성에 적용함으로써 다양한 입장이 생겨났고, 이 심오한 미지의 조종력을 칸트Kant, 셸링Schelling, 헤겔Hegel, 쇼펜하우어Schopenhauer, 하르트만Hartmann, 니체Nietzsche 등은 무의식적 추동력에서 찾으려 했다. 그래서 이것을 도덕률, 의지, 권력 의지, 무의식 등으로 불렀다. 일반 법칙을 인간사에 적용하려는 시도 외에 내성법이 득세했다. [분트Wundt의 의식심리학에서 주로 사용된] 내성법에서는 피험자로 하여금 자신의 심리 사태와 과정에 관해 무언가를 보고하도록 했다. 그러나 이 방법은 오래가지 않았다. 이 방법은 정당한 이유로 불신을 받게 되었는데, 왜냐하면 인간이 자신의 심리 사태에 관해 객관적인 진술을 하리라고 신뢰할 수 없었기 때문이다.

발전한 과학기술의 시대에는 실험 방법이 유행했다. 장비와 세심하게 선정된 물음을 바탕으로 감각 기능, 지능, 성격, 인격 등에 관한 정보를 얻으려는 실험을 수행했다. 이때 통일적인 인격에 대한 통찰은 자취를 감추었거나 직감을 통해서만 보완될 수 있었다. 나중에 등장한 유전설은 이와 관련된 거의 모든 수고를 포기했으며 능력의 사용이 아니라 소유가 중요하다는 것을 증명하는 것으로 만족했다. 그리고 열등한 기관에 기초한 열등감과 이의 보상이라는 특수 사례를 다룬 내분비선의 영향력에 관한 이론도 같은 경향을 보였다.

정신분석과 함께 심리학의 르네상스가 찾아왔다. 정신분석은 인류 운명의 전능한 조종자를 성욕의 모습으로 부활시켰으며 지옥의 공포를 무의식으로, 원죄를 '죄책감'으로 세심하게 묘사했다. 그리고 천국을 경시했던 경향은 나중에 개인심리학에서 말하는 완전이라는 '이상적' 목표를 좇아 '이상적 자아'의 가정을 통해 보완했다. 어쨌든 정신분석은 의식의 행간을 읽으려는 의미심장한 시도였으며, 생활양식, 개인의 운동 노선, 삶의 의미의 재발견으로 나아가는 한 걸음이었다. 다만 성적 은유에 취한 이 저자[프로이트]에게 이런 목표는 눈에 들어오지 않았다. 정신분석도 지나치게 응석둥이의 세계에 갇혀 있었으며, 그래서 여기서는 심리 구조가 언제나 이 유형의 변형으로 나타났고 인간 진화의 일부인 더 깊은 심리 구조가 드러나지 않았다. 정신분석의 일시적인 성공은 응석둥이로 자란 엄청나게 많은 사람들의 성향 덕분이었다. 그들은 정신분석의 시각을 인간에게 보편적인 것으로 기꺼이 받아들였으며 이를 통해 자신의 생활양식을 강화했다. 정신분석의 기술이 지향한 것은 표현 운동과 증상이 성욕과 관련되어 있음을 인내심 있게 서술하고 인간의 행위를 내면의 가학적 추동에 종속된 것으로 보이게 만드는 것이었다. 그러나 가학적 현상이 응석둥이의 인위적으로 배양된 분개심이라는 사실은 개인심리학적 시각을 통해 처음으로 분명하게 드러났다. 정신분석은 진화의 계기도 대략 몇 군데서 고려하긴 했지만, 이것은 죽음의 욕망이라는 이념을 성취 목표로서 가정함으로써 여느 때처럼 비관적인 방식으로 부적절하게 이루어졌다. 왜냐하면 이것은 능동적인 적응이 아니라 여전히 의심스러운 물리학 제2법칙에 적응함으로써 죽음을 예기하면서 그리로 서서히 나아가는 것이었기 때문이다.

개인심리학은 전적으로 진화의 토대 위에 서 있으며,[4] 인간의 모든 추구를 진화의 관점에서 완전의 추구Streben nach Vollkommenheit로서 이해한다. 신체적으로나 정신적으로 삶의 충동은 이 추구에 확고하게 결부되어 있다. 때문에 우리의 인식 능력에 대해 모든 정신적 표현 형태는 마이너스 상황에서 플러스 상황으로 나아가는 운동으로 나타난다. 경로는, 모든 개인이 삶을 개시할 때 타고난 능력과 무능력 및 환경으로부터 받은 첫인상들을 비교적 자유롭게 활용해 스스로 부여하는 운동 법칙은 속도와 리듬과 방향에서 개인마다 다르다. 도달할 수 없는 이상적인 완전과 끊임없이 비교하는 개인에게는 항상 열등감이 가득하며, 이것이 개인을 추동한다. 인간의 모든 운동 법칙은 '영원의 관점에서', 절대적 올바름의 허구적 관점에서 볼 때 잘못된 것이라고 말할 수 있을 것이다.

모든 시대의 문화는 그 시대의 사상과 감정의 범위 안에서 이 이상을 구현한다. 때문에 오늘날 우리는 언제나 과거에서만 이 이상을 수립하는 인간 이해력의 제한된 수준을 확인할 수 있으며, 가늠할 수 없는 먼 미래에까지 타당할 수 있는 인간 공동생활의 이상을 표현한 이해력에 대해서는 무한한 경탄을 금할 수 없다. "살인하지 말라!" 또는 "네 이웃을 사랑하라!" 같은 이상은 우리의 지식과 감정에 자리 잡은 최고 심급으로서 아마도 영원히 사라지지 않을 것이다. 이것과 인간 공동생활의 기타 규범은 다분히 인간 진화의 결과로 간주될 수 있으며 숨쉬기나 직립 보행과 마찬가지로 인간 본성에 뿌리를 내리고 있다. 이런 규범은 이상적인 인간 공동체의 이념으로 요약할 수 있으며, 순전히 과학적으로 보자면 진화의 강제이자 진화의 목표라고 할 수 있다. 오직 이것이 개인심리학의 기본 노선, 진화에 반대되는 다른 모든 목표와 운동 형태의 옳고 그름을 평가할 '아르키메데스의 점'이다.* 바로 이 지점에서 개인심리학은 가치심리학이 된다. 이것은 진화의 촉진자인 의학이 연구와 질병 확인 작업에서 가치를 평가하는 과학인 것과 같다.

따라서 열등감, 극복의 추구, 공동체 감정은 개인심리학 연구의 초석이며 개인 또는 대중을 고찰할 때 빠뜨릴 수 없다. 우리는 이것의 실재성을 우회하거나 고쳐 쓸 수도 있고 오해할 수도 있으며 잘게 쪼개려고 시도할 수도 있지만, 이것을 없앨 수는 없다. 인격에 대한 고찰이 올바른 것이 되려면 이 사실들을 어떤 식으로든 고려해야 하며 열등감, 극복의 추구, 공동체 감정이 어떤 상태에 놓여 있는지를 확인해야 한다.

그러나 진화의 강제에서 다른 표상과 그릇된 경로를 도출하는 문화가 있듯이 개개인도 마찬가지다. 발달의 흐름 안에서 관념적으로 그리고 이와 결부된 감정에 따라 구축된 생활양식은 아동의 작품이다. 다분히 비중립적인, 그래서 삶의 형편없는 유치원 구실을 하는 환경 안에

---

* 아르키메데스의 점은 대상 관찰을 위한 가상의 절대점을 의미한다.

서 아동에게 힘의 척도가 되는 것은 감정적으로 대충 파악된 성취력이다. 주관적인 인상을 바탕으로, 종종 하찮은 성공이나 패배의 인도를 받으면서 아동은 미래의 높은 곳을 향한 길과 목표와 전망을 구축한다. 인격을 이해하기 위한 개인심리학의 모든 수단은 우월의 목표에 관한 개인의 견해, 그가 지닌 열등감의 강도 및 공동체 감정의 정도를 고려한다. 이 요인들의 관계를 좀 더 자세히 들여다보면 이것들이 모두 공동체 감정의 종류와 정도를 규정하는 필수 요소임을 알게 될 것이다. 시험은 실험심리학이나 임상 사례의 기능 시험에서와 비슷하게 이루어진다. 다만 여기서는 삶 자체가 시험을 내는데, 그만큼 개인은 삶의 과제와 깊이 결부되어 있다. 따라서 개인의 전체를 삶과의(아마도 더 정확히는 공동체와의) 연관성에서 떼어 놓으면 안 된다. 개인이 공동체를 어떻게 마주하는지를 살펴야 비로소 그의 생활양식을 짐작할 수 있다. 때문에 기껏해야 삶에 관련된 일부만을 고려하는 실험적 방법으로는 성격에 관해 아무것도 말할 수 없으며 심지어 공동체에서 거둘 미래의 성취에 관해서는 전혀 기대할 것이 없다. 그리고 '게슈탈트심리학Gestaltpsychologie'도 삶의 과정에서 개인이 취하는 입장에 관해 진술하려면 개인심리학의 보완이 필요하다.

　따라서 생활양식의 탐구를 위한 개인심리학의 기술에는 무엇보다도 삶의 과제에 관한 지식과 이것이 개인에게 요구하는 것에 관한 지식이 전제되어야 한다. 그리고 앞으로 보게 되듯이, 이것을 해결하려면 어느 정도의 공동체 감정, 전체 삶에 대한 유대감, 협력과 공생의 능력을 전제해야 한다. 이 능력이 결여된 경우, 온갖 변형된 모습의 심한 열등감과 이것의 후속 결과를, 대개는 '망설이는 태도'와 현실 회피를 관찰하게 될 것이다. 이때 나타나는 신체적 또는 심리적 복합 현상을 가리켜 나는 '열등 콤플렉스'라고 불렀다. 우월을 향한 지칠 줄 모르는 추구는 이 콤플렉스를 우월 콤플렉스로 덮으려 하는데, 이것은 언제나 공동체 감정 밖에서 개인적 우월의 외관을 좇는다. 삶의 실패와 함께 나타나는 온갖 현상이 분명해졌으면, 그다음에는 준비 부족의 원인을 찾아 유아기를 탐구해야 한다. 이런 방식으로 개인의 생활양식에 관해 진실하고 통일적인 이해에 도달할 수 있으며, 동시에 실패의 경우에는 언제나 연대 능력의 결핍으로 모습을 드러내는 일탈의 정도를 파악할 수 있다. 이때 양육자, 교사, 의사, 목회자의 과제는 공동체 감정을 그리고 이를 통해 용기를 북돋우는 것이다. 이를 위해 실패의 실제 원인을 깨우치게 하고, 그릇된 견해를 바탕으로 개인이 삶에 끼워 넣은 잘못된 의미를 폭로함으로써 삶이 인간에게 부여한 의미에 다가가도록 돕는 것이다.

이 과제를 풀기 위해서는 삶의 과제에 대한 정밀한 이해가 필요하고, 열등 콤플렉스와 우월 콤플렉스 및 모든 유형의 인간적인 실패에 결여된 공동체 감정의 중요성을 이해해야 한다. 또한 아동기에 공동체 감정의 발달을 방해했을 개연성이 높은 사정과 상황을 많이 알 필요가 있다. 지금까지 내 경험상 인격을 탐구하는 데 가장 확실한 접근법은 유아기의 기억, 형제자매 안에서 아동의 위치, 아동의 이런저런 실패, 몽상과 꿈, 질병을 야기하는 외인성 요인의 종류 등을 포괄적으로 이해하는 것이다. 의사에 대한 태도도 포함하는 이런 연구의 모든 결과를 최대한

주의 깊게 평가해야 하고, 이것의 전개가 다른 확인 사항과 일치하는지
를 지속적으로 점검해야 한다.

2. 생활양식의 탐구를 위한 심리학적 수단과 방법

3. 삶의 과제

이 지점에서 개인심리학은 사회학과 만난다. 개인이 당면한 삶의 문제의 구조와 이것이 개인에게 부과하는 과제를 모르면서 개인에 관해 올바른 판단을 내리기란 불가능하기 때문이다. 이런 문제와 과제를 개인이 어떻게 마주하며 이때 개인에게 무슨 일이 일어나는지를 살펴보아야 비로소 그의 본질이 드러난다. 우리는 개인이 공동체와 함께하는지 아니면 망설이고 멈추며 은밀히 우회하려 하고 변명을 찾거나 꾸며 내는지를 확인해야 하며, 나아가 개인이 과제를 해결하면서 이것을 넘어 성장하는지 아니면 과제를 그대로 방치한 채 공동체에 해로운 방식으로 개인적 우월의 겉치레를 추구하는지를 확인해야 한다.

오래전부터 나는 삶의 모든 과제를 공동체 생활, 노동, 사랑의 세 문제로 크게 분류해 왔다. 쉽게 알 수 있듯이, 이것은 우연히 제기된 물음이 아니라 우리에게 무언가를 재촉하고 요구하면서 어떤 탈출도 허락하지 않은 채 늘 우리 앞에 놓인 물음이다. 이 세 물음에 대한 우리의

43   3. 삶의 과제

모든 반응은 우리가 우리의 생활양식을 바탕으로 내놓는 답변이다. 이것들은 서로 밀접하게 결합되어 있기 때문에, 특히 세 문제 모두 제대로 해결하려면 공동체 감정이 상당한 정도로 필요하다는 점에서 서로 결합되어 있기 때문에, 이 세 물음에 대한 입장을 통해 각 개인의 생활양식이 어느 정도 분명하게 드러나기 마련이다. 문제가 당장은 멀리 있거나 비교적 양호한 사정을 제공하는 경우에는 **덜 분명하게** 드러나고, 개인의 자질이 더 엄격하게 시험대에 오를 경우에는 **더 분명하게** 드러난다. 문제의 평균적인 해결을 뛰어넘는 예술이나 종교 같은 문제는 세 물음 모두와 관련이 있다. 이것은 사회화, 생계 유지, 번식의 필연성에 뗄 수 없게 묶여 있는 인간의 처지에서 비롯한다. 이것은 우리 앞에 펼쳐지는 세속적 삶의 물음들이다. 우주적인 관계 속에서 이 땅의 산물인 인간은 공동체에 결속된 채 공동체를 위한 신체적이고 정신적인 배려, 노동 분업과 근면, 충분한 번식을 통해서만 발달하고 존속할 수 있었다. 진화의 와중에 인간은 더 나은 신체적 자질과 정신적 발달을 향한 추구를 통해 이에 필요한 신체적이고 정신적인 준비를 갖추었다. 모든 경험, 전통, 계율과 법률은 옳든 그르든, 지속적이든 일시적이든 삶의 어려움을 극복하려고 분투하는 인류의 시도였다. 우리의 현재 문화는 우리가 이런 분투를 통해 불충분하나마 지금까지 도달한 단계다. 마이너스 상황에서 플러스 상황으로 나아가는 것이 개인과 대중 모두의 운동을 특징지으며, 때문에 개인과 대중의 지속적인 열등감을 가정하는 것은 정당하다. 진화의 흐름은 멈추지 않는다. 완전의 목표가 우리를 저 위로 끌어당긴다.

그러나 사회적 관심의 공동체적 토대 위에 놓인 이 세 물음이 피할 수 없는 것이라면, 이것을 풀 수 있는 사람은 당연히 공동체 감정을 충분히 지닌 사람일 것이다. 물론 오늘날까지도 이런 정도에 도달할 자질이 모든 개인에게 있는 것은 사실이지만, 공동체 감정이 인간에게 아주 깊숙이 체화되어 숨쉬기나 직립 보행처럼 자동으로 작동할 만큼 인류의 진화가 충분히 진행된 것은 아니다. 그리고 인류의 이런 발달이 계속된다면 (비록 오늘날 이에 대한 의심이 약간 들기는 하지만) 언젠가는, 아마도 매우 늦은 어느 시점에는 이 단계에 도달할 것이라고 나는 믿어 의심치 않는다.

다른 모든 문제는 이 세 주요 물음의 해결을 지향한다. 우정과 동료애, 도시와 국가 및 민족과 인류에 대한 관심, 예의범절, 신체 기관의 문화적 기능에 대한 수용, 놀이와 학교와 교육에서 협력을 준비하기, 이성異性의 인정과 존중, 이런 모든 문제를 마주하기 위한 신체적이고 정신적인 준비, 이성 파트너의 선택 등에 관련된 문제가 모두 그러하다. 그리고 이런 준비는 모성애의 진화적 발달을 통해, 본성적으로 아동의 공생 체험을 위한 최적의 파트너인 어머니를 통해, 아동이 태어나는 첫날부터 올바르든 잘못된 방식으로든 진행된다. 공동체 감정 발달의 출발선에 최초의 공생인으로 서 있는 어머니로부터 아동에게 전체의 일부로서 삶을 개시하라는, 그래서 공동 세계와 올바로 접촉하라는 최초의 자극이 전달된다.

어려움은 두 편에서 생길 수 있다. 어머니 편에서는, 어머니가 서툴고 둔탁하며 무지하게 아이의 세계 접촉을 어렵게 만들 때, 또는 자신의 임무를 너무 안일하게 받아들일 때 어려움이 생길 수 있다. 또는 가장 흔히 관찰되듯이 어머니가 아이의 모든 조력과 협력을 불필요하게 만들고 아이에게 과도한 애정과 애무를 퍼부으면서 늘 아이 대신 행동하고 생각하며 말함으로써 아이의 모든 발달 가능성을 저지하고 다른 사람이 응석둥이를 대신해 모든 것을 처리하는 상상의 세계에 아이가 익숙해지도록 만들 때 어려움이 생길 수 있다. 아이는 비교적 짧은 기간 동안만 이런 경험을 해도 자신이 언제나 세상의 중심에 있다고 생각하면서 다른 모든 상황과 인간을 자신에게 적대적인 것으로 지각하도록 오도될 수 있다. 이때 아이의 자유로운 직감과 자유분방한 창의력이 함께 작용해 매우 다양한 결과를 초래할 수 있다는 점을 간과해서는 안 될 것이다. 아이는 외부로부터 받은 영향을 자신의 관점에서 처리한다. 어머니의 응석받이 속에 자란 아이는 자신의 공동체 감정이 다른 사람에게 확산되는 것을 거부하면서 자신에게 똑같은 정도의 친절을 베풀지 않는 아버지나 형제자매 또는 다른 사람들을 회피하려 든다. 이런 생활양식의 훈련 과정을 통해, 마치 모든 것을 처음부터 쉽게, 외부의 조력만으로 달성할 수 있는 것처럼 삶을 바라보게 된 아이는 나중에 삶의 과제에 직면했을 때 이를 해결하는 데 필요한 공동체 감정이 미숙해 충격을 경험하기 쉽다. 이런 충격이 가벼운 경우에는 일시적이겠지만, 심한 경우에는 오랫동안 과제 해결을 방해하는 요인으로 작용할 것이다. 제멋대로 자란 아이는 문제가 생길 때마다 당연하다는 듯 어머니를 부려 먹으려 한다. 아이가 이런 우월의 목표를 가장 쉽게 달성하는 방법은 자신의 사회적 역할을 받아들이지 않고 저항하는 것이다. 이런 저항은 언제나 **사회적 관심**의 결여로 해석될 수 있는 관심의 결여로 나타나기도 하고 반항으로 나타나기도 한다. 최근에 샤를로테 빌러Charlotte Bühler는 이런 반항을 아동의 자연스러운 발달 단계로 간주했는데, 이는 개인심리학적 연구를 통해 밝혀졌듯이 사실이 아니다. 그런가 하면 누구는 배변 억제나 이불에 오줌 싸기 같은 아이의 과오를 성욕이나 가학적 추동의 결과로 설명하면서 마치 심리 과정의 더 원시적인 또는 더 깊은 층을 발견한 것처럼 요란을 떠는데, 이는 결과를 원인으로 둔갑시키는 짓이다. 왜냐하면 이 경우 이런 아이의 기본 감정 상태인 애정에 대한 과도한 욕구를 제대로 이해하지 못했을 뿐만 아니라 진화를 통해 형성된 신체 기관의 기능을 마치 모든 아이가 처음부터 다시 획득해야 하는 것처럼 오해하는 오류도 범하고 있기 때문이다. 이런 기능의 발달은 직립 보행이나 말하기만큼이나 인간에게 자연스러운 요구이자 능력의 획득 과정이다. 다만 응석둥이의 상상 세계에서는 이런 기능에 대한 아이의 반응이 근친상간 금지의 경우처럼 다른 사람을 이용하기 위해 또는 자신의 요구가 받아들여지지 않았을 경우 다른 사람을 비난하고 복수하기 위해 동원하는 수단이 될 수 있다.

　　나아가 제멋대로 자란 아이는 자신의 만족스러운 상황이 변경될 상황에서 온갖 형태의 거부 반응을 보인다. 그럼에도 상황이 변경될 경우, 때로는 좀 더 능동적으로 때로는 좀 더 수동적으로 저항의 반응과 행동을 보인다. 공격 또는 후퇴의 형태는 대개 활동의 정도에 따라 결정되지만, 해결을 요구하는 외부 상황(외인성 요인)에 따라 좌우되기도 한다. 비슷한 경우의 성공 경험은 나중에 행동 모델이 되는데, 이를 제대로 이해하지 못한 사람들은 이를 대충 퇴행으로 설명하려 한다. 몇몇 저자는 상상의 나래를 더욱 펼쳐 오늘날 진화의 확실하고 안정된 획득물로 간주해야 할 심리 콤플렉스를 원시 시대의 유물로 환원하면서 둘 사이에 있지도 않은 상동 관계를 발견하곤 한다. 이들의 오류는 대개 인간의 표현 형태가 특히 언어의 빈곤을 제대로 고려하지 못할 경우 어느 시대든 유사해 보일 수밖에 없다는 사실에서 비롯한다. 인간의 모든 운동 형태를 성욕에 관련시키려는 시도도 이런 식으로 또 다른 유사성을 발견한 것에 지나지 않는다.

나는 제멋대로 자란 아이가 응석을 받아 주는 주위 사람들의 범위 밖에서는 마치 적지에 홀로 있는 것처럼 위협감을 느낀다고 말했다. 이런 아이의 모든 성격 특성은 삶에 대한 아이의 견해와 일치할 수밖에 없으며, 특히 종종 관찰되는 거의 이해 불가능할 정도의 자기애와 자기 예찬이 그러하다. 따라서 이 모든 성격 특성은 인공물이며, 타고난 것이 아니라 획득된 것임에 틀림없다. 어렵지 않게 간파할 수 있듯이, 모든 성격 특성은 이른바 성격론자의 견해와 달리 사회적으로 연관되어 있으며 아이가 만들어 낸 생활양식에서 비롯한다. 따라서 인간의 본성이 선한가 악한가 하는 오랜 논쟁도 자연스럽게 해소된다. 왜냐하면 공동체 감정이 진화를 통해 끊임없이 성장한다는 사실을 고려할 때, 인류의 존속이 '선함'과 긴밀하게 연결되어 있다고 가정할 수 있기 때문이다. 이에 반하는 것처럼 보이는 것들은 진화의 과오라 하겠다. 자연의 커다란 실험장에서도 불필요한 신체 물질을 지닌 동물종이 늘 있듯이 이것도 자연의 실수로 설명할 수 있을 것이다. 나아가 '용감한, 선한, 게으른, 사악한, 확고부동한' 등등의 성격이 끊임없이 변화하는 외부 세계에 따라 결정되며 외부 세계 없이는 성격도 없다는 점을 성격이론에서도 조만간 인정하게 될 것이다.

　내가 이미 지적한 부모의 응석받이처럼 아동기에 공동체 감정의 성장을 방해하는 또 다른 장애 요인이 있다. 우리는 이런 장애 요인을 고찰할 때도 근본적인 인과 법칙의 지배를 부정할 수밖에 없는데, 왜냐하면 이런 요인의 파급 효과에서 관찰되는 것은 통계적 확률로 표현되는 오도의 효과일 뿐이기 때문이다. 나아가 우리는 개인적 현상의 차별성과 유일무이함을 결코 간과해서도 안 된다. 이것은 자신의 운동 법칙을 구성하는 아동의 거의 자의적인 창조력의 표현이다. 이런 다른 장애 요인은 아이에 대한 무시와 아이의 열등한 신체 기관이다. 이 두 가지도 부모의 응석받이와 마찬가지로 아이의 시선과 관심이 '공생'에서 멀어지고 자신의 위험과 안녕에만 쏠리도록 만든다. 충분한 공동체 감정이 전제되어야 자신의 안녕도 확보된다는 점에 대해서는 나중에 좀 더 분명하게 증명할 것이다. 그러나 지상의 삶과 거의 접촉하지도 조화하지도 못하는 사람에게 지상의 삶이 결코 우호적이지 않을 것이라는 점은 자명하다.

　아이는 창조력을 바탕으로 유아기의 이 세 장애 요인을 때로는 비교적 훌륭하게, 때로는 서툴게 극복한다. 모든 성공과 실패는 생활양식에, 자신의 삶에 대한 (본인도 대부분 깨닫지 못하는) 견해에 좌우된다. 우리가 이 세 장애 요인의 결과에 관해 통계적 확률을 이야기한 것과 마찬가지로 충격적인 상황 속에서 개인의 태도를 드러내는 (중대한 또는 사소한) 삶의 과제도 관찰자에게는 (물론 중대하지만 어쨌든) 통계적인 확률의 문제일 뿐이다. 개인이 삶의 과제에 직면했을 때 어떤 결과를 초래할지를 어느 정도 확실하게 예측하는 것은 가능하다. 그러나 예측한 결과가 사실로 증명되어야 비로소 그것의 근거가 된 가정도 정당화된다는 점을 늘 명심해야 할 것이다.

다른 심리학적 접근과 달리 개인심리학이 경험과 확률 법칙을 바탕으로 지나간 것을 직감할 수 있다는 사실은 개인심리학이 과학적 토대 위에 있음을 여실히 보여 준다.

이제 우리는 부차적인 것처럼 보이는 과제들을 해결하는 데도 과연 발달된 공동체 감정이 필요한지를 검토할 필요가 있다. 이때 우리가 접하는 과제는 무엇보다도 아버지에 대한 아이의 태도에 관한 것이다. 이 경우에 상상할 수 있는 올바른 상은 어머니와 아버지에게 거의 동일한 관심을 보이는 것이라 하겠다. 외부 상황, 아버지의 성격, 어머니의 응석받이, 으레 어머니가 보살피는 부담을 더 지게 되는 아이의 질병이나 기관의 발달 장애 같은 요인은 아이와 아버지 사이에 간격을 넓혀 아이의 공동체 감정이 확장되는 것을 방해할 수 있다. 아버지가 어머니의 과잉보호로 인한 폐해를 막으려고 더 엄격하게 개입하면, 이 간격은 오히려 더 넓어질 것이다. 종종 자기도 모르게 아이를 자기편으로 만들려는 어머니의 경향도 같은 효과를 낳을 것이다. 아이의 응석을 받아 주는 경향이 아버지에게 더 강할 경우, 아이는 아버지와 가까워지고 어머니를 멀리할 것이다. 이런 사례는 언제나 아이 **삶의 제2단계**로 이해할 수 있으며, 아이가 어머니로부터 비극을 체험했을 가능성이 높다. 어머니에게 계속 매달리는 응석둥이는 어머니가 자신의 모든 욕구를, 때로는 성욕까지도 충족해 주리라 기대하면서 다분히 기생충 같은 존재로 발달할 것이다. 특히 성욕에 눈뜬 아이가 늘 어머니가 자신의 모든 욕망을 채워 주리라 기대하면서 어떤 욕망도 포기하지 않으려는 기분에 휩싸인 다면 이런 현상은 더욱 심하게 나타날 것이다. 프로이트가 오이디푸스 콤플렉스라고 부르면서 심리 발달의 자연적 기초로 간주한 것은 고삐 풀린 욕망의 꼭두각시와도 같은 **응석둥이의 삶에 나타나는 많은 현상 형 태 중 하나일 뿐이다.** 때문에 우리는 아이와 어머니의 모든 관계를 오이 디푸스 콤플렉스에 기초한 비유의 틀에 강제로 끼워 맞추려는 그의 광 적인 시도에 동의할 수 없다. 또한 소녀는 본성적으로 아버지 편이고 소 년은 어머니 편이라는 가정이 여러 저자에게는 그럴듯한 사실처럼 보일 지 몰라도, 우리는 이런 가정도 거부하지 않을 수 없다. 보호자의 응석 받이 없이도 이런 일이 일어난다면, 이를 통해 우리는 아이의 미래 성 역 할을 엿볼 수 있다. 다시 말해 이를 통해 우리는 아이가 놀이할 때 흔히 그렇듯이 대개는 성적 추동의 작용도 없이 미래를 준비하는 훨씬 나중 단계를 엿볼 수 있다. 조숙하고 거의 제어 불가능한 성 충동은 특히 자 기중심적인 아이에게서, 대개는 어떤 욕망도 포기할 줄 모르는 응석둥 이에게서 관찰된다.

형제자매에 대한 태도를 삶의 과제로 이해할 때, 우리는 여기서도 아이의 사회적 접촉 능력의 정도를 가늠할 수 있다. 위에서 언급한 세 아동 집단*은 대부분 다른 아이를, 특히 자기보다 어린 아이를 장애물 이자 자신의 영향력을 위협하는 존재로 지각할 것이다. 이것은 다양한

---

* 즉 부모의 응석받이, 아이에 대한 무시, 아이의 열등한 신체 기관 때문에 '공생'에서 멀어지고 자 신의 안전과 안녕에만 관심을 쏟는 아이들

3. 삶의 과제

효과를 낳을 수 있지만, 가변성이 큰 아동기에는 매우 커다란 인상을 남겨 평생 동안 눈에 띄는 성격 특성으로 굳을 수 있다. 이것은 삶의 지속적인 경쟁으로 또는 남을 지배하려는 열망으로 나타날 수도 있고, 가장 경미한 경우에는 다른 사람을 애 취급 하는 장기적인 경향으로 나타날 수도 있다. 이런 발달의 많은 부분은 경쟁에서 성공하느냐 실패하느냐에 따라 다르다. 그러나 특히 응석둥이의 경우에 자신의 지위를 동생에게 빼앗겼을 때 받는 충격과 이로 인해 응석둥이가 스스로 만들어 내는 결과는 반드시 나타날 것이다.

또 다른 물음은 질병에 대한 아이의 반응과 아이가 이때 취하는 태도에 관한 것이다. 아이가 병에 걸렸을 때, 특히 병이 심각해 보일 때 부모가 보이는 반응은 아이의 눈에 띄기 마련이다. 구루병, 폐렴, 백일해, 무도병, 성홍열, 편두통 같은 아동기 질병은 부모가 아이 앞에서 무심코 불안감을 드러낼 경우 고통이 실제보다 더 심해 보이게 만들 수 있으며, 이럴 때 아이는 응석 부리기에 지나치게 익숙해지고 자신이 엄청 중요한 존재이므로 굳이 다른 사람과 협력할 필요가 없다고 느끼기 쉬울 뿐만 아니라 엄살을 부리고 꾀병을 앓는 성향이 발달할 수 있다. 아이가 건강을 회복했을 때 이례적인 떠받듦을 더 이상 받지 못하면, 아이는 망나니처럼 굴거나 여전히 아프다는 감정에 휩싸여 피로하고 식욕이 없다고 불평하거나 이유 없이 계속 기침을 해 대곤 하는데, 부모는 이런 현상을 드물지 않게, 대개는 그릇되게 질병의 결과로 간주한다. 이런 아이는 질병에 대한 기억을 평생 간직하려는 경향이 있으며, 이는 자신이 보호받을 권리가 있다는 또는 자신의 정상을 참작해야 한다는 아이의 견해와 관련이 있다. 이런 경우에 아이는 외부 환경과 접촉이 불충분하기 때문에 감정 영역이, 즉 감정과 정동이 지속적으로 고양되기 쉽다는 점을 간과해서는 안 된다.

아이가 집안일을 잘 거드는지, 놀이할 때 활발하고 협조적인지 등의 문제 외에 아이의 협동력이 시험대에 오르는 또 다른 계기는 아이가 유치원이나 학교에 입학할 때다. 이럴 때 아이의 협동력을 분명하게 관찰할 수 있다. 아이의 흥분 정도, 여러 형태의 거부, 거리 두기, 관심과 집중력 결여, 그 밖에 '학교를 적대시'하는 온갖 행동(지각, 소란 피우기, 결석, 일상적인 학용품 분실, 숙제를 안 하고 빈둥거리기 등)은 협력하려는 자세가 덜 되었음을 시사한다. 이런 경우에 심리 과정을 제대로 이해하려면, 이런 아이가 스스로 알든 모르든 심각한 열등감을 동시에 가지고 있다는 사실을 이해해야 한다. 이런 열등감은 위에서 설명한 것처럼 수줍음이나 흥분 및 이와 관련된 온갖 신체적 또는 심리적 증상의 형태를 띠는 열등 콤플렉스로 나타나기도 하고, 또는 걸핏하면 싸우기, 놀이 방해, 동료의식 결여 등등의 형태를 띠는 이기적인 우월 콤플렉스로 나타나기도 한다. 그러나 여기서 용기는 찾아볼 수 없다. 거만을 떠는 아이조차 봉사 활동을 해야 할 때면 겁쟁이의 본성을 드러낸다. 솔직하지 못한 태도는 간교한 속임수로 모습을 드러내고, 절도 성향은 주관적 피해의식에 대한 해로운 보상 심리로 나타난다. 자신보다 더 뛰어난 아이와 끊임없이 비교하고 견주지만, 능력이 향상되기보다 점차 둔감해지며 종종 학업 단절로 이어진다. 학교야말로 첫날부터 아이의 협동력의 정도를 보여 주는 실험실처럼 작용한다. 학교야말로 아이가 학교를 졸업할 때 공동체의 적이 되지 않도록 현명한 통찰을 바탕으로 아이의 공동체 감정을 제고하기에 적합한 장소다. 이런 경험 때문에 나는 지진아 양육의 올바른 길을 찾으려는 교사를 지원하기 위해 개인심리학 상담소를 학교에 두게 되었다.

아이의 공동체 감정이 학업의 성공을 위해서도 무엇보다 중요하다는 사실은 분명하다. 아이의 공동체 감정에서 우리는 공동체 안에서 펼쳐질 아이의 미래 삶을 전망해 볼 수 있다. 미래의 공동생활을 위해 아주 중요한 우정과 동료 관계의 여러 문제 및 이와 관련된 신의, 신뢰, 협력 성향, 국가와 민족과 인류에 대한 관심 같은 성격 특성이 모두 학교생활에 통합되어 있으며, 우리는 이것들을 전문적으로 보살필 필요가 있다. 학교는 공생의 태도를 일깨우고 촉진할 능력을 가지고 있다. 만약 교사가 우리의 관점을 분명하게 이해한다면, 그는 친밀한 대화를 통해 아이에게 공동체 감정의 결핍과 그 원인 및 해결 방법을 제시함으로써 아이를 공동체에 다가가도록 이끌 것이다. 교사는 아이와 전반적인 대화를 통해 아이와 인류의 미래가 공동체 감정의 강화에 달렸다는 점을 설득할 수 있을 것이다. 나아가 인생의 주요 실패들(전쟁, 사형, 인종 혐오, 민족 혐오, 그 밖에 신경증, 자살, 범죄, 술주정 등등)이 공동체 감정의 결핍에서 비롯한다는 점과 이것들을 열등 콤플렉스로, 즉 부당하고 부적절한 방식으로 상황을 해결하려는 헛된 시도로 이해할 수 있다는 점을 설득할 수 있을 것이다.

이 연령대에 눈에 띄는 성 문제도 소년과 소녀를 혼란에 빠뜨릴 수 있다. 그러나 협력의 편에 서기로 마음먹은 아동은 그렇지 않다. 자신을 전체의 일부로 느끼는 데 익숙한 아동이라면 당혹스러운 비밀을 결코 혼자만 간직하지 않을 것이며 부모와 대화를 나누거나 교사의 조언을 구할 것이기 때문이다. 반면에 가족 안에서도 적대적 요소를 목격하는 아동이라면 사정이 다르다. 이런 아동은 그리고 특히 또다시 언급되는 응석둥이는 누구보다도 쉽게 의기소침해지거나 달콤한 말에 넘어간다. 성 문제를 일깨워 주는 부모의 행동은 그들의 공생 관계를 통해 자연스럽게 규정된다. 아이가 요구하는 만큼 지식을 제공해야 하며, 아이가 새로운 지식을 제대로 수용하고 소화할 수 있도록 전달해야 한다. 망설여서는 안 되지만, 서두를 필요도 없다. 아이들이 학교에서 성적인 것에 관해 이야기하는 것은 거의 피할 수 없다. 미래를 내다볼 줄 아는 자립적인 아이라면 음탕한 이야기를 스스로 물리칠 것이며 어리석은 이야기는 믿지 않을 것이다. 사랑과 결혼에 대한 두려움을 가르치는 것은 당연히 커다란 잘못이지만, 자신감 없고 의존적인 아이만이 이런 것을 받아들일 것이다.

삶의 또 다른 과제인 사춘기는 흔히 어두운 불가사의로 간주된다. 그러나 이 시기에 관찰되는 것은 이미 아이 안에서 잠자고 있던 것일 뿐이다. 만약 아이에게 그때까지 공동체 감정이 결여되어 있었다면, 아이의 사춘기도 그렇게 흘러갈 것이다. 이 시기에는 아이가 협력할 준비가 얼마나 잘되어 있는지가 더 분명하게 드러난다. 이제 아이는 더 큰 활동 공간을 누린다. 힘도 더 세졌다. 그러나 무엇보다도 아이는 이제 자신이 아이가 아니라는 사실을 또는 비교적 드문 경우에는 자신이 아직도 아이라는 사실을 나름대로, 내키는 대로 증명하려는 충동에 휩싸인다. 공동체 감정의 발달을 방해받은 아이의 경우 잘못 들어선 길의 반사회적 일탈 현상이 이전보다 더 분명하게 나타날 것이다. 그들 중 많은 아이는 성인으로 인정받으려는 열망 때문에 성인의 장점보다 오히려 실패를 받아들이기 쉬운데, 왜냐하면 이것이 공동체에 봉사하기 등보다 훨씬 쉽게 느껴지기 때문이다. 이렇게 해서 온갖 비행이 발생할 수 있다. 그리고 이 경우에도 특히 응석둥이에게서 이런 현상이 자주 나타나는데, 왜냐하면 이들은 즉각적인 욕구 충족에 길들여져 어떤 종류의 유혹이든 좀처럼 저항하지 못하기 때문이다. 이런 소녀와 소년은 달콤한 말이나 허영심을 부추기는 이야기에 쉽게 넘어간다. 또한 이 시기에 집에서 심각하게 무시당하는 느낌을 받고 달콤한 말을 들을 때만 자신의 가치를 믿는 소녀도 마찬가지로 심각한 위험에 처한다.

지금까지 후방에 머물던 아이는 이제 머지않아 삶의 전선에 나서게 되는데, 그곳에는 삶의 3대 과제인 사회, 노동, 사랑이 기다리고 있다. 이것의 해결은 모두 타인에 대한 발달된 관심을 요구한다. 여기서 관건이 되는 것은 이를 위한 준비가 얼마나 되어 있는가다. 우리는 이 지점에서 비사교성, 인간에 대한 혐오, 불신, 타인의 불행에 대한 악의적 기쁨, 온갖 허영심, 과민, 타인을 만났을 때의 흥분 상태, 무대 공포증, 거짓말과 사기, 모함, 지배욕, 악의 등등을 접하게 된다. 공동체를 지향하는 양육을 받은 아이는 쉽게 친구를 얻을 것이다. 또한 이런 아이는 인류의 모든 문제에 관심을 가질 것이며 자신의 견해와 행동을 인류의 효용에 맞출 것이다. 그는 좋게든 나쁘게든 다른 사람의 주목을 끄는 행동을 통해 성공하려 들지 않을 것이다. 사회 안에서 그의 삶은 언제나 선의지와 함께할 것이며, 그러나 공동체를 해치는 자에 대해서는 목소리를 높일 것이다. 아무리 선한 인간이라도 때로는 억제할 수 없는 경멸감에 휩싸이기 때문이다.

우리가 이 땅에 발을 딛고 살고 있는 한, 인류의 노동과 노동 분업은 불가피한 것이다. 여기서 공동체 감정은 다른 사람의 효용을 위한 협력의 형태로 나타난다. 누구나 노동의 보상을 받을 권리가 있으며 다른 사람의 삶과 노동을 착취해서는 결코 인류의 안녕이 촉진되지 않는다는 사실을 공동체 인간이라면 누구나 믿어 의심치 않을 것이다. 결국 우리의 삶도 많은 부분은 인류의 안녕에 기여한 위대한 조상들의 업적 덕분이다. 종교나 커다란 정치적 조류 등으로도 표현되는 위대한 공동체 사상은 노동과 소비가 최적으로 분배되어야 한다고 정당하게 요구한다. 만약 누가 신발을 만든다면, 그 사람은 다른 사람에게 유용한 일을 하는 것이며 따라서 넉넉한 삶을 누리면서 모든 위생 서비스를 받고 후손에게 좋은 교육 기회를 제공할 권리가 있다. 그가 이에 필요한 돈을 받는 것은 시장이 발달한 사회에서 그의 유용성을 인정받는 것이다. 이렇게 그는 자신이 공동체에 가치 있는 존재라는 감정을 느끼게 되는데, 이것은 인간이 일반적으로 가지고 있는 열등감을 완화할 수 있는 유일한 방법이기도 하다. 유용한 노동을 수행하는 사람은 발전하는 공동체 안에서 살면서 공동체를 촉진한다. 이런 연관 관계는 비록 언제나 인식되지는 않지만 부지런함과 게으름에 관한 일반인의 판단을 좌우할 정도로 강력한 것이다. 아무도 게으름을 미덕이라고 하지 않을 것이다. 이미 오늘날에는 경제 위기나 과잉 생산으로 인해 실업자가 된 사람도 생계를 넉넉히 꾸려 갈 권리가 있다는 점이 일반적으로 인정되고 있는데,

이것은 사회적 위험의 결과라기보다 성장하는 공동체 감정의 결과라 하겠다. 또한 미래의 생산 방식과 재화 분배가 어떻게 변화하든 그리고 이런 변화가 강제되든 아니면 자연스럽게 발생하든, 이것은 필연적으로 공동체 감정의 힘에 오늘날보다 더 잘 부합하는 형태를 띨 것이다.

신체적으로나 정신적으로 강력한 만족을 선사하는 사랑의 경우에 공동체 감정은 운명을 직접적이고도 확실하게 좌우하는 요인으로 나타난다. 우정, 형제자매 관계, 부모자식 관계와 마찬가지로 사랑도 두 사람이 함께 풀어야 할 과제인데, 이 경우에는 서로 다른 성별의 두 사람이 후세 및 인류의 보존에 대한 전망을 공유한다. 인간의 문제 가운데 사랑만큼 공동체 안에서 개인의 안녕과 번영을 좌우하는 문제도 없을 것이다. 두 사람이 풀어야 할 과제는 독특한 구조를 가지고 있으며 개개인이 풀어야 할 과제와 같은 방식으로는 해결되지 않는다. 사랑의 문제를 제대로 풀기 위해서는 마치 두 사람이 합쳐져 하나의 존재가 되듯이 두 사람이 저마다 자신을 완전히 잊고 상대방에게 헌신해야 한다. 우정, 춤이나 놀이 같은 과제, 동일한 도구를 가지고 동일한 물체를 대상으로 작업하는 두 사람의 노동 등의 경우에도 어느 정도는 이와 같은 필연성이 존재한다. 이런 구조에서는 불평등, 서로에 대한 의심, 적개심 등을 차단할 필요가 있다. 그리고 신체적 매력이 빠질 수 없다는 점도 사랑의 본질이다. 신체적 매력이 인류의 도약을 위해 필요한 만큼 어느 정도 파트너 선택에 영향을 미치는 것은 아마도 진화의 본질이자 진화가 개인에게 미친 파급 효과일 것이다.

이렇게 진화는 우리로 하여금 의식적으로든 무의식적으로든 인생의 파트너에게서 더 나은 이상형을 예감하게 함으로써 우리의 심미적 감정이 인류의 발달에 봉사하도록 만든다. 오늘날에도 여전히 많은 남성과 여성이 오해하지만, 사랑에서는 남녀평등이 당연하며 그 밖에도 서로에게 헌신하는 감정이 필요하다. 엄청나게 많은 남성과 그보다 더 많은 여성은 이 헌신의 감정을 마치 노예의 복종처럼 잘못 이해하며, 특히 이기적인 우월감을 생활양식의 원칙으로 삼은 사람들은 이런 감정 때문에 사랑을 멀리하거나 제대로 된 사랑을 하지 못한다. 공동체 감정이 결여된 사람은 누구나 이 세 항목에서, 즉 둘의 과제를 위한 준비 자세, 평등 의식, 헌신 능력의 측면에서 자질이 부족함을 드러낸다. 이런 과제에서 마주치는 어려움 때문에 이들은 사랑과 결혼의 과제를, 특히 능동적인 진화적 적응의 가장 훌륭한 산물인 듯한 일부일처제 형태의 결혼을 회피하려는 유혹에 끊임없이 빠진다. 그 밖에 위에서 서술한 사랑의 구조 때문에, 사랑은 어떤 발달의 종점이 아니라 과제이기 때문에, 장기적인 최종 결심이 필요한데, 왜냐하면 이런 결심이 자녀 양육과 인류의 안녕에 장기적인 파급 효과를 미치기 때문이다. 이 땅 위에서 일탈과 오류 때문에, 공동체 감정이 결여된 사랑 때문에 우리의 후손과 문화유산의 항구적 존속이 위협받을지 모른다는 것은 암울한 전망임에 틀림없다. 난교, 매춘, 변태 성욕, 은밀하게 감추어진 나체주의 문화 등에서 나타나는 사랑의 경시 풍조는 사랑이 지닌 위대함과 영광과 심미적 매력을 무색하게 만든다. 장기적인 관계를 거부함으로써 공동 과제의 파트너 사이에 의심과 불신이 싹트고 상대에게 완전히 헌신하지 못하게 된다. 불행한 사랑과 결혼의 모든 사례들, 정당하게 요구되는 역할을 제대로 수행하지 못하는 모든 사례들에서 관찰되는 비슷한 어려움은 모두 위축된 공동체 감정의 표시이며, 오직 생활양식을 수정해야만 문제의 개선을 기대할 수 있다. 또한 난교 등에서 볼 수 있는 사랑의 경시 풍조 때문에, 즉 공동체 감정의 결핍 때문에 성병이 발발했으며 나아가 개인의 삶은 물론 가족과 지역 사회까지 피폐해졌음에 틀림없다. 인간의 삶에 절대적으로 확실한 규칙이 없는 것과 마찬가지로, 경우에 따라서는 사랑 또는 혼인으로 맺어진 결합 관계의 해체가 필요한 이유도 있게 마련이다. 다만 모든 사람이 언제나 올바른 판단을 내릴 수 있는 것은 아니다. 때문에 이런 물음에 대해 노련한 심리학자가 공동체 감정의 관점에서 대신 판단을 내릴 필요가 있어 보인다. 요즘에는 산아 제한이 큰 화두가 되고 있다. 인류가 번식의 명령을 충실히 이행해 바닷가의 모래알처럼 많아진 이후로는 무제한적인 후세 번식을 요구하는 공동체 감정의 강도가 크게 약화된 듯하다. 또한 기술의 엄청난 발달로 인해 너무 많은 잉여 노동력이 발생했으며, 노동자에 대한 수요가 크게 감소했다. 이런 사회적 상황은 더 이상 급속한 번식을 요구하지 않는다. 사랑의 능력은 크게 증가했지만, 요즘에는 어머니의 안녕과 건강에 더 큰 초점이 맞춰지고 있다. 또한 문화의 발달 덕분에 여성의 교육 능력과 지적 관심을 제약하던 한계도 제거되었다. 오늘날은 발달한 기술 덕분에 남성과 여성은 둘 다 자녀 양육뿐 아니라 교육과 휴식 및 오락에 더 많은 시간을 할애할 수 있게 되었으며, 가까운 미래에 더욱 풍족해질 여가 시간을 제대로 활용할 경우 자신과 가족의 안녕에 크게 기여할 것이다. 이 모든 사실을 바탕으로 사랑은 인류의 번식에 기여한다는 과제 외에도 이것과 거의 무관한 역할을 맡게 되었는데, 그것은 바로 인류의 안녕에 확실하게 기여하는 더 높은 수준의 또는 고양된 행복감을 인간에게 제공하는 것이다. 인간을 동물과 구별 짓는 특징이기도 한 이런 발달 단계에 일단 도달하면, 법률이나 규제를 통해 이를 저지하기란 불가능하다. 출산에 관한 결정은 적절한 상담을 받은 임신부에게 전적으로 맡기는 것이 최선일 것이다. 임신 중절과 관련해 임신부와 태아를 보호하기 위한 최선의 방법은 의사의 판단을 따르는 것 외에 적절한 심리 상담사로 하여금 중절의 사소한 이유는 기각하게 하고 중요한 이유는 따르도록 하는 것일 것이며, 그 밖에 위중한 경우에는 언제나 무료로 공공시설에서 중절을 실행하도록 하는 것이다.

파트너의 올바른 선택을 위해서는 신체적 자질과 매력 외에 공동체 감정이 충분함을 보여 주는 다음과 같은 사항을 주로 고려해야 한다. 즉 파트너는 원만한 교우 관계, 노동에 대한 관심, 그리고 자신보다 파트너에게 더 많은 관심을 보일 줄 알아야 한다.

자식을 낳는 것에 대한 두려움은 다분히 이기적인 원인에서 비롯할 수 있는데, 이것은 어떤 식으로 표현되든 상관없이 궁극적으로는 공동체 감정의 결핍에 뿌리를 두고 있다. 예컨대 응석둥이로 자란 여성이 부부 관계에서도 계속 응석둥이로 남으려 할 때, 또는 자신의 외모에만 신경을 쓴 나머지 임신이나 출산으로 몸이 망가지는 것을 두려워하고 과장할 때, 또는 남편의 사랑을 계속 독점하려 하거나 드물지만 사랑도 없이 결혼했을 때, 이런 행동이 관찰된다. 많은 경우 여성의 역할에 대한 '남성적 저항^{männlicher Protest}'과 출산 거부는 매우 파괴적인 효과를 낳

3. 삶의 과제

는다. 자신의 성 역할에 저항하는 여성의 이런 태도는 내가 최초로 '남성적 저항'이라는 용어로 설명한 바 있는데, 이것은 종종 생리 장애나 성 기능 장애의 원인이 된다. 이것은 가족 안에서부터 열등한 것으로 이해된 여성의 성 역할에 대한 불만에서 비롯하지만, 여성에게 암묵적으로든 노골적으로든 종속된 지위를 부여하는 우리 문화의 불완전함 때문에 크게 촉진되기도 한다. 그래서 많은 경우에 월경은 소녀의 심리적 저항을 통해 온갖 문제로 발전할 수 있으며 협력을 위한 준비의 결여를 초래할 수 있다. '남성적 저항'의 다양한 형태 중 하나는 남성의 역할을 맡으려는 열망과 여자 동성애로 나타나는데, 이런 저항은 "계집아이일 뿐"이라는 열등 콤플렉스에 기초한 우월 콤플렉스라 하겠다.

　사랑이 꽃피는 시기에 사회적 관심의 철회는 직업과 사회에 대한 준비의 결여 외에 다른 형태로도 표현된다. 아마도 가장 심각한 형태는 공동체의 요구에 거의 완전하게 담을 쌓는 청소년의 정신 이상 증세일 것이다. 이 정신병은 에른스트 크레치머Ernst Kretschmer가 발견한 것처럼 열등 기관과 관련이 있다. 그의 증거는 인생 초기에 기관 장애 요인의 중요성에 관한 내 발견을 뒷받침하는데, 다만 그는 이런 열등한 기관이 생활양식의 구축에 대해 갖는 의미를 개인심리학에서처럼 제대로 이해하지는 못했다. 또한 협력을 준비하라고 요구하는 외부 상황의 압박이 지속될 경우에 신경증이 증가할 수 있으며, 삶의 요구를 증오하고 비난하면서 이로부터 완전히 후퇴하기 위해 자살을 선택하는 사람도 나타난다. 사회적 요구를 비사회적 방식으로 회피하기 위한 속임수로 활용되는 알코올 중독, 모르핀 중독, 코카인 중독 등은 공동체 감정이 결여된 사람이 점점 더 강력해지는 공동체 과제로부터 도피하고 싶을 때 빠지기 쉬운 유혹이다. 이런 사람의 경우에 삶의 회피와 방탕에 대한 열망이 매우 크다는 사실을 노련한 사람이라면 어렵지 않게 확인할 수 있을 것이다. 마찬가지로 많은 비행 청소년은 현재 상황에서 공동체 감정의 부족을 드러낼 뿐만 아니라 이미 아동기 때부터 용기가 부족했을 가능성이 높다. 오늘날 성도착 현상이 점점 더 뚜렷해지는 것은 그리 놀라운 일이 아니다. 당사자들은 대부분 이런 성향을 유전으로 치부하며, 당사자와 그 밖에 여러 전문가들은 아동기의 도착 현상을 타고난 것이거나 특별한 체험을 통해 획득한 것으로 간주한다. 그러나 실제로 이것은 잘못된 방향으로 진행된 훈련의 결과이며, 삶의 다른 장면에서도 분명하게 드러나는 공동체 감정의 결여를 뚜렷이 보여 주는 징후이기도 하다.[5]

공동체 감정의 정도가 시험대에 오르는 또 다른 상황으로는 부부 관계, 직장 생활, 사랑하는 사람을 여의어 이전에 특별히 관여한 적도 없는 세계 전체를 잃은 것 같은 비통한 심정에 빠졌을 때, 재산을 잃었을 때, 응석둥이로 자란 나머지 위기 상황에서 전체와 조화를 이루는 능력의 결핍을 드러내는 온갖 실망의 순간 등을 들 수 있겠다. 일자리를 잃었을 때도 사람들은 공동으로 어려움을 극복하기 위해 공동체와 연대하기보다 방황하면서 공동체에 반하는 행동을 할 때가 많다.

공동체 감정의 마지막 시험대는 노화와 죽음에 대한 두려움이다. 자식을 통해 그리고 문화 발전을 위한 기여를 통해 자신의 불멸을 확신하는 사람이라면 이런 두려움이 크지 않을 것이다. 그러나 빠르게 늙는 신체와 정신적 쇠약에 직면해 자신의 완전한 소멸에 대한 두려움에 시달리는 사람들은 실제로 매우 많다. 특히 갱년기의 위험에 대한 미신에 현혹되어 어쩔 줄 몰라 하는 여성들을 자주 본다. 협력이 아니라 청춘과 아름다움에서 여성의 가치를 찾던 사람들은 이 시기에 큰 고통을 겪으며, 마치 부당한 공격이라도 받은 것처럼 적대적인 방어 태세를 보이기도 하고, 불편한 심기가 우울증으로 발전하기도 한다. 우리의 현재 문화 수준에서는 노년층에게 마땅한 공간이 마련되어 있지 않은 것이 사실이다. 이런 공간을 마련하는 것은 또는 적어도 이런 공간을 스스로 마련할 기회를 얻는 것은 노년층의 절대적 권리다. 그러나 유감스럽게도 이 연령대에서는 많은 경우 협력하려는 의지의 한계가 뚜렷하다. 이들은 자신의 중요성을 과장하고, 매사에 더 잘 아는 듯한 태도를 취하며, 늘 박탈감에 빠져 있다. 그래서 협력하고자 하는 다른 사람들에게 오히려 방해가 되고 스스로도 오래전부터 우려했을 분위기를 조성하는 데 기여하곤 한다.

어느 정도의 경험을 바탕으로 차분하게 공감적인 성찰을 할 줄 아는 사람이라면 분명히 알 수 있듯이 실제로 우리의 공동체 감정은 삶의 과제를 통해 끊임없이 시험대에 오르며 이를 통해 인정받거나 거부되는 과정을 거친다.

4. 몸과 마음의 문제

우리가 '물체'라고 부르는 모든 것에 어떤 전체가 되려는 지향성이 내재한다는 것은 오늘날 더 이상 의심의 여지가 없다. 이 점에서 원자는 살아 있는 세포와 비슷하다. 둘 다 한편으로는 완성과 제한을, 다른 한편으로는 다른 부분의 발생을 촉진하는 잠재적인 또는 명시적인 힘을 지니고 있다. 한 가지 차이는 세포의 물질대사와 원자의 자기 완결성에서 찾을 수 있을 것이다. 세포 또는 원자 안팎에서 이루어지는 운동에서도 근본적인 차이는 발견되지 않는다. 전자電子도 결코 가만히 있지 않으며, 프로이트가 죽음의 욕망이라는 이론을 뒷받침하기 위해 가정한 것과 같은 정지 상태의 추구는 자연 어디에서도 발견되지 않는다. 둘의 가장 분명한 차이는 성장, 형태의 보존, 번식 및 이상적인 최종 형태의 추구를 지향하는 살아 있는 세포의 동화 및 배설 과정이다.[6]

만약 살아 있는 세포가 어디서 유래했든 상관없이 영원한 자기 보존을 수월하게 보장하는 이상적인 환경에 놓여 있다면(물론 이것은 불가능한 가정이다), 세포는 언제나 동일한 상태를 유지할 것이다. 그러나 곤란한 처지에서는(곤란의 가장 간단한 예는 지극히 물리적인 성질의 것이다) 우리가 막연하게 생명 과정이라고 부르는 것에 어떤 식으로든 시정 조치가 일어나야 한다. 자연에 존재하고, 아메바에도 틀림없이 존재하는 온갖 다양성을 바탕으로 양호한 처지에 있는 개체는 그렇지 않은 개체보다 더 성공적이었을 것이며 더 나은 형태와 더 나은 적응에 도달했을 것이다. 이 땅에 생명이 존재한 이래 수십억 년에 걸쳐 가장 단순한 세포의 생명 과정으로부터 인간이 진화했고 환경의 공격에 제대로 대처하지 못한 수많은 생물이 멸종하기에 충분한 시간이 흘렀다.

다윈과 라마르크의 근본적인 시각을 결합한 이 견해에서 '학습 과정'이란 진화의 흐름 속에서 외부 세계의 요구에 적응하기라는 영원한 목표를 통해 방향이 결정되는 지향성으로 이해된다.

이런 목표 지향성은 결코 정적인 평형 상태에 도달할 수 없는데, 왜냐하면 외부 세계에 의해 창조된 존재가 외부 세계의 힘이 제기하는 요구와 과제에 대해 완전한 응답을 내놓기란 명백히 불가능하기 때문이다. 우리가 여러 관점에서 영혼, 정신, 마음 또는 이런 모든 '정신적 능력'을 포괄하는 이성 등으로 부르는 능력도 이런 목표 지향성 속에서 발달했을 것이다. 그리고 비록 우리가 초월적인 토대 위에서 정신적 과정을 고찰하지만, 우리는 우리의 시각에 따라 생명 과정의 일부인(우리가 이 과정을 무엇으로 이해하든 상관없이) 영혼도 살아 있는 세포를 발생시킨 토대와 동일한 기본 성격을 지닐 것이라고 주장할 수 있다. 이 기본 성격은 무엇보다도 외부 세계의 요구에 성공적으로 대처하고, 죽음을 극복하며, 이에 적합한 이상적인 최종 형태를 추구하고, 진화를 통해 준비된 다른 신체적 힘들과 공동으로 서로 영향력과 도움을 주고받으면서 우월, 완전, 확실성의 목표를 달성하려는 지속적인 노력에서 찾을 수 있을 것이다. 그리고 신체의 진화적 발달과 마찬가지로 정신 발달의 방향도 외부 세계의 과제를 올바로 해결해 어려움을 극복하려는 노력을 통해 규정된다. 부적합한 신체적 또는 정신적 발달을 통한 그릇된 해결책은 모두 심할 경우 잘못된 길로 들어선 개인의 소멸을 초래할 수도 있는 실패를 통해 그 해결책의 부적합성을 드러낸다. 이런 실패는 당사자뿐 아니라 후손에게까지 피해를 입힐 수 있으며, 관련된 가족, 종족, 민족 또는 인종에게 커다란 어려움을 안길 수 있다. 그리고 이런 어려움을 극복할 경우 진화에서 흔히 그렇듯이 더 큰 성공과 더 큰 저항력이 뒤따르기도 한다. 그러나 이것은 식물, 동물 및 인간의 대량 희생을 대가로 요구한 잔인한 자기 정화 과정이었다. 현재 평균적으로 저항력이 있어 보이는 것은 일단 시험에 합격한 것이다.[7] 이렇게 볼 때 신체 과정은 외부 세계의 요구와 촉진 및 방해 작용에 성공적으로 대처하기 위해 신체 능력을 어느 정도 평형 상태로 유지하려는 노력이라 하겠다. 이 과정을 일면적으로 고찰하는 사람은 '신체의 지혜'라는 견해에 도달할 것이다.[8] 그러나 정신 과정도 외부 세계의 과제를 성공적으로 해결해 심신의 능동적인 평형 상태에 도달하려면 이 지혜에 의지할 수밖에 없을 것이다. 인류가 도달한 진화 단계는 일정한 한계 안에서 이 평형 상태에 기여하며, 아동기에 개개인이 발견한 우월의 목표와 생활양식과 운동 법칙은 이 평형 상태의 능동성에 기여한다.

따라서 삶의 기본 법칙은 극복이다. 자기 보존의 추구, 신체적 및 정신적 평형과 성장의 추구, 완성의 추구는 이런 극복에 기여한다.

자기 보존의 추구에는 위험에 대한 이해와 예방, 개체의 죽음을 넘어 신체의 일부를 지속시키기 위한 진화적 경로인 번식, 인류의 발전에 대한 협력과 이를 통한 협력자의 정신적 영속, 그리고 이 모든 목적을 위한 모든 참여자의 사회화된 업적 등이 포함된다.

진화의 기적은 생명에 중요한 모든 부분을 보존하는 동시에 보완 및 대체하려는 신체의 지속적인 노력을 통해 분명하게 드러난다. 출혈상을 입었을 때의 혈액 응고, 상당한 정도로 확실하게 보존되는 수분과 당분과 석회질과 단백질, 혈액과 세포의 재생, 내분비선의 상호 작용 등은 모두 진화의 산물이며 외부 유해 물질에 대한 유기체의 저항력을 보여 준다. 이 저항력의 보존과 강화는 결함이 축소되고 장점이 고수 및 확대되는 광범위한 혈통 혼합의 결과다. 이 경우에도 인간의 사회화는, 즉 공동체는 성공적인 지원 작용을 발휘했다. 이렇게 볼 때 근친상간의 차단은 공동체의 존속을 위해 당연한 것이었다.

정신적 평형은 지속적인 위협에 처해 있다. 완성을 추구하는 인간은 언제나 정신적으로 유동적인 상태에 있으며 완전의 목표에 비추어 자신이 불균형하다고 느낀다. 상승의 노력을 통해 충분한 지점에 도달했다는 감정만이 인간에게 안정감, 가치감, 행복감을 줄 수 있다. 그러나 바로 다음 순간이 되면 목표가 다시 인간을 끌어당긴다. 이런 순간에 분명해지듯이 인간이 된다는 것은 곧 끊임없이 극복하고자 하는 열등감을 가지는 것이다. 추구하는 극복의 방향은 추구하는 완전의 목표만큼이나 다양하다. 열등감이 크거나 크게 지각될수록, 극복을 향한 추동은 그만큼 더 격렬하며, 감정의 작용도 그만큼 더 강력하다. 그러나 감정의 쇄도는, 정서와 정동은 신체의 평형 상태에 영향을 미치게 마련이다. 신체는 자율신경계, 미주신경, 내분비 변화 등을 통해 작동하며, 이는 혈액 순환, 분비물, 근육 긴장 및 거의 모든 기관의 변화로 나타날 수 있다. 이런 변화는 일시적인 현상으로서는 자연스러운 것이며, 개인의 생활양식에 따라 다양한 정도로 나타난다. 그러나 이런 현상이 장기화될 경우 기능성 기관 신경증이라고 부르는데, 이것은 심리적 신경증과 마찬가지로 과제에 실패한 경우에 또는 열등감이 강력한 경우에 당면 과제로부터 후퇴하려는 성향, 그리고 신체적으로나 정신적으로 입은 충격 증상을 고집함으로써 이 후퇴를 정당화하려는 경향을 보이는 생활양식에서 비롯한다. 이렇게 정신 과정은 신체에 영향을 미친다. 그러나 정신 과정은 공동체의 요구에 대해 적대적인 태도를 취하는 모든 행위와 부작위 또는 심리적 탈선의 계기가 됨으로써 정신 자체에도 영향을 미친다.

마찬가지로 신체 상태도 정신 과정에 영향을 미친다. 우리의 경험에 따르면 생활양식은 일찌감치 유아기에 발달한다. 이때 타고난 신체 상태가 가장 큰 영향력을 발휘한다. 아이는 일찌거니 자신의 운동과 수행 능력에서 신체 기관의 유효성을 체험한다. 그러나 이를 체험할 뿐, 이를 표현할 단어나 개념은 아직 가지고 있지 않다. 또한 환경의 반응이 매우 다양하기 때문에, 아이가 예컨대 자신의 수행 능력을 바탕으로 어떤 느낌을 받을지를 헤아리기란 거의 불가능하다. 신체 기관(소화 기관, 혈액 순환, 호흡 기관, 분비 기관, 내분비선, 감각 기관 등)의 열등에 대한 우리의 지식을 바탕으로 그리고 통계적 확률 경험을 바탕으로 아이가 인생을 시작하면서부터 과도한 부담을 경험할 것이라고 매우 조심스럽게 결론지을 수 있다. 그러나 아이가 이것에 어떻게 대처할지에 대해서는 오직 아이의 운동과 시도를 바탕으로 추측할 수 있을 뿐이다. 왜냐하면 여기서 모든 인과적 고찰은 쓸모없기 때문이다. 여기서는 아이의 창의력이 힘을 발휘한다. 무한한 가능성의 공간에서 극복의 시행착오를 통해 훈련되면서 완전의 목표로 나아가는, 성취를 제공할 것처럼 보이는 아이의 일반적인 경로가 형성된다. 능동적인 추구를 통해서든 수동적인 고집을 통해서든, 지배적이든 종속적이든, 다양한 리듬과 기질에 따라 사회적 접촉 능력이 있든 이기적이든, 용감하든 비겁하든, 쉽게 흥분하든 냉담하든, 아이는 자신의 관점에서 이해하고 응답을 내놓는 환경과 나름대로 조화를 이루는 가운데 아이의 전체 삶을 좌우하는 결정을 내리게 되고 자신의 운동 법칙을 발달시킨다. 그리고 극복의 목표를 향한 방향은 개개인마다 다르고 온갖 미묘한 차이를 보이기 때문에 우리가 아는 단어들로는 기껏해야 전형적인 것을 가리킬 수 있을 뿐이며 어쩔 수 없이 장황한 설명을 늘어놓을 수밖에 없다.

자신의 삶이 어디로 향하는지는 개인 자신도 개인심리학적 통찰 없이는 결코 분명하게 말할 수 없다. 개인은 종종 정반대로 말하기도 한다. 개인의 운동 법칙을 이해해야 비로소 개인의 방향을 추측할 수 있다. 이때 우리는 단어, 생각, 감정, 행위 등으로 나타나는 표현 운동에 담긴 견해를, 즉 의미를 접하게 된다. 그러나 또한 신체가 이 운동 법칙을 얼마나 따르는지는 신체 기능의 의미를 통해 추측할 수 있다. 이것은 대개 더 강력한 표현력을 지닌, 단어보다도 개인의 견해를 더 분명하게 드러내는 일종의 언어이지만, 어쨌든 내가 '기관의 사투리'라고 부른 신체 언어다. 예컨대 평소 온순하지만 밤에 이불에 오줌을 싸는 아이는 이를 통해 문화적 명령에 순순히 따르지 않겠다는 자신의 견해를 뚜렷이 표현한 것이다. 그런가 하면 용감한 척하고, 어쩌면 스스로도 자신이 용감하다고 믿는 남성의 경우에 그의 떨림과 심장 박동은 그가 평형 상태를 벗어났음을 말해 준다.

> 32세의 한 기혼 여성은 왼쪽 눈의 관자놀이께에 심한 통증을 느꼈으며 물체가 둘로 보여 어쩔 수 없이 그쪽 눈을 감게 된다고 호소했다. 이런 증상은 11년 전부터 있었으며, 최초로 이런 증상을 겪은 것은 이 환자가 남편과 약혼했을 때였다. 이번에는 7개월 전에 이런 증상이 나타났는데, 통증은 일시적으로 사라졌지만 물체가 둘로 보이는 복시 증상은 계속되었다. 그는 이 최근 증상이 찬물로 목욕을 했기 때문이라고 말했으며, 그 밖에도 찬 공기를 쐬면 이런 증상이 생기는 것을 체험했다고 한다. 이 환자의 남동생도 비슷한 복시 증상에 시달렸으며, 어머니는 편두통에 시달렸다. 예전에 환자는 오른쪽 눈 주위에서도 통증을 느낀 적이 있다고 하며, 때로는 통증이 한쪽에서 다른 쪽으로 옮아간 적도 있다고 한다.
>
> 　결혼 전에 그는 바이올린을 가르쳤으며 연주회를 연 적도 있고 자신의 직업을 사랑했지만, 결혼 후에는 일을 그만두었다.

73

그는 현재 의사 가까이에 머물기 위해 시아주버니 가족과 함께 살고 있다고 하며 그곳에서 행복하게 지낸다고 한다.

그는 가족에 관해, 특히 아버지와 자기 자신과 여러 형제자매에 관해 성질이 급하고 쉽게 화를 내는 편이라고 말한다. 내가 질문을 통해 확인한 사실을 여기에 추가하자면, 이 가족은 지배 성향이 강한데, 이렇게 볼 때 이들은 내가 두통, 편두통, 신경성 3차 신경통, 간질성 발작 성향으로 기술했던 유형이라 하겠다.[9]

또한 이 환자는 어디를 방문하거나 낯선 사람을 만나서 신경이 날카로울 때마다 배뇨 충동을 느낀다고 호소했다.

나는 3차 신경통의 심리적 뿌리에 관한 연구에서 기관에 기인한 사례가 아닌 경우 위에서도 확인되듯이 온갖 신경성 증상으로 쉽게 표출되는 정서적 긴장 상태가 있다고 말한 바 있다. 그리고 이런 긴장 상태는 혈관 운동 및 교감 부신 체계의 흥분을 통해 혈관과 혈액 공급의 변화를 야기함으로써 취약한 지점에서 통증이나 마비 같은 증상을 일으킬 확률이 높다. 또한 당시에 나는 두개골, 얼굴 반쪽, 머리 정맥과 동맥 등의 비대칭이 두개골이나 뇌막 안에서, 어쩌면 뇌 자체에서 그곳에 있는 정맥과 동맥의 흐름과 직경이 비대칭하다는 것을 시사할 것이라고 추측한 바 있다. 아마도 그곳에서는 주변 신경 섬유와 세포도 신체의 다른 쪽에 비해 덜 발달해 있을 것이다. 이 경우 어느 한쪽의 정맥과 동맥이 확장될 경우 역시 비대칭 때문에 너무 좁다는 사실이 확인되는 신경 경로에 특히 주목할 필요가 있을 것이다. 격한 감정에 휩싸일 때, 특히 분노를 느낄 때, 그러나 또한 기쁨, 불안, 걱정 등의 경우에도 혈관의 내용물이 변한다는 사실은 안색을 통해 그리고 분노의 경우에는 두개골에 두드러지는 정맥을 통해 확인할 수 있다. 그리고 이런 변화는 더 깊은 층에서도 일어날 것이라고 가정할 수 있다. 물론 여기에 관여하는 모든 세부 사항을 밝혀내려면 아직도 많은 연구가 필요하다.

그러나 이 경우에도 만약 우리가 남을 지배하고자 하는 생활양식을 통해 준비된 급한 성질뿐 아니라 지금까지 가장 강력했던 증상의 발발 전에 있었던 외인성 계기를 증명할 수 있다면, 그리고 만약 유아기 때부터 지속된 심리적 긴장 상태(열등 콤플렉스와 우월 콤플렉스, 타인에 대한 관심의 결여, 현재 삶뿐 아니라 기억과 꿈에서도 나타나는 자기애 등)를 확인할 수 있다면, 나아가 만약 개인 심리학적 치료가 경우에 따라서는 장기적으로까지 성공을 거두게 된다면, 우리는 신경성 두통, 편두통, 3차 신경통, 간질성 증상 같은 질병이 기관 장애에 기인하지 않는 경우 생활양식의 변화, 심리적 긴장의 완화, 공동체 감정의 확장을 통해 장기적으로 치유될 수 있다는 추가 증거를 얻게 되는 셈이다.

어디를 방문했을 때 배뇨 충동을 느낀다는 것은 그 사람이 너무 쉽게 흥분한다는 사실을 보여 주는데, 이때 배뇨 충동의 원인은 말 더듬기나 무대 공포증 같은 기타 신경성 장애 및 성격 특성의 원인과 마찬가지로 다른 사람을 만난다는 외인성 계기에서 찾을 수 있다. 또한 이럴 때는 열등감도 증가하는 것을 볼 수 있

4. 몸과 마음의 문제

다. 개인심리학적 통찰이 있는 사람이라면 여기서도 어렵지 않게 타인의 판단에 의존하는 성향과 그래서 인정과 개인적 우월에 대한 추구가 강화되는 것을 관찰할 수 있을 것이다. 환자 자신은 다른 사람에게 특별한 관심이 없다고 설명한다. 그는 불안하지 않다고 하면서 별다른 노력 없이도 다른 사람과 대화할 수 있다고 주장하지만, 과도하게 말이 많으며 내게 말할 기회를 거의 주지 않는 것은 자기 설명에 대한 강박적 성향을 보여 주는 확실한 지표다. 그는 결혼 생활에서도 지배하는 쪽일 가능성이 높지만, 편히 쉬려고만 하는 배우자의 나태함에 좌절감을 느꼈는데, 왜냐하면 남편은 고된 일을 마친 후 저녁 늦게 피곤한 몸을 이끌고 귀가해 아내와 외출하거나 함께 놀거리를 찾는 데 소극적이었기 때문이다. 남들 앞에서 연주를 해야 할 때, 이 환자는 강력한 무대 공포증을 느꼈다. 나는 중요한 물음이라면서 만약 건강을 회복하면 무엇을 하겠냐고 질문했는데, 이것은 환자의 응답을 통해 그가 무엇을 두려워하는지를 뚜렷이 알 수 있는 물음이었다. 이에 대해 환자는 두통이 가시질 않는다면서 직접 응답하기를 꺼렸다. 왼쪽 눈썹에는 사골동antrum ethmoidale 수술 후에 생긴 깊은 흉터가 있었는데, 이 수술 직후에도 편두통이 발발했다고 한다. 이 환자는 온갖 냉기가 몸에 해로우며 증상을 유발한다고 집요하게 주장했다. 그런데도 그는 최근에 찬물로 목욕했으며, 그러자 즉시 증상이 재발했다고 한다. 증상은 아무 전조前兆 없이 발발했다. 때로는 증상이 시작될 때 구역질이 나기도 했지만 늘 그렇지는 않왔다. 여러 의사가 그를 철저히 검사했지만 어떤 기관의 변화는 발견되지 않았다. 두개골 엑스레이 검사, 혈액과 소변 검사를 통해서도 아무것도 발견되지 않았다. 검사 결과 그의 자궁은 전경 Anteversio과 전굴Anteflexio이 있는 미발달 상태였다. 『열등 기관에 관한 연구』에서 내가 지적한 것처럼, 크레치머의 훌륭한 연구를 통해 증명되었듯이 신경증 환자에게서 열등 기관이 자주 발견될 뿐만 아니라 유감스럽게도 너무 일찍 사망한 요제프 키를레Josef Kyrle 의 연구를 통해 증명되었듯이 열등 기관이 발견되는 경우에는 언제나 생식 기관도 열등한 상태일 것으로 예상된다. 이 사례가 이런 경우에 해당한다.

나중에 밝혀진 바에 따르면 이 환자는 동생이 태어날 때 엄청난 충격을 경험한 이래로 출산에 대해 광적으로 불안해했다. 이는 제대로 이해하고 소화할 능력이 있는지 확실치 않은 아이에게 성적인 사실을 너무 일찍 알려 주는 것에 대한 내 경고가 옳음을 보여 준다. 환자가 11세였을 때 아버지는 그가 이웃집 사내아이와 성관계를 가졌다고 착각해 크게 꾸짖었다. 이를 통해 성관계에 일찍 눈뜨면서 생긴 공포와 불안 때문에 사랑에 대한 저항이 강화되었고, 이것은 결혼 후에도 불감증으로 나타났다. 그는 결혼 전에 신랑에게 아이를 갖지 않겠다고 맹세할 것을 요구했다. 편두통 증상과 이에 대한 지속적인 두려움 때문에 환자는 부부 관계를 최소화했다. 야망이 큰 소녀에게서 자주 발견되는 것처럼 그의 성적 관계는 좀처럼 발달하지 않았는데, 왜냐하면 그

4. 몸과 마음의 문제

는 우리의 문화적 후진성이 조장하는 심각한 열등감 속에서 성관
계를 여성에 대한 무시로 오해했기 때문이다.

개인심리학의 근본 관점인 열등감과 열등 콤플렉스는 한때 정신분
석가들이 남성적 저항과 마찬가지로 자신들에 대한 심각한 도발로 간
주했지만 오늘날에는 프로이트가 이를 전적으로 수용해 자신의 체계에
억지로나마 끌어들였다. 그러나 오늘날까지도 이 학파에서 이해하지 못
하는 사실은 이런 소녀가 지속적으로 저항하는 감정에 휩싸여 있으며
그래서 신체와 정신이 동요하게 되고 외인성 요인이 있을 때만, 기존 공
동체 감정이 시험대에 오를 때만 급성 증상으로 나타난다는 점이다.

이 사례에서 나타난 증상은 편두통과 배뇨 충동이었다. 이 환자
는 결혼 후 지속적으로 출산에 대한 두려움과 불감증에 시달렸
다. 나는 이렇게 남을 지배하려 하고 성미가 급한 사람에게 나타
나는 편두통을 상당 부분 설명했다고 믿는다. 그리고 이런 증상
은 이런 사람에게 위에 서술한 편두통 및 이와 비슷한 통증의 비
대칭이 추가될 때만 나타나는 듯하다. 그러나 나는 여전히 아주
심각했던 최근 증상을 유발한 외인성 요인을 증명해야 했다. 나
는 이 경우에 냉수욕이 증상을 유발했다는 점을 아주 부정할 수
없었지만, 냉기의 해로운 영향에 관해 이미 오래전부터 잘 알고
있던 환자가 7개월 전에 별다른 걱정 없이 찬물에 들어갔다는 사
실을 좀처럼 받아들이기 어려웠다. 당시에 그는 매우 화가 난 상

태가 아니었을까? 당시에 증상의 발발이 그에게 시기적절한 것은 아니었을까? 사랑하는 마음으로 그에게 순종했던 배우자 같은 맞상대가 있지 않았을까? 그래서 순종하는 사람을 처벌하려는 복수심으로 자살을 감행하는 사람과 비슷한 심정으로 찬물에 뛰어든 것은 아닐까? 그는 다른 사람에게 화를 냈다는 이유로 여전히 자신에게 화를 내고 있을까? 그가 편두통에 관한 책을 열심히 읽고 여러 의사를 찾아다니면서 자신이 결코 건강해질 수 없다는 확신을 갖게 된 것은 그가 공동체 감정의 결여로 인해 두려워하는 삶의 과제를 회피하기 위한 것이 아닐까?

그는 배우자를 존중하는 듯했지만 사랑에 대해 상당히 거리를 두었으며 한 번도 정말로 사랑한 적이 없는 듯했다. 병이 완쾌되면 무엇을 하겠느냐는 반복된 질문에 대해 그는 마침내 답하기를 지방에서 대도시로 이사해 바이올린을 가르치면서 오케스트라와 함께 연주도 하고 싶다고 말했다. 개인심리학의 추측 기술을 획득한 사람이라면 어렵지 않게 알 수 있듯이, 이것은 지방에 머물 수밖에 없는 배우자와의 이별을 의미했다. 이는 위에서 언급했듯이 환자가 시아주버니의 집에서 편하게 느꼈다는 점과 배우자에 대한 환자의 비난에서 확인된다. 배우자는 그를 매우 존경했고 그의 지배욕을 마음껏 분출할 수 있는 최선의 기회를 제공했기 때문에 아내 입장에서 남편과 이별하기란 결코 쉽지 않았다. 이런 경우에 나는 조언이나 동정적인 말을 통해 이별이 수월해지도록 거드는 것은 위험하다고 경고할 것이다. 특히 이런

　　　　　　　　　　　　　　　4. 몸과 마음의 문제

경우나 이와 비슷한 경우에 애인을 찾으라고 조언하는 것은 위험하다. 왜냐하면 이런 환자는 사랑이 무엇인지를 알기는 해도 제대로 이해하지 못하기 때문에 의사의 조언에 따를 경우 심각한 실망만 얻게 될 것이며 모든 것에 대한 책임을 의사에게 떠넘길 것이기 때문이다. 이 사례에서 과제는 결혼에 대한 여성의 능력을 강화하는 것이다. 그러나 그 전에 그의 생활양식에 담긴 오류를 제거해야 한다.

자세한 검사 뒤에 다음과 같은 사실을 확인했다. 환자의 얼굴은 왼쪽이 오른쪽보다 약간 작았다. 때문에 코끝이 약간 왼쪽으로 향해 있었다. 현재 질병이 있는 왼쪽 눈은 오른쪽보다 폭이 좁았다. 어째서 때때로 환자의 오른쪽 눈에서도 증상이 나타났는지를 현재로서는 설명하기 어려운데, 어쩌면 이에 관한 환자의 진술이 부정확할지 모른다.

환자의 꿈 : "시누이, 언니와 함께 극장에 갔어요. 저는 그들에게 조금 있으면 제가 무대에 오를 것이라고 말했어요." 내 설명 : 그는 언제나 친척 앞에서 자신을 드러내길 원한다. 또한 극장에서 오케스트라와 함께 연주하길 원한다. 그러나 친척으로부터 제대로 인정받지 못하고 있다고 느낀다. 내가 제시한 열등 기관과 정신적 보상에 관한 이론은 여기서도 옳다는 것이 확인되었다. (언젠가 확인되겠지만 이 둘의 관계는 크레치머와 에리히 루돌프 옌쉬Erich Rudolf Jaensch 연구의 기초에 놓여 있는 것이기도 하다.) 이 여성의 시각 기관에 뭔가 문제가 있는 것은 거의 틀림없다. 같은 질

병에 시달린 그의 형제도 마찬가지다. 그러나 과연 이것이 혈관이나 신경 경로의 문제 이상의 것인지에 관해 판단하기가 어려웠다. 시력과 기초 신진대사는 정상인 듯했다. 갑상선에는 외관상 변화가 없었다. 극장과 무대 연주에 관한 꿈은 그가 외부 모습에 신경을 쓰는 시각적인 인간형임을 분명히 말해 준다. 결혼 생활과 지방 거주가 이런 자기표현을 방해하고 있다. 임신과 아이를 갖는 것도 그에게는 동일한 장애가 될 것이다.

그러다 완전한 치유가 한 달 안에 이루어졌다. 그 전에 최근 발발의 원인이 되었던 외인성 요인을 설명할 수 있었다. 그는 남편의 바지 주머니에서 한 소녀의 편지를 발견했는데, 거기에는 짤막한 인사말만 적혀 있었다. 남편은 아내의 의심을 잠재울 수 있었다. 그러나 아내는 의심을 거두지 않았으며 지금까지 전혀 경험한 적이 없는 질투를 느꼈고 그 후로는 남편을 감시하게 되었다. 이 시기에 그는 냉수욕을 했고 최근 증상이 시작되었다. 질투와 상처 입은 허영심이 분명해진 다음에 꾼 최근의 꿈은 그의 의심이 여전하며 남편에 대해 경계심과 불신을 느낀다는 것을 보여 준다. 꿈에서 그는 고양이가 물고기를 물고 달아나는 것을 보았다. 그때 한 여성이 고양이를 뒤쫓아 가 물고기를 빼앗았다. 이것은 별다른 노력 없이도 해석이 가능하다. 모든 것이 더 강력하게 전달되는 은유의 언어로 그는 남편을 빼앗길지 모를 사태를 대비한 것이다.

나와 대화를 나누면서 그는 자신이 결코 질투를 느낀 적이

4. 몸과 마음의 문제

없으며 자신의 자존심이 이런 부도덕한 행동을 허락지 않는다고 말했다. 그러나 편지를 발견한 뒤로는 남편의 불륜 가능성을 의심했다고 한다. 그리고 이를 통해 남편에게 의존하는 자신의 처지에 대한 분노가 커졌다고 말했다. 따라서 그의 냉수욕은 실제로 그의 생활양식 속에서 자신의 가치가 남편에게 의존한다는 점이 확실해졌다고 느낀 상황에서 남편이 자신의 가치를 인정하지 않는 것에 대한 복수였다. 만약 이 충격의 결과로 편두통 증상이 나타나지 않았다면, 그는 더욱 무가치하게 보였을 것이다. 그리고 이것은 그에게 무엇보다도 견디기 힘든 일이었을 것이다.

5. 체형, 운동, 성격

여기서는 인간종에게 나타나는 세 가지 현상 형태인 체형, 운동, 성격의 가치와 의미에 관해 논의할 것이다. 인간에 대한 과학적 이해는 당연히 경험을 기초로 삼아야 한다. 그러나 사실만 수집해서는 아직 과학이 아니다. 이런 수집은 과학의 전 단계이며, 수집된 자료는 공통의 원리에 따라 적절히 분류할 필요가 있다. 그러나 화가 치밀어 주먹을 불끈 쥐거나 이를 부득부득 가는 행동, 분노에 찬 시선, 큰소리로 내뱉은 악담 등등이 공격적인 동작이라는 사실은 상식에 속하기 때문에 이 영역에서는 과학의 본질이라 할 진실에 접근하려는 인간의 연구 욕구에 제기되는 더 이상의 과제가 없는 듯하다. 이런 또는 다른 현상들을 지금까지 발견하지 못한 더 큰 연관 속에서 고찰함으로써 새로운 관점이 열리고 기존의 문제가 해결되거나 분명해질 때 비로소 우리는 정당하게 과학을 이야기할 수 있을 것이다.

신체 기관의 형태와 인간의 외형은 인간의 생활 방식과 대충 조화

5. 체형, 운동, 성격

를 이루며, 이것의 기본 도식은 오랜 시간에 걸쳐 안정된 외부 환경에 대한 적응 과정을 통해 규정된다. 이 적응의 정도는 무한히 다양하며, 어떤 식으로든 눈에 띄게 마련인 어떤 한계를 넘어설 때 비로소 이것의 형태가 드러난다. 다만 인간 형태 발달의 이런 기초에 영향을 미치는 다수의 요인이 있는데, 나는 그중에서도 다음과 같은 것을 강조하고 싶다.

1. 일시적으로든 지속적으로든 생존 가능성이 없는 변형들의 몰락. 여기에는 기관 적응의 법칙뿐 아니라 크고 작은 집단의 존속에 과도한 부담을 준 잘못된 형태의 생활 방식(전쟁, 나쁜 관리 방식, 사회적 적응의 결여 등)도 관련된다. 따라서 우리는 멘델의 법칙 같은 완고한 유전법칙 외에도 기관과 형태의 중요성이 적응 과정을 통해 달라질 수 있다는 점도 고려해야 할 것이다. 형태와 개인적 및 일반적 부담 사이의 관계는 일종의 기능 값으로 표현할 수 있을 것이다.

2. 성 선택. 이것은 문화의 성장과 성교의 증가를 바탕으로 형태와 유형을 균등화하는 작용을 하는 듯하며 생물학적이고 의학적인 이해를 통해 그리고 이와 관련되고 변천과 오류의 과정을 거치는 심미적 감정을 통해 크고 작은 영향을 받는다. 건장한 체형과 섬세한 체형, 풍만함과 날씬함 같은 심미적 이상의 대립은 이런 영향력의 변천을 보여 주며, 이런 변천에는 틀림없이 예술도 주목할 만한 영향을 미쳤을 것이다.

3. 여러 기관 사이의 상관관계. 여러 기관은 서로 그리고 내분비 선(갑상선, 생식선, 부신, 뇌하수체)과 함께 은밀한 동맹 관계를 맺고 있으며 서로를 지원하거나 해칠 수 있다. 그래서 단독으로는 소멸의 길을 걸을 형태들이 서로 결합될 경우에 개인의 전체 기능 값을 크게 해치지 않을 수도 있다. 이런 총체성 효과에서 말초신경계와 중추신경계는 매우 중요한 역할을 하는데, 왜냐하면 이것이 자율신경계와 연합해 수행 능력이 크게 향상되고 신체적이거나 정신적인 훈련을 통해 개인의 전체 기능 값을 제고하기 때문이다. 이처럼 비전형적이거나 심지어 결함이 있는 형태라고 해서 개인과 세대의 존속을 반드시 위협하는 것은 아닌데, 왜냐하면 개인이 다른 힘의 원천에서 보상을 받음으로써 전체적으로는 평형을 유지하거나 경우에 따라서는 이를 넘어설 수도 있기 때문이다. 사태를 편견 없이 고찰할 경우, 수행 능력이 가장 뛰어난 사람들이 언제나 가장 아름다운 사람들은 아니라는 사실을 어렵지 않게 확인할 수 있을 것이다. 또한 이렇게 볼 때 인종이나 민족에 대한 우생학적 접근은 매우 제한된 범위에서만 가치가 있을 것이며 복잡하게 얽힌 무수한 요인 때문에 확실한 결론보다는 오판으로 이어질 확률이 훨씬 높을 것이다. 게다가 통계적으로는 아무리 확실해도 이를 바탕으로 개별 사례를 단정할 수는 없는 법이다.

안구가 늘어나 약간 근시인 눈은 근거리 노동에 중점을 두는 우리

문화에서 대개 확실한 장점으로 작용하는데, 왜냐하면 이런 사람은 눈의 피로를 덜 느끼기 때문이다. 전체 인구 중 거의 40퍼센트에 달하는 왼손잡이는 오른손잡이 문화에서 불리할 것임에 틀림없다. 그러나 최고의 화가들, 손재주가 아주 뛰어난 사람들 중에 상당수는 더 잘 훈련된 왼손으로 걸작을 만들어 내는 왼손잡이들이다. 미학과 의학의 관점에서는 점점 더 날씬한 사람 쪽으로 추가 기울고 있지만, 뚱뚱한 사람과 마른 사람은 서로 다른 종류의, 그러나 심각성에서는 크게 다르지 않은 위험에 처해 있다. 짧고 넓은 중수골中手骨은 확실히 유리한 지레 효과 때문에 중노동에 더 적합해 보인다. 그러나 기계와 기술의 발달 덕분에 신체적 중노동은 점점 더 불필요해지고 있다. 신체의 아름다움은 비록 우리가 외면할 수 없는 매력을 발산하지만 그 자체로는 장점과 단점을 모두 가지고 있다. 독신이거나 자식이 없는 사람들 중에 외모가 수려한 사람이 의외로 많은 반면에, 덜 매력적인 사람들이 종종 다른 장점 덕분에 번식에 참여하는 것을 자주 볼 수 있다. 짧은 다리와 평발을 지닌 등산가, 늠름한 체구의 재단사, 외모가 형편없는데도 여성에게 인기 만점인 남성처럼 예상 밖의 유형이 종종 눈에 띄는데, 이런 현상을 이해하려면 심리적인 세부 사항을 들여다볼 필요가 있다. 누구나 주변에 아는 사람 중에 체형은 어린아이 같은데 유달리 성숙한 사람, 남성적인 체형에 어린아이처럼 행동하는 사람, 겁 많은 거인이나 용감한 난쟁이, 못생긴 신사나 잘생긴 깡패, 여성적인 외모의 범죄자나 험상궂지만 여린 마음을 지닌 동료 등이 있을 것이다. 매독과 알코올 중독이 태아에게 해로우며 이 때문에 태아에게 겉으로 식별 가능한 흔적이 남을 수 있다는 것은 분명한 사실이며, 이런 자손의 사망률이 높다는 것도 분명한 사실이다. 그러나 예외도 드물지 않으며, 최근에야 알려졌듯이 노년에도 여전히 원기 왕성한 버나드 쇼Bernard Shaw의 아버지도 알코올 중독이었다고 한다. 선택이라는 초월적 원칙의 맞은편에서는 너무 복잡해서 헤아리기 어려운 적응의 법칙이 작용하고 있다. 어느 시인의 한탄처럼 "파트로클로스Patroklus는 땅에 묻혔지만 테르시테스Thersites는 돌아왔다."• 수많은 병사의 사망을 초래한 스웨덴 전쟁 후에는 남자가 모자라서 병자든 불구든 모든 생존자에게 결혼을 강제하는 법률이 공포되었다. 그러나 오늘날 스웨덴인은 가장 우수한 유형의 민족에 속할 것이다. 고대 그리스에서는 기형아를 유기하는 방법이 동원되었다. 오이디푸스 전설에는 유린당한 자연의 저주가 등장하는데, 이것은 어찌 보면 유린당한 공동체 논리의 저주라 하겠다.

아마도 우리는 누구나 인간의 외모에 대한 이상적인 이미지를 품고 있을 것이며 이에 따라 다른 사람을 평가할 것이다. 그러나 그렇다고 해서 삶에 필수적인 직감을 아예 포기할 수는 없는 노릇이다. 더 높은 상상의 날개를 펼치는 사람들은 이를 직관이라고 부른다. 정신과 의사와 심리학자는 우리에게 내재하는 어떤 규칙에 따라 외모에 대한 판단이 이루어지는지에 관심을 가진다. 때로는 얼마 되지도 않는 삶의 경험과 대개 아동기에 굳어지는 고정 관념이 이런 판단에 중요한 역할을 할

• 호메로스의 묘사에 따르면 트로이 전쟁에서 전사한 파트로클로스는 수려한 외모를 지녔던 반면 전쟁 후 고향으로 돌아온 테르시테스는 추한 외모를 지녔다.

5. 체형, 운동, 성격

것이다. 요한 카스파 라바터Johann Kaspar Lavater 등은 이런 규칙을 체계화했다. 욕심쟁이, 착한 사람, 나쁜 사람, 범죄자 등에 대한 우리의 상상과 인상이 엄청나게 동질적이라는 데서도 알 수 있듯이, 비록 바람직한 것은 아니지만, 우리는 은밀하게 비교하는 오성 작용을 바탕으로 형태가 그것의 내용과 의미에 걸맞을 것이라고 기대하는 듯하다. 그렇다면 과연 정신이 육체를 만들어 내는 것일까?

　　나는 이 분야에서 이루어진 두 업적을 강조하고자 하는데, 이것들은 형태와 의미의 난해한 관계를 어느 정도 조명하고 있다. 우리는 카를 구스타프 카루스Carl Gustav Carus의 기여를 잊지 않을 것인데, 이것의 부활에는 루트비히 클라게스Ludwig Klages가 큰 기여를 했다. 최근 연구자 중에는 옌쉬와 율리우스 바우어Julius Bauer를 빼놓을 수 없을 것이다. 그러나 나는 특히 『체격과 성격Körperbau und Charakter』에 관한 크레치머의 탁월한 연구와 나의 『열등 기관에 관한 연구』를 참조할 것이다. 후자는 훨씬 오래된 것이다. 당시에 나는 타고난 신체적 열등, 형태상의 마이너스 변형을 바탕으로 더 큰 열등감이 생기고 이것이 다시 심리 장치의 특별한 긴장으로 이어지는 연결 고리의 흔적을 발견했다고 생각했다. 이런 긴장 때문에 외부 세계의 요구가 지나치게 적대적인 것으로 지각되며, 올바른 훈련이 결여된 경우 자기 자신에 대한 염려가 뚜렷이 자기중심적인 방식으로 증가한다. 그리고 이는 심리적 과민, 용기와 결단력의 결여, 반사회적 통각 도식으로 이어진다. 외부 세계를 바라보는 시각이 적응을 방해하고 부적응을 낳는 것이다. 여기서 우리는 극도로 주의하고 증거와 모순점을 끊임없이 살피는 가운데 형태를 근거로 본질과 의미를 추론할 수 있는 관점을 얻게 된다. 과연 노련한 관상학들이 과학과 무관하게 본능적으로 이 길을 선택한 것인지에 대해서는 여기서 논하지 않겠다. 어쨌든 심리 훈련을 통해 이 큰 긴장에서 빠져나와 더 큰 성취에 도달할 수 있다는 사실을 나는 종종 관찰할 수 있었다. 그리고 적합한 심리 훈련이나 행동 훈련을 통해 생식선 같은 내분비선이 촉진될 수도 있고 부적합한 훈련을 통해 이것이 손상될 수도 있다는 결론은 타당해 보인다. 따라서 신체가 미발달한 계집아이 같은 소년이나 사내아이 같은 소녀의 경우에 부모의 부추김으로 인해 종종 반대 방향의 훈련이 관찰되는 것은 결코 우연이 아닐 것이다.

크레치머는 비만형pyknoider Typus과 분열형schizoider Typus의 상이한 체형과 심리 과정을 대비시켰는데, 그는 이것을 운명과도 같은 것으로 간주했으며 형태와 의미를 잇는 연결 고리에 대해서는 관심을 가지지 않았다. 이 문제에 대한 그의 탁월한 서술은 언젠가 우리의 문제를 밝히는 데 기여하는 출발점이 될 것임에 틀림없다.

이에 비해 **운동의 의미**를 발견하고자 하는 연구자는 훨씬 확실한 토대 위에 서 있다. 물론 여기서도 많은 것은 직감의 영역에 머물 수밖에 없으며, 매번 직감이 옳은지를 전체 연관 속에서 점검할 필요가 있다. 다시 말해 개인심리학에서 늘 강조하듯이 각각의 운동은 개인의 인격 전체에서 비롯하며 개인의 생활양식을 반영한다. 개인의 모든 표현 방식은 **통일된** 인격에서 비롯하며, 이 통일성 안에서는 모순, 양가감정, 분열된 두 영혼 등이 존재하지 않는다. 무의식 상태일 때는 의식 상태일 때와 다른 사람이 된다는 주장은 정신분석의 광기에서 비롯한 인위적

분리일 뿐이며, 의식의 미세하고 미묘한 차이를 아는 사람이라면 누구나 이를 부정할 것이다. 개인의 운동 방식을 통해 그의 삶의 의미가 드러난다.

개인심리학은 표현 운동의 의미에 관한 이론을 과학적으로 발전시키려고 노력했다. 이 운동의 두 과정은 무수한 변형 속에서도 해석이 가능하다. 유아기에 형성되는 하나는 부족한 상황을 극복하려는, 열등감에서 우월감과 긴장의 해소로 나아가는 길을 찾으려는 추동을 나타낸다. 이 길의 특성과 변형은 이미 아동기에 습관으로 굳어지며 삶 전체에 걸쳐 변하지 않는 운동 형태로 나타난다. 이것의 개인적인 미묘한 차이를 관찰하기 위해서는 예술가적인 이해력이 필요하다. 또 다른 요인은 공동체에 대한 행위자의 관심을, 공생인을 위한 준비 자세의 정도 또는 결여를 엿볼 수 있게 해 준다. 행위자의 시선, 경청하는 태도, 말하는 태도, 행위와 업적 등에 대한 우리의 판단, 모든 표현 운동에 대한 우리의 평가와 구별은 공동체를 위한 개인의 기여도에 초점을 맞추고 있다. 이 기여를 위한 개인의 준비 정도가 모든 표현 운동을 통해 사회적 관심의 내재적 영역에서 시험대에 오른다. 첫 번째 운동 노선은 언제나, 그러나 온갖 다양한 형태로 나타날 것이며 죽을 때까지 사라지지 않을 것이다. 시대의 끊임없는 흐름 속에서 극복을 향한 추동이 모든 운동의 방향을 좌우한다. 그리고 공동체 감정의 요인이 이 상향 운동의 특징과 미묘한 차이를 규정한다.

이제 가장 근본적인 통일성을 찾아 아주 조심스럽게 한 걸음 더 내디디면, 운동이 형태로 되는 과정을 추측할 수 있는 관점에 도달할 수 있다. 물론 살아 있는 형태의 가소성에는 한계가 있다. 그러나 이 한계 안에서 운동이 시간의 흐름 속에서 여러 세대와 민족과 인종에 걸쳐 동일한 방식으로 개인에게 영향을 미친다. 이렇게 운동이 형태를 갖춘 운동, 즉 형태가 된다.

형태 안에서 그것을 규정하는 운동을 인식할 때 우리는 형태를 바탕으로 인간을 이해할 수 있다.

6. 열등 콤플렉스

나는 오래전에 인간이 된다는 것은 곧 자신이 열등하다고 느끼는 것이라고 강조해 말했다. 물론 모든 사람이 어린 시절의 열등감을 기억하지는 못할 것이다. 나아가 이 표현에 거부감을 느끼고 차라리 다른 명칭을 선택하고자 하는 사람도 많을 것이다. 나는 이에 반대할 의사가 전혀 없으며, 특히 이미 여러 저자가 그렇게 선택한 바 있다. 영리한 사람들은 나를 비판할 목적으로 아이가 열등감을 느끼려면 먼저 완전한 가치감을 느껴야 할 것이라고 지적하기도 했다. 뭔가 부족하다는 느낌은 긍정적인 괴로움이며 적어도 해결되지 않은 과제, 욕구, 긴장 등이 있는 한 지속된다. 이것은 명백히 본성적으로 존재하고 본성적으로 가능한 감정이며, 해결을 요구하는 고통스러운 긴장과 비슷한 것이다. 이 해결은 프로이트가 가정한 것처럼 반드시 유쾌한 것이 아닐 수도 있지만, 니체의 견해처럼 쾌감을 동반할 수도 있다. 경우에 따라서는 이 긴장의 해결이 예컨대 신의를 저버린 친구와의 이별이나 고통스러운 수술의 경우처럼

6. 열등 콤플렉스

지속적이거나 일시적인 괴로움 또는 고통과 결부될 수도 있다. 또한 공포로 끝나는 것이 끝없는 공포보다 일반적으로 더 낫지만, 이것을 쾌락이라고 부르는 사람은 궤변가밖에 없을 것이다.

유아의 운동을 통해 유아의 부족감이, 삶의 요구의 해결과 완성을 향한 유아의 지속적인 추구가 드러나는 것처럼 인류의 역사적인 운동은 열등감과 이것을 해결하려는 시도의 역사로 간주할 수 있다. 생물은 일단 운동을 시작한 이래로 마이너스 상황에서 플러스 상황으로 나아가려는 운동을 한순간도 멈추지 않았다. 이미 인용한 1907년의 『열등기관에 관한 연구』에서 서술한 바 있는 이 운동은 진화의 관점에서 이해해야 한다. 결코 죽음을 향한 운동으로 간주할 수 없는 이 운동은 오히려 외부 세계에 대한 대처를 지향하며, 결코 평형 상태나 정지 상태를 지향하지 않는다. 인간이 죽음에 매력을 느껴서 꿈이나 기타 방식으로 죽음을 갈망한다는 프로이트의 주장은 그의 이론에 비추어 보더라도 성급한 결론이다. 그런가 하면 자신의 허영심 때문에 패배를 두려워한 나머지 외부 환경과 싸우기보다 차라리 죽음을 택하는 사람이 있다는 것도 틀림없는 사실이다. 이들은 늘 응석둥이처럼 다른 사람이 자신의 문제를 해결해 주길 갈망한다.

인간의 신체는 명백히 보전^{Sicherung}의 원칙에 따라 구성되어 있다. 도널드 멜처^{Donald Meltzer}는 1906년과 1907년에, 즉 내가 위에 인용한 연구에서 이 주제를 다루었던 때와 대략 같은 시기에 "하버드 강의"에서 이 보전의 원칙을 좀 더 철저하고 포괄적으로 언급한 바 있다. 손상된 기관 대신에 다른 기관이 등장하며, 손상된 기관은 보완하는 힘을 스스로 산출한다. 모든 기관은 정상 조건에서 수행해야 하는 것 이상을 수행할 수 있으며, 어떤 기관은 종종 생명에 중요한 다수의 기능을 수행하기도 한다. 자기 보존의 법칙을 따르는 생명은 생물학적 발달을 통해 이를 위한 힘과 능력을 획득한다. 분열을 통해 자식 또는 새끼를 낳는 것도 이런 생명 보전 활동의 일부일 뿐이다.

그런가 하면 우리를 둘러싸고 있는 문화의 꾸준한 발전도 이 보전 경향을 지향하며 인간으로 하여금 지속적인 열등감의 기분에 휩싸이게 만듦으로써 더 나은 안전을 지향하는 우리의 행위를 끊임없이 독촉한다. 이런 추구에 수반되는 쾌락과 불쾌는 이 목표를 위한 보조 도구이자 보상일 뿐이다. 그러나 응석둥이처럼 기존 현실에 안주하는 것은 다른 사람의 추구와 성취를 이용하는 것일 뿐이다. 안전의 지속적인 추구는 더 나은 현실을 위해 기존 현실을 극복할 것을 요구한다. 이렇게 앞으로 나아가도록 줄기차게 다그치는 문화가 없다면 인간의 삶은 불가능할 것이다. 만약 인간이 문화를 바탕으로 자연의 힘을 자신에게 유리하도록 사용하지 못했다면, 인간은 몰아치는 이 힘에 굴복할 수밖에 없었을 것이다. 인간보다 더 강한 동물을 인간의 정복자로 만들었을지도 모를 온갖 수단이 인간에게는 결여되어 있다. 기후의 영향으로부터 자신을 보호하기 위해 인간은 인간보다 더 잘 보호받는 동물로부터 빼앗은 물질을 사용해야 한다. 인간은 유기체적 특성상 살 곳과 먹을 것을 인위적으로 마련할 수밖에 없다. 나아가 인간의 삶은 노동 분업과 충분한 번식을 통해서만 확보된다. 인간의 기관과 정신은 언제나 이런 극복과 보전을 추구한다. 삶의 위험과 죽음에 대한 인간의 지식도 마찬가지다. 계모에게 홀대를 받듯이 자연으로부터 푸대접을 받은 인간에게 플러스 상황을 향해 다그치는, 보전과 극복을 향해 다그치는 강력한 열등감이 있다는 것은 커다란 축복이 아닐 수 없다. 그리고 이 집요한 열등감에 대한 엄청나고도 필연적인 반항심이 모든 아기와 어린아이의 마음속에서 인류 발달의 기초로서 끊임없이 새롭게 싹튼다.

아이는 백치처럼 큰 손상을 입은 상태가 아니라면 신체와 정신의 성장을 자극하는 이 상향 발달의 강제력에 이미 노출되어 있다. 또한 아이에게는 극복의 추구가 태어날 때부터 예비되어 있다. 왜냐하면 아이의 작은 체구와 미약한 힘, 스스로 만들어 내는 욕구 충족 기회의 결여, 크고 작은 홀대 등이 아이에게 힘의 발달을 촉구하는 가시처럼 작용하기 때문이다. 부족한 존재 조건이 부과하는 압력 속에서 아이는 어쩌면 전혀 존재하지도 않았던 새로운 생활 형태를 스스로 창조한다. 언제나 미래의 목표를 향해 있는 아이의 놀이는 결코 조건 반사로 설명될 수 없는 자기 창조력의 표시다. 필연적인 극복의 추동력에 의해 다그침을 받는 아이는 끊임없이 무언가를 구축하면서 미래의 허공 속으로 들어간다. 아이에게 배정된 지상의 무대와 여기에 필연적으로 딸린 모든 요구를 넘어서는 우월의 최종 목표를 향한 점증하는 갈망이 삶의 필연성에 얽매인 아이를 끌어당긴다. 그리고 아이를 끌어당기는 이 목표는 극복을 추구하는 아이의 작은 환경을 통해 특징과 미묘한 차이를 띠게 된다.

1912년에 『신경성 성격에 관하여 *Über den nervösen Charakter*』[10]에서 발표한 근본적인 이론적 성찰에 관해 여기서는 간략하게만 언급하고자 한다. 극복의 목표는 진화를 통해 확보되는 반면, 아이를 통해 구체화된 진화가 이 목표를 향해 도달한 정도는 아이의 차후 발달을 위한 재료가 된다. 다시 말해 아이의 신체적 또는 정신적 가능성으로 표현되는 유전 형질은 오직 최종 목표를 위해 이것이 사용 가능하고 또 실제로 사용되는 한에서만 의미를 지닌다. 나중에 개인의 발달을 통해 관찰되는 것은 유전 물질의 사용을 통해 생겨난 것이며 아이의 창의력을 바탕으로 완성된 것이다. 유전 물질의 매력적인 힘에 대해서는 내가 누구보다도 강력하게 지적한 바 있다. 그러나 이 물질이 인과적 중요성을 지닌다고는 말하지 않을 것이다. 왜냐하면 다양한 형태를 띠고 늘 변화하는 외부 세계로 인해 이 물질을 창조적이면서도 융통성 있게 사용하는 것이 반드시 요구되기 때문이다. 극복을 향한 방향은 늘 같다. 그러나 세계의 흐름 속에서 구체적인 형태를 띠게 되는 극복의 목표는 모든 개인에게 상이한 방향을 제시한다.

열등한 기관, 부모의 응석받이 또는 방치 등은 아이로 하여금 개인의 안녕과 인류의 더 높은 발전에 반하는 방식으로 극복의 구체적인 목표를 수립하도록 오도할 수 있다. 그러나 다른 사례와 결과도 충분히 많기 때문에, 이것은 인과 관계라기보다 통계적 개연성에 가까우며, 과오로 인해 잘못된 길로 들어서는 것이라고 보아야 할 것이다. 게다가 똑같이 못된 짓을 해도 매번 양상이 다르며, 같은 세계관을 신봉하는 사람도 저마다 다른 시각을 드러내고, 허접한 작가에게도 개성이 있으며, 신경증 환자나 범법자도 자기는 다른 신경증 환자나 범법자와 다르다고 생각하기 마련이다. 타고난 가능성과 능력을 사용하고 이용하는 아이의 독자적인 창조 행위에서도 바로 이런 개개인의 차이가 드러난다.

6. 열등 콤플렉스

환경 요인과 양육 조치도 마찬가지다. 아이는 이런 영향력을 받아들이고 사용함으로써 생활양식을 구체화하고 집요하게 추구하게 될 목표를 세우며 이에 따라 지각하고 생각하며 느끼고 행동한다. 일단 개인의 운동이 눈에 들어오면, 이 운동이 지향하는 목표를 가정하는 것은 너무나도 당연하다. 목표가 없으면 운동도 없다. 그리고 이 목표는 결코 도달할 수 없다. 왜냐하면 자신이 결코 세계의 주인이 될 수 없다는 원초적인 의식이 인간에게 있기 때문이다. 그래서 인간은 이런 생각이 떠오를 때마다 이것을 기적이나 전능한 신의 영역으로 돌린다.[11]

불완전과 미완성의 감정, 개인과 인류의 끊임없는 추구를 통해 쉽게 알 수 있듯이 열등감이 정신생활을 지배한다.

일상생활에서 과제에 마주칠 때마다 개인은 공격 태세를 갖춘다. 모든 운동은 미완성에서 완성으로 나아간다. 나는 1909년에「삶과 신경증에서 나타나는 공격 추동 Aggressionstrieb im Leben und in der Neurose」[12]에서 이 사실을 자세히 조명했으며, 진화의 강제 속에서 생겨난 이 공격 태세가 생활양식의 표현이라는, 즉 전체의 일부라는 결론에 도달했다. 이것을 근본적인 사악함으로 파악하거나 타고난 가학적 추동으로 설명하는 것은 전혀 사리에 맞지 않는다. 방향도 목표도 없는 추동을 바탕으로 정신생활을 이해하려는 비참한 시도를 하는 사람이 있다면, 적어도 진화의 강제와 진화를 통해 형성된 인간의 공동체 경향을 잊지 말아야 할 것이다. 정신생활에 대한 이런 몰지각한 이해는 응석둥이로 자라 만족할 줄 모르고 깊은 실의에 빠져 있는 사람들에게나 적합한 것인데, 계층을 막론하고 많은 사람이 이것을 마치 정신생활의 근본 이론인 양 무비판적으로 받아들이는 것은 응석둥이로 자라서 실의에 빠진 사람들이 엄청나게 많은 현실을 고려할 때 그리 놀라운 일도 아니다.

최초의 주위 환경에 적응하는 일은 아이가 열등감의 다그침 속에서 자신의 능력을 사용해 수행하는 최초의 창조적 행위다. 개인마다 상이한 이 적응은 운동이며, 결국에는 응고된 운동인 형태로서, 다시 말해 개인에게 안전과 극복의 목표를 약속하는 것처럼 보이는 생활 형태로서 관찰된다. 발달의 이런 한계는 인류와 개인의 진화 수준을 통해 규정된 인간 공통의 한계다. 그러나 모든 생활 형태가 이 수준을 제대로 활용하는 것은 아니기 때문에 진화의 의미와 충돌하는 생활 형태도 있게 마련이다. 앞의 장들에서 나는 인간 신체와 정신의 완전한 발달이 보장되려면 개인이 이상적인 공동체의 틀 안에서 추구하고 작용하는 자로서 적응해야 한다고 말했다. 의식적으로든 무의식적으로든 이런 입장에 서 있는 사람과 그렇지 않은 많은 사람 사이에는 건널 수 없는 간극이 존재한다. 그리고 둘 사이의 대립 때문에 인간 세계에는 사소한 다툼과 폭력적인 싸움이 그치질 않는다. 추구하는 자는 건설하고, 인류의 안녕에 기여한다. 그러나 이에 반하는 자도 전혀 무가치한 것은 아니다. 크고 작은 집단에 해를 끼치는 일탈과 오류는 다른 사람들로 하여금 더 큰 노력을 기울이도록 강제하는 작용을 하기 때문이다. 이렇게 볼 때 그들은 "늘 악을 원하지만 선을 창조하는"• 악마와도 같다. 그들 덕분에 다른 사람들이 비판 정신을 깨우치고 더 나은 통찰에 이른다. 이렇게 그들

• 인용구는 괴테의 『파우스트』에서 메피스토펠레스가 파우스트에게 자신을 소개하며 한 말이다.

은 **창조적 열등감**에 기여한다.

　개인과 공동체의 발달 방향은 공동체 감정의 정도에 의해 규정된다. 또한 이것은 우리에게 옳고 그름을 판단할 수 있는 확고한 관점을 제공한다. 이것은 우리에게 양육과 치유를 위해 그리고 일탈의 판단을 위해 놀랍도록 확실한 길을 제시한다. 이때 사용되는 척도는 실험이 제시할 수 있는 척도보다 훨씬 예리하다. 여기에서 인간의 삶은 시험대에 오른다. 아무리 사소한 표현 운동이라도 우리는 공동체에 대한 그것의 방향과 거리를 검사할 수 있다. 정신의학의 통상적인 척도는 해로운 증상이나 공동체에 끼친 손해를 기준으로 삼으며 경우에 따라서는 더 높은 곳을 추구하는 공동체의 관점에서 방법의 정교화를 꾀하기도 하지만, 이와 비교해 보더라도 개인심리학적 방법의 장점은 분명하다. 개인심리학의 또 다른 장점은 개인을 단죄하는 대신에 개선하려 한다는 점, 잘못의 책임을 개인에게 돌리는 대신에 다른 모든 사람도 공동 책임이 있는 우리 문화의 결함에서 찾고 이것의 제거를 위해 함께 노력할 것을 촉구한다는 점이다. 이를 위해 우리가 오늘날에도 여전히 공동체 감정의 강화를, 심지어 공동체 감정 자체를 걱정해야 하는 까닭은 우리가 현재 도달한 진화의 정도가 미미하기 때문이다. 그러나 미래 세대에게는 공동체 감정이 숨쉬기, 직립 보행, 망막에 맺힌 계속 움직이는 시자극을 정지된 상으로 지각하기처럼 아주 자연스러운 것이 될 것임에 틀림없다.

　인간의 정신생활에 포함된 공동체 촉진 요인의 의미를, 다시 말해 "네 이웃을 사랑하라"는 명령의 의미를 이해하지 못하는 사람도, 또는 발각되어 처벌받지 않으려고 교활하게 숨어 있는 인간 '내면의 사악한 측면'만 강조하는 사람도 더 높은 곳을 추구하는 인류에게는 중요한 거름이 된다. 그들은 기괴하게 과장된 방식으로 자신의 낙후된 처지를 드러낼 뿐이다. 다른 사람의 무가치에 대한 확신은 자신의 열등감을 비열한 방식으로 보상받으려는 시도일 뿐이다. 공동체 감정으로 가는 길이 때로는 아직 불분명하다는 점을 이용해 현재의 공동체를 또는 심지어 미래의 공동체를 구원한다는 명분으로 공동체에 해로운 견해와 생활 형태를 지지하고 추진하는 것은 공동체 감정의 이념을 악용하는 위험한 짓이다. 예컨대 사형, 전쟁, 반대자의 희생 등을 지지하는 달변가들이 종종 있는데, 이들도 공동체 감정의 망토로 자신을 치장하는 것을 보면 공동체 감정의 위력이 얼마나 대단한지를 새삼 실감하게 된다. 이렇게 낙후된 견해를 지지하는 것은 부정할 수 없는 열등감에서 벗어나기 위해 더 나은 새 길을 찾을 자신이 없기 때문이다. 살인의 방법으로도 진보적 이념의 막강한 위력이나 소멸해 가는 이념의 붕괴를 막을 수 없다는 것은 인류의 역사가 뚜렷이 증명한다. 그러나 우리가 아는 한에서, 살인이 정당화되는 유일한 경우가 있는데, 그것은 자신이나 다른 사람의 생명이 위험에 처했을 때 행하는 자기 방어다. 비록 제대로 이해되지는 못했지만, 이 문제를 누구보다도 분명하게 인류에게 보여 준 사람은 『햄릿Hamlet』의 저자 셰익스피어Shakespeare였다. 그리스의 시인이 그랬던 것처럼 셰익스피어의 모든 비극에서도 살인자와 범죄자에게는 언제나 복수의 여신이 찾아온다. 당시는 공동체의 이상을 더 적극적으로 추구했고 이 이상에 더 가까이 다가갔으며 결국에는 승리한 사람들의 공동체 감정이 잔혹 행위를 통해 오늘날보다 더 잔인하게 위협받던 시대였다.

범죄자들의 온갖 잘못은 추락하는 자들의 공동체 감정이 얼마나 극단적인 지경에까지 이를 수 있는지를 보여 준다. 따라서 앞으로 나아가고자 하는 사람들에게는 계몽과 올바른 양육의 의무가 있을 뿐만 아니라 공동체 감정의 훈련을 아직 받지 못한 사람들에게 공동체 감정이 발달해야만 할 수 있는 것을 기대하는 식으로 너무 성급하게 무거운 시험을 부과하지 말아야 할 의무도 있다. 왜냐하면 아직 준비되지 않은 사람이 강력한 공동체 감정을 요구하는 문제에 직면하면 충격을 받을 수 있으며, 이것이 열등 콤플렉스와 결합해 온갖 부작용을 낳을 수도 있기 때문이다. 범죄자의 성격 구조에서는 다른 사람의 노고를 자신을 위해 이용해도 된다는 식의 삶에 대한 견해가 어릴 때부터 형성되어 활력은 뛰어나지만 공동체에 대한 관심이 거의 없는 사람의 생활양식을 뚜렷이 볼 수 있다. 이런 유형이 주로 응석둥이에게서 발견되고, 부모의 방치 속에 자란 사람에게서는 별로 발견되지 않는다는 것은 이제 공공연한 사실이 되었다. 그런가 하면 범죄를 일종의 자기 처벌로 간주하면서 어린 시절에 경험한 원초적 형태의 성도착 탓으로 돌리고, 때로는 이른바 오이디푸스 콤플렉스 탓으로 돌리는 견해가 있는데, 이것은 실제 삶에서 은유에 취한 사람이 너무나도 쉽게 비유와 유추의 덫에 걸린다는 점을 이해하면 어렵지 않게 반박할 수 있다. 햄릿 : "이 구름이 낙타처럼 생기지 않았나요?" 폴로니우스^{Polonius}• : "낙타하고 똑같네요."

배변 억제, 야뇨증, 어머니에게 유난히 의존하고 어머니의 치마폭

• 『햄릿』에서 왕의 고문 역할을 한 재상

을 맴도는 행동 등등의 과오는 응석둥이의 뚜렷한 징후다. 이런 아이의 생활 공간은 어머니를 벗어나지 못하며 온갖 기능도 어머니가 일일이 챙겨 줘야만 한다. 간지럼을 잘 타는 아이라면 충분히 그럴 수 있듯이 엄지손가락을 빨거나 배변 억제 같은 아이의 과오에 간지럼의 쾌감이 결합되거나 응석둥이의 기생하는 삶 및 어머니에 대한 애착과 함께 싹트기 시작한 성적 느낌이 결합하는 것은 누구보다도 응석둥이에게 생길 수 있는 부수적인 현상이다. 아이가 이런 과오나 수음 행동 등에 집착하면 대개 어머니의 주의를 더 끌게 되어 어머니와 아이 사이의 끈이 더 확실히 '보전'되고 강화된다. (이것은 나의 보전 개념을 잘못 해석한 프로이트가 말하는 '방어'와는 다른 것이다.) 그러나 이런 집착으로 인해 아이의 관심은 다양한 이유로, 특히 부모의 응석받이 때문에 제대로 학습할 기회가 없었던 타인과의 협력으로부터 멀어지게 되고, 아이는 공생 과제의 면피와 편안함만 찾게 된다. 이미 아이의 삶이 이 단계에 이르면 공동체 감정의 결여와 강화된 열등감이 서로 긴밀하게 연결된 채 뚜렷이 나타난다. 그리고 대개 과민성, 조급함, 강화된 정동, 삶에 대한 두려움과 경계, 마치 모든 것이 자기 것인 양 우겨대는 탐욕 같은 성격 특성이 적대적인 환경 속에서 살고 있다는 아이의 견해가 반영된 삶의 표현 형태로서 나타난다.

삶의 어려운 과제, 위험, 긴급 상황, 실망, 걱정, 상실, 특히 사랑하는 사람과의 이별, 온갖 사회적 압력 등은 아마도 언제나 열등감의 관점에서 이해할 수 있을 것이다. 이것은 대개 불안, 걱정, 절망, 부끄러움, 수줍음, 당황, 역겨움 등으로 불리는 일반적인 정동과 기분으로 나타난다. 또한 이것은 마치 근육의 긴장이 완전히 풀리기라도 한 듯한 표정과 자세로 나타나기도 한다. 또는 정동을 일으키는 물체와 삶의 장기적인 과제를 멀리하려는 몸짓으로 관찰되기도 한다. 이런 아이의 사고 영역에서는 회피의 목표와 완벽한 조화를 이루는 후퇴의 생각들이 줄을 잇는다. 그리고 우리가 아는 한, 아이의 감정 영역에서는 후퇴의 충동을 강화하는 흥분과 흥분 형태들이 나타나는데, 여기에는 불안전과 열등의 사실이 반영되어 있다. 인간의 열등감은 보통 앞으로 나아가려는 노력으로 수렴되지만, 삶의 폭풍 속에서는 훨씬 분명하게 드러나고 심각한 시험에 직면했을 때도 충분히 분명하게 나타난다. 개별 사례마다 다양하게 표현되는 이 모든 현상을 요약해 보면, 우리는 삶의 모든 국면에서 통일적으로 관철되는 개인의 생활양식을 보게 된다.

그러나 또한 우리는 흥분을 극복하려는 시도에서, 자제력과 분노에서, 심지어는 역겨움과 경멸의 감정에서 열등감의 다그침과 우월의 목표가 충동질하는 더 활동적인 생활양식의 작용을 간과해서는 안 될 것이다. 자신을 위협하는 문제들로부터 후퇴하기에 급급한 수동적인 생활 형태는 다양한 형태의 신경증, 정신병, 자기 학대 경향으로 이어질 수 있는 반면, 더 능동적인 생활 형태에서는 일부 신경성 혼합 형태를 제외하면 오히려 자살 성향, 알코올 중독, 범죄, 적극적인 성도착 같은 비교적 큰 활동성을 관찰할 수 있다. (이것은 공동체를 촉진하는 삶에서만 발견되는 용기와는 다른 것이다.) 그러나 이 둘은 동일한 생활양식의 재설계일 뿐이며, 프로이트가 '퇴행'이라고 부르는 허구적인 과정과는 아무 상관이 없다. 이런 생활 형태가 어린 시절의 생활 형태와 비슷하거나 일부 세부 사항이 같다고 해서 이것을 동일한 것으로 간주해서는 안 된다. 어차피 모든 생물은 자신이 지닌 정신적이고 신체적인 자원을 동원할 수 있을 뿐이며, 이것은 유아 단계 또는 인간의 원초적인 단계로 퇴행하는 것이 아니다. 인간의 삶은 공동체 과제의 해결을 요구한다. 그래서 모든 행동은 설령 그것을 구축하기 위해 과거의 수단을 동원하더라도 항상 미래를 가리키고 있다.

삶의 과제에 대한 준비 부족은 언제나 공동체 감정의 결여에서 비롯한다. (공동체 감정을 사람에 따라서는 공생 정신, 협력, 인도주의, 이상적 자아 등으로 부르기도 하는데, 이것은 중요치 않다.) 어떤 문제에 직면했을 때 또는 휩싸였을 때 신체적이고 정신적인 열등과 불안전이 수천 가지 형태로 표현되는 것은 이런 준비의 결여에서 비롯한다. 이런 결여가 어린 시절부터 온갖 열등감을 불러일으킨다. 물론 이것이 분명하게 드러나지는 않지만, 아이의 성격, 운동, 태도, 열등감에 젖은 사고방식, 온갖 일탈 등에서 이것의 표현을 관찰할 수 있다. 이렇게 공동체 감정의 결여를 통해 강화된 열등감의 모든 표현 형태는 위험한 과제의 순간, '외인성 원인'에 직면하는 순간 분명하게 드러난다. 외인성 원인은 '전형적인 실패'의 경우에 늘 존재하는데, 다만 이것이 항상 눈에 띄지는 않는다. 충격적인 경험에 대한 집착, 심각한 열등감의 압박을 벗어나려는 시도, 마이너스 상황을 벗어나려는 끊임없는 노력의 결과로 '전형적인' 실패가 발생한다. 그러나 이런 경우에도 공동체 감정의 장점이 부정되거나 '선한 것'과 '악한 것'의 차이가 말소되지는 않는다. 이 모든 경우에 공동체 감정의 압력을 긍정하고 강조하는 "그렇다"가 있지만, 언제나 더 강력하

6. 열등 콤플렉스

게 공동체 감정의 강화를 방해하는 "그러나"가 뒤따른다. 이 "그러나"
는 전형적인 사례와 특수 사례마다 상이한 형태를 띤다. 치유의 어려움
은 이 "그러나"의 강도에 비례한다. 이것이 가장 강력하게 나타나는 것
은 충격으로 인해 "그렇다"가 거의 자취를 감추게 되는 자살과 정신병
에서다.

불안, 수줍음, 폐쇄성, 비관주의 같은 성격 특성은 오랫동안 접촉
이 부족했음을 시사하며, 운명의 더 큰 시험을 거칠 경우 크게 강화되어
예컨대 신경증에서는 상당히 뚜렷한 병적 증상으로 나타난다. 당면 문
제에 대해 눈에 띄게 거리를 유지하면서 뒤로 물러서는 개인에게서 특
징적으로 관찰되는 둔화된 운동도 마찬가지다.[13] 이렇게 삶의 배후에
처박혀 있으려는 태도는 개인의 사고방식과 논리를 통해, 때로는 강박
적인 사고나 공연한 죄책감을 통해 합리화된다. 그러나 죄책감 때문에
거리를 두는 것이 아니라 개인의 인격에 사회성과 공동체를 위한 준비
가 부족하기 때문에 죄책감이 앞으로 나아가는 것을 막는 편리한 도구
가 되는 것임에 틀림없다. 예컨대 수음을 이유로 자신을 터무니없이 비
난하는 것이 이런 상황에서 적합한 핑계가 될 수 있다. 누구나 자신의
삶을 되돌아보면 후회스러운 점이 꽤 있다는 평범한 사실도 이런 개인
에게는 협력을 거부할 충분한 구실이 된다.

신경증이나 범죄 같은 실패를 이런 기만적인 죄책감 탓으로 돌리
는 것은 상황의 엄중함을 간과하는 것이다. 공동체 감정이 결여된 사람
들이 취하는 방향에는 언제나 공동체 과제에 대한 큰 두려움이 내포해
있으며, 신체 변화로 인한 큰 충격이 이렇게 옆길로 빠지는 것을 거들기

도 한다. 이런 신체 변화로 인해 신체 전체가 장단기적으로 혼란에 빠질 수 있지만, 대개 기능 장애가 눈에 띄게 나타나는 지점은 타고난 열등 기관 때문이든 주의의 과부하 때문이든 심리적 장애에 가장 강력하게 반응하는 지점에서다. 기능 장애는 근육 긴장의 감소로 나타날 수도 있고 근육 긴장의 흥분으로 나타날 수도 있다. 그 밖에도 머리카락 곤두서기, 발한 작용, 심장이나 위장 장애, 호흡 곤란, 목구멍 수축, 배뇨 충동, 성적 흥분 또는 그 반대로도 나타날 수 있다. 어려운 상황에 처한 경우에는 한 가족 안에서 동일한 장애가 확산되기도 한다. 두통, 편두통, 갑자기 얼굴이 붉어지거나 창백해지는 현상 등도 마찬가지다. 최근 연구를 통해, 특히 월터 브래드퍼드 캐넌Walter Bradford Cannon, 그레고리오 마라뇬Gregorio Marañón 등의 연구를 통해 확실해진 것처럼, 이런 변화에는 대개 교감신경 부신수질계sympathoadrenal system와 자율신경계의 두개골 및 골반 담당 부분이 중요하게 관여하면서 온갖 감정에 다양하게 반응한다. 그리고 내분비선, 갑상선, 부신, 뇌하수체, 생식선 등의 기능이 외부 세계의 영향을 받으며 심리적 영향에 대해서도 개인의 생활양식과 주관적으로 지각된 강도에 따라(즉 정상적인 경우에는 신체의 평형 상태를 회복하는 방향으로, 그리고 삶의 과제에 대한 개인의 자질이 결여된 경우에는 극단적인 과잉 보상의 형태로) 반응할 것이라는 우리의 오래된 직감도 이를 통해 확인된 셈이다.[14]

개인의 열등감은 개인이 취하는 경로의 방향을 통해서도 드러난다. 나는 이미 삶의 과제로부터 거리를 두는 태도, 멈춤과 이탈의 현상에 관해 이야기한 바 있다. 물론 때로는 이런 태도가 공동체 감정에 부합하는 올바른 것일 때도 있다. 이렇게 정당한 입장은 개인심리학의 입장에 특히 가까운데, 왜냐하면 개인심리학의 과학은 모든 규칙과 공식에 대해 제한된 타당성만을 인정하며 이의 확증을 위해 늘 새로운 증거를 제시할 필요가 있다고 여기기 때문이다. 이런 증거의 하나는 위에서 언급한 운동에서 관찰되는 습관적인 행동이다. '망설이는 태도'와 달리 열등감을 의심케 하는 또 다른 거동은 삶의 과제에 직면했을 때 관찰되는 전면적인 또는 부분적인 회피 행동이다. 전면적인 회피는 정신병, 자살, 습관적인 범죄, 습관적인 성도착에서 관찰되고, 부분적인 회피는 알코올 중독이나 기타 중독에서 관찰된다. 그 밖에도 열등감에서 비롯하는 거동으로 생활 공간의 현저한 축소와 당면 과제를 향해 전진하는 보폭의 감소를 들 수 있다. 이를 통해 삶의 과제가 상당 부분 배제된다. 물론 여기서도 예외가 있는데, 예술가나 천재처럼 공동체를 촉진하는 더 큰 기여를 하기 위해 개인적인 삶의 과제를 돌보지 않는 경우가 이에 해당한다.

모든 전형적인 실패에 열등 콤플렉스가 깔려 있다는 사실을 나는 오래전부터 확신했다. 그러나 삶의 과제에 직면했을 때 열등감 및 이것이 몸과 마음에 미치는 부작용을 바탕으로 열등 콤플렉스가 어떻게 생기는가 하는 가장 중요한 물음을 풀기 위해 나는 오랫동안 씨름했다. 내가 아는 한, 이 물음은 지금까지 풀리지 않았을 뿐만 아니라 연구자들의 주요 관심 대상이 되지도 못했다. 이 물음에 대한 내 나름의 해결책은 개인심리학이 고찰하는 다른 물음이 그렇듯이 모든 것을 바탕으로 하나를 설명하고 하나를 바탕으로 모든 것을 설명하려는 시도를 통해 구해졌다. 열등 콤플렉스는, 다시 말해 열등감의 부작용이라는 장기적인 현상과 열등감에 대한 집착은 공동체 감정의 더 큰 결여를 통해 설명된다. 동일한 체험, 동일한 꿈, 동일한 상황과 동일한 삶의 과제도(설령 이렇게 절대적인 동일성을 가정할 수 있다고 치더라도) 개인에게 미치는 파급 효과는 저마다 다르다. 이때 결정적으로 중요한 것은 생활양식과 거기에 담긴 공동체 감정이다. 많은 경우에 혼란을 야기하고 이런 경험의 옳음을 의심하게 만드는 사정은 공동체 감정의 결여가 확인된 경우에도 (이런 확인은 매우 노련한 연구자가 제시할 때만 신뢰할 만하다) 열등감의 일시적인 현상만 나타날 뿐 열등 콤플렉스는 나타나지 않을 때가 종종 있다는 사실이다. 이런 경우는 공동체 감정이 별로 없지만 유리한 외부 상황에 처해 있는 사람에게서 종종 관찰된다. 열등 콤플렉스의 경우에는 당사자가 지금까지 살아온 삶, 그가 지금까지 취해 온 태도, 아동기에 부모의 응석받이에 길든 경험, 열등한 기관의 존재, 아동기에 부모로부터 방치되었다는 느낌 등에서 언제나 이에 대한 확증을 찾을 수 있을 것이다. 또한 계속해서 설명할 개인심리학의 다른 수단들도 유용하게 사용할 수 있다. 여기에는 무엇보다도 아주 어릴 적 기억에 대한 이해, 생활양식 전반과 형제자매 순서가 이에 미치는 영향에 관한 개인심리학의 경험, 개인심리학의 꿈 해석 등이 포함된다. 또한 열등 콤플렉스가 있는 경우에는 개인의 성적인 발달과 태도도 열등 콤플렉스에 완전히 결부되어 있는 전체의 일부일 뿐이다.

　　　　　　　　　　　　　　　　　　　　　　6. 열등 콤플렉스

7. 우월 콤플렉스

이제 독자는 열등 콤플렉스가 있는 사람은 도대체 어디에서 우월의 추구를 찾을 수 있는가라는 정당한 의문이 들 것이다. 실제로 우리가 무수하게 많은 열등 콤플렉스 사례 중에서 이런 추구를 증명하지 못한다면, 개인심리학의 과학은 이 때문에 실패할 수밖에 없다는 반론에 직면할 것이다. 그러나 이 물음의 상당 부분은 이미 답변되었다. 노골적인 또는 은밀한 비겁함으로 표출되는 공동체 감정의 결여로 인해 패배의 위험에 직면하는 순간, 우월의 추구는 개인을 위험한 지점으로부터 물러서게 만든다. 또한 우월의 추구는 개인으로 하여금 공동체의 과제로부터 후퇴하는 노선을 견지하거나 우회로를 찾도록 부추기는 작용을 한다. 우월의 추구는 "그렇다. 그러나"의 모순에 얽매인 개인에게 "그러나"를 더 중시하는 견해를 강요하고 오직 또는 주로 충격의 부작용에 관심을 가지도록 개인의 사고를 붙들어 맨다. 이런 증상은 개인이 어릴 적부터 제대로 된 공동체 감정 없이 거의 전적으로 자신의 신상과 자신의 쾌락 또는 불쾌에만 관심을 가졌던 경우에 더 분명하게 나타난다. 이 경우에 우리는 조화롭지 못한 생활양식 때문에 정신생활의 일부가 유난히 발달하게 되는 세 유형을 잠정적으로 구별할 수 있다. 첫 번째 유형은 사고 영역이 표현 형태를 지배하는 경우다. 그리고 두 번째 유형은 감정과 추동의 삶이 과도하게 발달된 특징을 보인다. 끝으로 세 번째 유형은 주로 활동의 측면이 발달한다. 이 세 측면 중 하나가 완전히 결여된 경우는 당연히 없다. 때문에 모든 실패는 생활양식의 어느 측면에서 충격이 계속 남아 있는지를 분명하게 보여 준다. 일반적으로 범죄자와 자살자의 경우에는 활동 측면이 두드러진 반면, 일부 신경증 환자는 대다수 강박신경증이나 정신병 환자처럼 사고 영역이 가장 강력하게 강조되지 않을 경우 감정 측면이 두드러지는 특성을 보인다.[15] 중독자는 거의 언제나 감정의 인간이다. 그러나 누군가 삶의 과제를 이행하기를 회피한다면, 그것은 불가피하게 함께 사는 다른 사람들에게 부담이 되며 착취 관계가 생겨날 수 있다. 왜냐하면 누가 협력하지 않으면 이를 보충하기 위해 다른 사람, 가족 또는 사회가 더 많이 일해야 하기 때문이다. 이렇게 공동체의 이상에 맞서는 투쟁이 소리 없이 은밀하게 진행된다. 이것은 공동체 감정의 발달을 저해하고 공동체 감정의 파괴를 노리는 지속적인 저항이다. 언제나 협력 대신에 개인의 우월이 우선시된다. 여기서도 알수 있듯이 실패를 저지르는 사람들은 공생인으로 발달하는 과정이 정지되어 올바로 보고 듣고 말하고 판단할 능력을 이미 상실했다. 그들은 상식 대신 '사적 지능'을 사용해 자신의 일탈 행동을 교활하게 보전하려한다. 나는 응석둥이가 늘 다른 사람의 섬김을 받으려 하는 기생충과도 같다고 말했다. 이런 태도가 생활양식으로 굳어질 경우, 어렵지 않게 이해할 수 있듯이 이런 생활양식의 가장 큰 문제점은 다른 사람의 기여(부드러운 어루만짐, 물건, 물질적이거나 정신적인 노동 등)를 자신의 소유물로 간주하는 태도다. 주위 사람들은 이런 버릇없는 행동에 대해 강력한 조치나 훈계로 맞서기도 하지만 결국에는 자연스럽게, 즉 이성적 판단이 아니라 내면 깊이 자리 잡은 추동에 이끌려 부드러운 용서와 보호를 제공하는데, 왜냐하면 잘못을 벌하거나 이에 대해 복수하는 대신 알아듣게 타일러 잘못을 고치도록 하는 것이 이들의 영원한 과제이기 때문이다. 그럼에도 공동체 감정을 익히지 못한 개인에게는 공생의 강요가 견디기 어렵고 자신의 사적 지능에 반하며 개인적 우월의 추구를 위협하는 것으로 보이기 때문에 이에 대한 저항이 끊이지 않는다. 누구나 크고 작은 일탈과 잘못을 가리켜 규범에 어긋난다고, 그릇된 것이라고 말하며, 마치 모두가 공동체 감정에 공물을 바쳐야 하는 것처럼 생각할 정도로 공동체 감정의 위력은 대단하다. 심지어 과학으로 포장한 채 때로는 천부적인 글 솜씨를 발휘하면서 인위적으로 배양된 개인의 권력 의지가 마치 사악한 원시 추동, 초인 정신 또는 가학적 원시 추동이라도 되는 양 떠드는 저자들조차 이상향을 그릴 때는 어쩔 수 없이 공동체 감정에 경의를 표한다. 심지어 뚜렷한 범행 목표를 마음속에 둔 범죄자조차 공동체를 완전히 등지기 위해서는 범행을 계획하고 이를 합리화하는 이유를 찾아야 한다. 영원히 변동하지 않는 이상적 공동체 감정의 관점에서 볼 때 모든 일탈 행동은 은밀하게 개인의 우월을 추구하는 기만적 시도다. 공동체 안에서 패배를 면하는 것이 이런 사람들에게는 대부분 우월의 감정과 결부되어 있다. 패배에 대한 두려움 때문에 협력을 회피하고 삶의 과제를 멀리하는 상황에서 이런 사람들은 안도감을 느끼고 이런 거리 두기를 마치 특권이라도 되는 것처럼 즐긴다. 이들은 신경증 환자의 경우처럼 스스로 고통을 겪는 상황에서도 자신의 특권적 지위를, 즉 자신이 아프다는 사실의 도구적 유용성을 포기하지 않는데, 그러나 정작 이런 고통이 삶의 과제로부터 자신을 해방시키는 도구라는 사실을 깨닫지는 못한다. 이들은 아플수록 그만큼 더 비난을 면하고 삶의 진정한 의미로부터 자유로워진다. 이렇게 삶의 과제에서 면제되고 해방되는 것과 긴밀하게 결부되어 있는 고통을 자기 처벌로 해석하는 작자들이 있는데, 그들은 개인의 표현 형태가 전체의 일부이며 공동체의 요구에 대한 응답이라는 사실을 간파하지 못하고 있다. 그들은 신경증 환자 본인이 그렇듯이 신경성 고통을 독립된 현상으로 고찰한다.

독자가 또는 내 견해에 반대하는 사람들이 가장 받아들이기 어려운 것은 비굴함, 노예근성, 의존성, 게으름, 피학적 특징 같은 열등감의 명백한 표시조차 안도감과 심지어 특권 의식을 선사할 수 있다는 사실일 것이다. 그러나 이런 것들이 공동체 관점에서 삶의 과제를 능동적으로 해결하는 것에 대한 저항이라는 사실은 어렵지 않게 간파할 수 있다. 이런 것들은 이런 사람들의 전체 생활양식에서 알 수 있듯이 이들에게 결여된 공동체 감정이 요구되는 상황에서 패배를 면하기 위한 기만적인 시도다. 이럴 때면 대개 근면함이 요구되는 과제는 다른 사람의 몫이 된다. 또는 피학성애자의 경우처럼 다른 사람의 의지에 반하게 이를 강요할 때도 있다. 실패의 모든 경우에 개인이 스스로에게 부여한 특별 지위를 분명하게 볼 수 있다. 이 특별 지위 때문에 고통, 불평과 호소, 죄책감 등의 대가를 치를 때도 있지만, "내가 세계를 창조할 때, 너는 어디에 있었느냐?"라는 질문이 제기되는 순간 공동체 감정의 준비 부족을 이유로 성공적인 알리바이를 제공하는 것처럼 보이는 이 자리에서 결코 물러나지 않는다.

이미 서술했듯이 우월 콤플렉스는 자신이 초인적 재능과 능력을 지녔다고 믿는 태도, 성격 특성, 견해 등을 통해 가장 분명하게 드러난다. 또한 자신이나 다른 사람에 대한 과도한 요구를 통해서도 이것을 확인할 수 있다. 높은 콧대, 필요 이상의 겉치레, 고상하든 자유분방하든 격에 맞지 않는 복장, 거동이 지나치게 남성적인 여성 또는 지나치게 여성적인 남성, 교만, 감정의 범람, 속물근성, 허풍, 폭군 같은 성격, 끊임없는 잔소리, 내가 특징적인 것이라고 말한 바 있는 평가 절하 성향, 과도한 영웅 숭배, 유명 인사에게는 아첨하고 약자, 환자, 하찮은 사람에게는 명령하려 드는 성향, 자신의 특이한 취향에 대한 강조, 다른 사람을 평가 절하할 목적으로 고상한 이념이나 트렌드를 들먹이는 행동 등은 우월 콤플렉스를 의심케 한다. 마찬가지로 분노, 복수심, 비탄, 열광, 습관적인 박장대소, 다른 사람을 만났을 때 경청하지도 제대로 바라보지도 않는 태도, 대화 주제를 자신에게 돌리기, 별것 아닌데 습관적으로 열광하기 같은 격화된 정동은 열등감에서 시작해 우월 콤플렉스로 끝나는 사례에서 매우 자주 관찰된다. 또한 섣부른 직감, 텔레파시나 이와 비슷한 능력 또는 예언적인 영감에 대한 믿음은 우월 콤플렉스를 의심케 하는 정당한 근거다. 공동체 이념을 확신하더라도 이것을 우월 콤플렉스에 이용하거나 무턱대고 아무에게나 강요해선 안 될 것이다. 열등 콤플렉스와 이것을 은폐하는 상부 구조에 관해 아는 사람도 마찬가지다. 이런 것을 괜히 성급하게 내뱉으면 자신이 열등 콤플렉스 또는 우월 콤플렉스가 있다는 의심만 사게 될 것이며, 어찌 보면 정당한 반대자만 양산할 것이다. 설령 이런 사실을 제대로 확인했다고 하더라도 인간이 언제든 오류를 범할 수 있으며 탁월하고 훌륭한 인물도 우월 콤플렉스의 실수를 범할 수 있다는 사실을 잊어서는 안 될 것이다. 게다가 앙리 바르뷔스Henri Barbusse가 멋지게 표현했듯이 "아무리 선한 인간이라도 때로는 억제할 수 없는 경멸감에 휩싸이기" 마련이다. 그러나 다른 한편으로 이렇게 사소하고 그래서 거의 꾸밈없는 특징들을 바탕으로 우리는 삶의 커다란 과제에 직면했을 때 나타나는 일탈을 개인심리학의 관점에서 살펴보면서 이에 대한 이해와 설명을 시도할 수 있다. 개인이 내뱉는 단어와 문구, 심지어 확실한 것으로 간주되는 심리 메커니즘도 개인을 이해하는 데 전혀 기여하지 않는다. 전형적인 것에 관한 우리의 지식도 마찬가지다. 전형적인 것은 애매한 상황에서 개인의 유일무이한 특성이 발견되리라 기대되는 특정 범위를 비추어 줄 뿐이다. 상담에서도 중요한 것은 공동체 감정을 얼마나 보완해야 하는지에 늘 유의하면서 이 유일무이함을 설명하는 것이다.

간략한 개관을 위해 인류의 발달 과정을 이끄는 지도 이념의 정수를 농축해 보자면, 결국 그때그때 순차적으로 인간의 모든 행위에 가치를 부여하는 세 가지 형식적인 운동 노선을 확인할 수 있다. 아마도 목가적인 분위기 속에서 수십만 년의 세월이 흐른 다음에, "번식하라"는 명령을 좇은 결과로 비옥한 땅이 부족해지자 인류는 이상적인 구세주로 티탄^{Titan} 신족,* 헤라클레스 또는 전제 군주를 발명했다. 오늘날까지도 영웅 숭배, 호전성, 전쟁 등을 통해 귀족 출신이든 서민이든 계층에 상관없이 인류의 도약을 위한 최선의 길로 찬양하는 이 지나간 시대에 대한 강력한 반향이 남아 있다. 비옥한 땅의 부족을 바탕으로 탄생한 이 근육질 추동은 약자의 억압과 몰살을 추구한다. 육중한 자는 간단한 해결책을 좋아한다. 먹을 것이 부족하면, 그것이 자기 것이라고 주장한다. 그는 간단명료한 계산을 좋아하는데, 왜냐하면 그것이 자신에게 이롭기 때문이다. 평균적으로 볼 때 우리 문화에서 이런 사고방식은 넓게 퍼져 있다. 여성은 이런 종류의 직접적인 혜택에서 거의 전적으로 배제되며, 그저 이런 자의 어머니, 애인, 도우미 등으로 등장한다. 그러나 먹을 것은 그사이 엄청나게 늘어났다. 그리고 지금도 계속 증가하고 있다. 그렇다면 이제 이렇게 단순한 권력 추구의 정신은 이미 어리석은 것이 아닐까?

그래도 미래와 후손에 대한 걱정은 여전히 남아 있다. 아버지는 자식을 위해 탐욕스럽게 긁어모은다. 그리고 자식의 자식까지 돌본다. 만약 5대까지 돌보는 아버지가 있다면, 그는 적어도 32명의 후손을 돌보는 셈이다.

상품은 썩는다. 그렇지만 상품은 금으로 바꿀 수 있고, 상품의 가치는 금으로 환산할 수 있다. 나아가 다른 사람의 힘을 살 수도 있으며,

---

* 그리스 신화에서 올림포스의 신들 이전에 세계를 지배했다는 신족

7. 우월 콤플렉스

다른 사람에게 명령을 내릴 수도 있고, 다른 사람에게 마음가짐과 삶의 의미까지 각인시킬 수 있다. 그리고 권력과 금을 받들도록 다른 사람을 교육할 수 있다. 또 그들에게 법률을 부과해 권력과 재산에 봉사하도록 만들 수 있다.

이 영역에서도 여성은 창조적으로 관여하지 않는다. 전통과 가정교육이 여성의 길을 가로막아 왔다. 여성은 이를 바라보며 감탄하거나 아니면 실망한 표정으로 옆에 서 있을 뿐이다. 여성은 권력에 경의를 표할 수도 있지만, 더 흔하게는 자신의 무기력에 저항할 뿐이다. 그러나 개인의 저항이 대개 삶의 실패로 이어진다는 점은 우려할 만하다.

대다수 남성과 여성은 권력과 재산을 동시에 숭배한다. 여성은 이 것을 우두커니 감탄하는 반면, 남성은 이것을 야심 차게 추구한다. 그만큼 여성은 이 문화적 이상에서 더 멀찌가니 떨어져 있다.

권력의 속물과 재산의 속물 외에 개인적 우월을 추구하는 학식의 속물이 있다. 지식도 권력이다. 전체적으로 볼 때 삶의 불확실성에 직면한 인간에게 권력의 추구보다 더 나은 해결책은 지금까지 없었다. 그러나 과연 이것이 삶의 보전과 인류의 발전을 위한 최선의 또는 유일한 길인지 다시 생각할 때다. 우리는 여성의 삶의 구조에서도 무언가를 배울 수 있다. 왜냐하면 여성은 오늘날까지도 속물적 학식의 권력에 참여하고 있지 않기 때문이다.

그러나 남성과 여성 모두 쉽게 간파할 수 있듯이 여성에게도 준비를 위한 동등한 기회가 주어진다면 여성도 속물적 권력에 성공적으로 참여할 것이다. 근력의 우월에 대한 플라톤식 이념은 이미 몰이해(무의식) 속에서 의미를 상실한 듯하다. 그렇지 않다면 수많은 변형으로 나타나는 여성계의 조용하면서도 공개적인 반란(남성적 저항)을 어떻게 인류 전체에 이로운 방향으로 전환시킬 수 있겠는가?

끝으로 우리 모두는 예술가, 천재, 사상가, 연구자, 발견자 등이 이룩한 불멸의 업적을 기생충처럼 먹고 산다. 이들이야말로 인류의 진정한 지도자다. 이들은 세계 역사의 엔진이며, 우리는 그것의 분배자다. 지금까지는 권력과 재산과 속물적 학식을 통해 남성과 여성이 갈렸다.

사랑과 결혼에 관한 소란과 그 많은 책도 이 때문이다.

그러나 우리의 삶을 지탱하는 위대한 업적들은 언제나 최고의 가치로 입증되었다. 이 업적들의 승리는 대개 미사여구로 경축되지 않는다. 그러나 모두가 이 승리의 과실을 누린다. 이 위대한 업적에는 여성도 참여하고 있다. 그러나 권력과 재산과 속물적 학식은 더 많은 사람들에게 장애가 되었음에 틀림없다. 예술의 전체 발전 과정에 걸쳐 남성의 목소리가 울려 퍼진다. 그곳에서 여성은 남성의 대리인일 뿐이며 따라서 부차적인 지위에 서 있다. 언젠가 그곳에서 누가 여성의 목소리를 발견하고 발전시킬 때까지 그러할 것이다. 두 예술 장르인 연극과 무용에서는 이런 일이 이미 벌어졌다. 거기서는 여성이 여성으로서 표현될 수 있다. 또한 거기서는 여성이 최고의 업적을 이룩했다.

8. 실패의 유형

나는 유형론을 매우 신중하게 다룰 것이다. 왜냐하면 학습자의 경우 유형이 마치 확실히 고정되고 자립적인 어떤 것인 양 착각하기 쉽기 때문이다. 그러나 유형의 바탕에는 대체로 비슷한 구조 이상의 것이 놓여 있지 않다. 범죄자라는 단어를 듣는 순간 또는 불안신경증이나 조현병이라는 말을 듣는 순간 이미 개별 사례에 관해 무언가를 파악했다고 믿는 학습자가 있다면, 그는 개인 탐구의 가능성을 스스로 박탈하는 것일 뿐만 아니라 그와 피상담자 사이에 놓인 몰이해에서 결코 벗어날 수 없을 것이다. 내가 사람들의 정신생활과 씨름하며 몇 가지 깊은 통찰을 얻게 되었다면, 이는 내가 유형론을 함부로 사용하지 않았기 때문일 것이다. 다만 유형론의 이용을 아주 포기할 수는 없는데, 왜냐하면 유형론이 특수 사례와 이 특수 사례의 치료에 관해서는 거의 말해 주는 것이 없지만 일반적인 것, 예컨대 전반적인 진단을 가능케 하기 때문이다. 최선의 방법은 실패의 모든 경우에 아동기에 준비된 것보다 더 많은 공동체 감정을 요구하는 외인성 요인에 직면했을 때 우리가 찾아야 할 구체적인 열등감이 우월 콤플렉스로 발전함으로써 해당 증상이 나타난다는 점을 늘 명심하는 것이다.

'문제아schwer erziehbares Kind'부터 시작해 보자. 당연히 우리는 아이가 협력의 동등한 참여자로 나설 마음이 없다는 사실을 오랜 시간에 걸쳐 확인할 때만 이 유형을 이야기할 수 있다. 이런 아이에게는 공동체 감정이 부족하다. 그러나 평소 충분했던 공동체 감정이 가정이나 학교에서 잘못 경험한 긴장 탓에 더 이상 충분하지 않게 되는 경우가 종종 있는 것도 사실이다. 이런 사례는 자주 있으며 이것의 현상 형태도 잘 알려져 있다. 우리는 이로부터 개인심리학적 연구의 가치를 깨달음으로써 더 까다로운 사례를 준비할 수 있을 것이다. 필적학* 실험을 위해 개인을 그의 평소 환경에서 잠시 분리시킬 경우 이것이 커다란 실수의 유발로 이어질 수도 있겠지만, 그렇다고 해서 이렇게 분리된 개인에게 특수한 조언을 할 수 있거나 그를 어떤 식으로든 분류할 수 있는 것은 아니다. 이런 사실에서 분명하게 알 수 있듯이 개인심리학자가 제대로 보기 위해서는 온갖 사회적 상황과 열악한 조건에 관해 충분한 지식을 습득해야 한다. 한 걸음 더 나아가 개인심리학의 과제와 삶의 요구에 관한 개인심리학자의 견해와 세계관이 인류 전체의 안녕을 지향하는 것이어야 한다고 요구할 수도 있을 것이다.

나는 문제아를 다음과 같이 나누고자 하는데, 이것은 많은 면에서

---

* 필적을 통해 성격을 연구하는 학문

유용한 것으로 입증되었다. 먼저 한편에는 비교적 **수동적인** 아이들이 있다. 게으른 아이, 나태한 아이, 순종적이고 의존적인 아이, 수줍은 아이, 심약한 아이, 솔직하지 못한 아이 등등이 여기에 속한다. 그리고 다른 한편에는 비교적 **능동적인** 아이들이 있다. 지배욕이 강한 아이, 참을성 없는 아이, 쉽게 흥분하고 격화된 정동을 보이는 아이, 말썽을 일으키는 아이, 잔인한 아이, 허풍 떠는 아이, 잘못을 저지르고 달아나는 아이, 도벽이 있는 아이, 성적으로 약간 흥분된 아이 등등이 여기에 속한다. 여기서 중요한 것은 꼬치꼬치 분류하는 것이 아니라 대략 어느 정도의 활동성이 관찰되는지를 사례별로 확인하는 것이다. 성인의 실패에서도 아동기와 대략 동일한 정도의 활동성을 기대하고 관찰할 수 있다는 점을 고려할 때, 이것은 특히 중요하다. 대략 적당한 정도의 활동성은, 다시 말해 이른바 용기는 충분한 공동체 감정을 지닌 아이에게서 관찰될 것이다. 이런 활동성의 정도를 기질에서, 또는 전진 보행의 속도에서 찾으려 하는 경우, 이런 표현 형태도 전체 생활양식의 일부이며 따라서 생활양식이 개선되면 표현 형태도 완화된다는 사실을 명심해야 한다. 어렵지 않게 예상할 수 있듯이, 신경증 환자의 경우에는 **수동적** 실패가 더 큰 비중을 차지하는 반면, 범죄자의 경우에는 **능동적** 실패를 더 자주 관찰할 수 있다. 어릴 적에는 문제아가 아니었는데 성인이 되어 실패자가 되는 경우는 내가 보기에 어릴 적의 관찰이 잘못된 탓인 듯하다. 더 엄격한 시험에 직면했다면 즉시 나타났을 실패가 예외적으로 양호한 외부 상황 덕분에 은폐될 수 있다는 점도 고려해야 한다. 어쨌든 우리는 삶이 제기하는 시험을 온갖 실험보다 더 중요하게 여기는데, 왜냐하면 여기서는 삶의 연관이 무시되지 않기 때문이다.

정신의학의 영역에 속하는 아동기의 실패는 잔인한 취급을 받은 경우를 제외하면 거의 모두 의존적인 응석둥이에게서 관찰되며, 이때 활동성은 비교적 클 수도 있고 작을 수도 있다. 야뇨증, 거식증, 밤에 비명 지르기, 호흡 장애, 배변 억제, 말 더듬기 등등이 여기에 해당한다. 이런 것들은 자립과 협력을 위한 각성에 대한 저항으로 표출되며 타인의 지원을 강제한다. 아이의 수음이 발견된 후에도 오랜 시간 계속되는 것도 공동체 감정의 결여 시 특징적으로 나타난다. 이때 증상 중심으로 접근하면서 이런 실패만 뿌리 뽑으려는 시도는 결코 충분할 수 없다. 확실한 성공은 오직 공동체 감정의 고양을 통해서만 기대할 수 있기 때문이다.

아이의 비교적 수동적 실수와 어려움이 신경증과 유사한 특징을 보일 경우, 즉 "그렇다"의 강조와 "그러나"의 더 강력한 강조가 나타날 경우, 우월 콤플렉스가 노골적으로 강조되지 않은 채 삶의 과제로부터 후퇴하는 신경증이 더욱 분명하게 나타난다. 삶의 전선 뒤에서 옴짝달싹하지 못한 채 협력으로부터 거리 두기, 편안함과 실패의 변명 찾기 등이 언제나 관찰된다. 실망의 지속, 새로운 실망과 패배에 대한 두려움이 공동체 과제의 해결로부터 거리 두기를 보장하는 충격 증상에 대한 집착으로 나타난다. 강박신경증에서 흔히 볼 수 있는 것처럼 환자는 때때로 타인에 대한 불쾌감을 드러내는 완화된 형태의 저주를 내뱉기도 한다. 피해망상의 경우에는 적대적인 삶에 대한 환자의 느낌이 삶의 과제로부터 거리를 두는 태도에서는 볼 수 없었던 정도로 더욱 분명하게 드러난다. 생각과 감정, 판단과 견해가 언제나 후퇴의 방향으로 치닫는데,

여기서도 분명하게 알 수 있듯이 신경증은 창조적인 행위이지 유아의 또는 옛 조상의 형태로 퇴행하는 것이 아니다. 생활양식에서 비롯하는 이런 창조적인 행위, 어떤 형태로든 늘 우월을 지향하는 스스로 창출된 이 운동 법칙은 다시 생활양식에 따라 다양한 형태로 치유를 방해하는데, 이것은 환자에게 확신이 생길 때까지, 다시 말해 상식이 우세해질 때까지 계속된다. 환자는 사소한 것들로 인해, 대개 다른 사람의 잘못으로 인해 자신만의 독특한 도약이 좌절되지 않았더라면 이룩했을 모든 것에 관해 절반은 비통하고 절반은 위안이 되는 전망을 내놓곤 하는데, 내 경험에 따르면 이런 이야기에는 드물지 않게 우월의 은밀한 목표가 숨어 있다. 어느 정도 경험을 쌓은 상담자라면 실패에 선행하는 시기 동안에 비교적 커다란 열등감, 개인적 우월의 추구 및 공동체 감정의 결여를 언제나 관찰할 수 있을 것이다. 삶의 과제로부터 후퇴하는 행동은 자살로 완성된다. 자살의 심리 구조에는 결코 용기와 혼동될 수 없는 활동성이, 유용한 협력에 대한 능동적 저항이 깔려 있다. 자살자에게 가해진 타격은 다른 사람도 무사하게 놓아두질 않는다. 자살은 앞으로 나아가려는 공동체에 상처받은 느낌을 안길 것이다. 부족한 공동체 감정의 종말을 유발하는 외인성 요인은 우리가 이미 언급한 바 있는 삶의 3대 과제인 사회, 직업, 사랑이다. 모든 경우에 자살 또는 죽음의 욕망을 유발하는 것은 인정의 결여, 삶의 세 과제에서 때때로 우울증 단계를 거쳐 찾아오는 패배의 체험 또는 패배에 대한 두려움이다. 내가 1912년에 우울증에 관한 연구를 마치면서 모든 진정한 우울증이[16] 자살 위협이나 자살과 마찬가지로 공동체 감정이 매우 부족한 경우에 다른 사람에 대한 적대

8. 실패의 유형

적 공격이 될 수 있음을 확인한 이래로, 개인심리학의 기여를 통해 이 정신병을 더 잘 이해할 수 있게 되었다. 즉 이 정신병이 유감스럽게도 자주 빠지게 되는 자살과 마찬가지로 이 정신병도 공동체에 유용한 협력 대신에 절망의 행동을 선택한 결과다. 재산이나 일자리의 상실, 사랑의 좌절, 그 밖에 온갖 종류의 강등이 이에 상응하는 운동 법칙과 결합되는 경우에 가족이나 다른 사람의 희생도 마다하지 않는 형태의 절망 행동으로 이어질 수 있다. 심리학적으로 섬세한 귀를 가진 사람이라면 간파할 수 있듯이 이들은 너무 많이 기대하기 때문에 다른 사람보다 쉽게 삶의 실망을 체험한다. 이런 사람의 아동기 생활양식을 살펴보면 충격에 예민하고 이로 인해 불쾌해진 기분이 오래 지속되거나 다른 사람을 처벌할 목적으로 자신을 상해하는 성향이 있었을 가능성이 높다. 최근 연구를 통해 확인된 것처럼 커다란 충격은 자율신경계와 내분비계가 조율하는 신체 변화에도 영향을 미칠 것이다. 아마도 좀 더 자세히 연구해 보면 내가 다룬 사례들이 대부분 그랬던 것처럼 아동기의 열등 기관과 부모의 응석받이로 인해 아이가 이런 생활양식으로 오도되고 공동체 감정의 충분한 발달이 저지된다는 사실이 증명될 것이다. 이런 사람들의 경우에 분노의 노골적인 또는 은밀한 폭발, 크고 작은 온갖 과제를 주위 사람에게 떠넘기기, 자신의 품위에 대한 집착 등이 드물지 않게 관찰될 것이다.

가족 중 막내로서 평소 어머니의 극진한 응석받이 속에 살아온 17세의 소년은 어머니가 먼 여행을 떠나면서 누나의 보호를 받게 되었다. 어느 날 저녁 누나가 그를 집에 홀로 놔두었을 때, 마침 학교에서 극복할 수 없을 것 같은 어려움에 직면한 소년은 자살을 감행했다. 그는 다음과 같은 글을 남겼다. "내가 한 짓을 어머니에게 알리지 말아 주세요. 어머니의 현재 주소는 다음과 같습니다……. 어머니가 돌아오면, 사는 것이 내게 더 이상 즐겁지 않았으며 내 무덤에 매일 꽃을 놓아 달라고 전해 주세요."

그런가 하면 불치병에 걸린 한 나이 많은 여성 환자는 이웃이 라디오와 떨어지지 않으려 한다는 이유로 자살했다.

한 부잣집 운전기사는 부자가 죽을 때 그에게 약속한 유산을 받을 수 없게 되었다는 사실을 알게 되자 아내와 딸을 죽이고 스스로도 목숨을 끊었다.

56세의 한 여성은 어릴 적에 그리고 나중에는 남편으로부터 늘 떠받듦을 받으며 살았으며 사회에서도 탁월한 지위에 있었는데, 남편이 죽은 후로 큰 슬픔에 잠겼다. 자녀들은 모두 결혼했으며 어머니를 특별히 섬기지는 않았다. 그는 사고로 대퇴골이 부러지는 부상을 입었다. 그러나 그는 부상에서 완쾌한 후에도 사회를 멀리했다. 그는 집에서 찾을 수 없었던 친교와 자극을 찾아 세계 여행을 떠나고 싶어 했다. 두 동성 친구가 그와 함께 여행을 떠나게 되었다. 그러나 대륙의 대도시에서 두 친구는 거동이 불편한 이 여성을 늘 혼자 놔두었다. 이 때문에 이 여성은 심기가 매우 불편해졌고, 이것이 우울증으로 발전했다. 그는 한 자식에게 자신을 데리러 오라고 연락했는데, 그 대신에 한 간호사가 와서 그를 집으로 데려갔다. 내가 이 여성을 만난 것은 3년에 걸친 이 여성의 고통이 전혀 나아지지 않았을 때다. 그의 주된 불평은 자식들이 자신의 병 때문에 너무 힘들어한다는 것이었다. 그러나 자식들은 어머니를 교대로 방문했으며, 어머니의 고통이 오래 지속된 탓에 둔감해져서 큰 관심을 보이지 않았다. 환자는 늘 자살하고 싶다고 말했으며 자식들이 너무 고생한다는 말을 입에 달고 살았다. 이 여성은 비록 병들기 전보다 더 많은 관심을 받았지만, 이 여성이 습관처럼 말하는 자식들의 걱정과 관심이 실제로는 응석둥이로 자란 그가 기대했던 헌신에 전혀 미치지 못한다는 사실도 분명했다. 그의 입장에서 생각해 보면 질병을 통해 힘들게 얻은 관심을 포기하기가 이 여성에게 얼마나 어려울지 충분히 상상할 수 있다.

다른 종류의, 즉 자신이 아니라 다른 사람을 해치는 방식의 활동성은 다른 사람을 자신의 소지품처럼 여기는 아이, 그래서 다른 사람의 안녕과 건강, 노동과 삶을 위협하는 태도를 통해 이런 견해를 표출하는 아이에게서 일찌감치 관찰된다. 이런 위협적인 태도가 어느 정도까지 발전하는지는 다시 아이가 지닌 공동체 감정의 정도에 달렸다. 그리고 구체적인 사례에서는 이 점을 늘 명심해야 한다. 잘 다듬어진 단어들을 통해서가 아니라 생각과 감정과 기분을 통해 또는 성격 특성과 행위를 통해 표출되는 삶의 의미에 대한 이런 견해 때문에 아이에게는 공동체의 요구가 실린 실제 삶이 어려워질 수밖에 없다. 자신의 욕구가 언제나 즉시 충족되어야 한다고 요구하고 자신에게 그럴 권리가 있다고 느끼고 기대하는 아이에게는 삶이 자신에게 적대적이라는 느낌이 늘 따라다닌다. 게다가 이런 기분은 무언가를 빼앗겼다는 감정과 긴밀히 연결되어 있으며, 이를 통해 시기와 질투, 탐욕, 선택된 희생자를 제압하려는 노력이 오랫동안 높은 정도로 생생하게 유지된다. 공동체 감정의 결여 때문에 공동체에 유용한 발달의 추구가 정체된 채 우월의 망상을 통해 부풀어진 강한 기대가 충족되지 않으면 격화된 정동이 다른 사람을 공격하는 계기로 발전하곤 한다. 공동체, 학교, 사회, 사랑의 현장에서 실패가 체감되는 상황에 처하면 열등 콤플렉스가 장기화된다. 범죄를 저지르는 사람의 절반은 미숙련 노동자이며, 이들은 이미 학교에서도 실패를 경험했다. 체포된 범죄자의 상당수가 성병을 앓는데, 이것은 사랑의 과제가 충분히 해결되지 못했음을 시사한다. 이들은 자신과 비슷한 사람들 중에서만 동지를 찾는데, 이것은 이들의 친교 감정이 협소함을 말해 준다. 이들의 우월 콤플렉스는 자신이 희생자보다 우월하며 조금만 신경 쓰면 법과 법의 집행 기관을 손쉽게 속일 수 있다는 확신에서 비롯한다. 실제로 대다수 범죄자는 입증된 것보다 더 많은 불법을 저질렀을 것이며, 전혀 발각되지 않은 범죄가 우리 주변에 무수하게 널려 있을 것이다. 범죄자는 제대로만 하면 들키지 않을 것이라는 착각 속에 범죄를 저지른다. 체포되는 범죄자는 사소한 것을 소홀히 하는 바람에 들켰다는 확신에 차 있다. 범죄 성향의 흔적을 찾아 어릴 적 삶을 살펴보면, 일찌감치 사악하게 이용된 활동성과 악의적인 성격 특성 및 공동체 감정의 결여 외에도 열등 기관, 부모의 응석받이 또는 방치가 범죄자의 생활양식이 발달하도록 오도하는 계기가 되었음을 확인할 수 있다. 아마도 가장 흔한 계기는 부모의 응석받이일 것이다. 그러나 생활양식이 개선될 가능성을 결코 배제할 수 없으므로, 모든 경우에 공동체 감정의 정도를 조사하고 외인성 요인의 비중을 고려해야 한다. 자신이 원하는 모든 것을 얻는 데 길들여진 응석둥이만큼 유혹에 쉽게 넘어가는 사람도 없다. 범죄 성향이 있는 사람에게 활동성까지 있을 경우 더 위험한 파급 효과를 낳는 유혹의 크기를 정확히 파악할 필요가 있다. 범죄의 경우에도 개인이 처한 사회적 상태와 연관하여 개인을 이해해야 하는 것은 자명하다. 많은 경우에 개인의 공동체 감정에 너무 커다란 요구가 부과되지만 않는다면 현재 있는 공동체 감정만으로도 개인을 범죄로부터 멀리하기에 충분할 것이다. 이런 사정은 어째서 열악한 조건에서 범죄의 수가 뚜렷이 증가하는지도 설명한다. 그러나 이런 사정이 범죄의 원인이 아니라는 점은 쉽고 빠르게 부를 획득할 수 있는 유혹이 널려 있던 미국의 경제 호황기에도 범죄 수가 증가했다는 사실에서 알 수 있다. 범죄 성향의 원인을 찾다 보면 아동기의 열악한 환경을 접하게 된다는 사실, 그리고 대도시의 특정 구역에서는 범죄가 빈번하다는 사실 등으로부터 범죄 성향의 원인을 발견했다는 결론은 도출되지 않는다. 이런 조건에서 공동체 감정의 양호한 발달을 기대하기가 쉽지 않다는 점은 누구나 쉽게 이해할 수 있다. 또한 어릴 적부터 말하자면 삶에 대한 저항 속에서, 여러 가지 박탈과 결핍 속에서 성장하면서 다른 사람들의 윤택한 삶을 눈앞에서 또는 바로 근처에서 매일 지켜보았고 공동체 감정의 발달을 촉진하는 별다른 경험도 하지 못한 아이의 경우 성인의 삶을 위한 준비가 얼마나 부족하겠는가? 이와 관련해 시사하는 바가 많은 매우 적절한 예는 이민자들의 종교 집단에서 범죄의 발달에 관한 영Young 박사의 연구에서 찾아볼 수 있다. 외부와 격리된 채 궁핍하게 산 이민 1세대에서는 범죄자가 없었다. 자녀를 공립 학교에 보냈지만 여전히 그들의 종교 전통에 따라 경건하고 검소한 분위기 속에서 자녀를 양육한 이민 2세대에서는 벌써 더 많은 수의 범죄자들이 나타났다. 그리고 3세대에서는 범죄자 수가 깜짝 놀랄 만큼 증가했다.

'타고난 범죄자'라는 것도 이미 폐기된 범주다. 이런 잘못된 견해 또는 죄책감 때문에 범죄를 저지른다는 견해 등을 지지하는 사람이라면 아동기의 심각한 열등감, 우월 콤플렉스의 발달, 공동체 감정의 미발달이 반복해서 확인되는 우리의 조사 결과를 살펴보아야 할 것이다. 범죄자 중에서는 열등 기관의 표시가 자주 발견되며, 유죄 판결의 충격으로 인한 신진대사 변동이 꽤 큰 경우를 볼 수 있는데, 이런 사람은 다른 사람들보다 평형 상태에 도달하는 데 어려움을 겪는 체질일 가능성이 높다. 또한 범죄자 중에는 응석둥이로 자랐거나 응석둥이로 살던 시절을 그리워하는 사람이 엄청나게 많다. 그리고 방치된 상태로 어린 시절을 보낸 사람들도 확인된다. 몇 가지 공식이나 단 하나의 문구에 기대어 사태를 관찰하는 사람이 아니라면 이런 사실들을 어렵지 않게 확인할 수 있을 것이다. 열등 기관은 범죄자의 추한 외모를 통해 눈에 띄는 경우가 종종 있다. 반면에 범죄자의 예쁜 용모는 그가 응석둥이로 자랐을 것이라는 의심을 강화하는 요인이다.

6개월 구금 후 집행유예로 석방된 N은 이런 잘생긴 축에 드는 사내였다. 그는 회사 사장의 금고에서 거액을 훔치는 범죄를 저질렀다. 추가 범죄 시 3년 동안 교도소에 갇혀 있어야 하는 커다란 위험에도 불구하고 그는 얼마 지나지 않아 또다시 소액을 훔쳤

8. 실패의 유형

다. 이 사건이 알려지기 전에 누가 그를 내게 보냈다. 그는 매우 명망 있는 가족의 장남이었으며 어머니의 응석받이 속에서 자랐다. 그는 야망이 매우 컸으며 어디서든 리더 행세를 하려 했다. 그는 자기보다 수준이 떨어지는 사람들만 친구로 사귀었는데, 여기에서 우리는 그의 열등감을 엿볼 수 있다. 아주 어릴 적 기억 속에서 그는 언제나 받는 사람이었다. 그가 직장에서 거액을 훔쳤을 때 그의 주변에는 큰 부자들이 많았는데, 당시는 그의 아버지가 일자리를 잃어 평소처럼 가족을 돌보지 못하던 때였다. 하늘을 나는 꿈과 자신이 영웅이 되는 꿈은 그의 야심 찬 열망과 자신이 성공할 운명을 타고났다는 감정을 보여 준다. 때마침 기회가 왔을 때 그는 자신이 이제 아버지보다 우월하다는 것을 보여 줄 수 있겠다는 생각으로 절도를 범했다. 두 번째 작은 절도는 보호관찰 기간과 이로 인해 자신이 처한 부차적인 지위에 대한 저항으로 이루어졌다. 교도소에 있을 때 그는 평소 좋아하던 음식을 전달받는 꿈을 꾼 적이 있는데, 교도소에서는 이것이 불가능하다는 사실을 꿈속에서 깨달았다고 한다. 우리는 이 꿈에서 그의 탐욕 외에 재판에 대한 저항감을 어렵지 않게 읽을 수 있다.

중독자들은 보통 적은 활동성을 보인다. 환경, 주변의 유혹, 질병이나 의료 직업상 모르핀이나 코카인 같은 독성 물질을 접하는 경우 등을 통해 중독자가 될 수 있는데, 이것이 심각한 부작용을 낳는 경우는 당사자가 해결할 수 없을 것 같은 문제에 직면했을 때다. 자살의 경우와 비슷하게 중독자를 돌보는 사람에 대한 위장된 공격이 거의 항상 관찰된다. 내가 이미 설명한 것처럼 알코올 중독의 경우에는 특별한 미각 요소가 중요한 역할을 할 때가 종종 있는데, 이것은 알코올에 대한 기호가 없으면 완전한 금주가 당연히 훨씬 더 쉬운 것과도 같은 이치다. 중독이 시작되는 시점에는 심각한 열등감이 매우 자주 관찰되는데, 이것은 이미 이전에 수줍음, 혼자 지내기, 과민, 조급, 짜증을 잘 내는 성향, 신경성 증상(불안, 우울증, 성기능 부전 등) 등의 형태로 어느 정도 분명하게 나타난다. 그리고 허풍, 악의적이고 비판적인 성향, 권력욕 등과 같은 우월 콤플렉스가 발달된 형태로 관찰되기도 한다. 또한 과도한 흡연과 진한 블랙커피 중독은 용기와 결단력이 부족한 심리 상태를 종종 시사한다. 중독을 통해 부담이 되는 열등감에서 요술처럼 잠시 해방되거나 또는 범죄 행위의 경우처럼 강화된 활동성으로 전환되기도 한다. 중독의 모든 경우에 실패는 대인 관계든 직업이나 사랑이든 극복할 수 없는 악습 탓으로 간주된다. 또한 직접적인 독성 효과로 인해 안도감이 들기도 한다.

26세의 한 남성은 양호한 환경에서 누나보다 8년 늦게 태어나서 특별한 떠받듦을 받으며 고집 센 아이로 성장했다. 그는 종종 인형처럼 옷을 차려입고 어머니나 누나의 팔에 안겨 있었다고 회고했다. 네 살 때 이틀 동안 할머니의 엄격한 훈육을 받은 적이 있는데, 그는 자신의 요구를 들어주지 않는 할머니의 말을 듣자마자 곧바로 가방을 챙겨 집으로 돌아가려 했다. 그의 아버지는 술을 마셨으며, 이 때문에 어머니는 매우 화를 냈다. 학교에서는 부모의 영향력 덕분에 지나칠 정도로 큰 혜택을 입었다. 그는 시간이 지나면서 어머니의 응석받이가 줄어들자 네 살 때 그랬던 것처럼 부모의 집을 나왔다. 낯선 환경에서 그는 응석둥이들이 종종 그렇듯이 제대로 정착하지 못했으며 사교 모임이나 직장 생활에서 또는 소녀를 마주할 때면 늘 불안과 흥분에 휩싸였다. 그는 몇몇 사람과 친하게 지냈는데, 이들을 통해 술도 배우게 되었다. 어머니는 이 소식을 접한 뒤, 특히 아들이 술에 취해 경찰과 다투었다는 이야기를 들은 후 아들을 찾아와 술을 끊으라고 간곡히 부탁했다. 그 결과 그는 더 이상 술에서 위안을 찾지 않게 되었을 뿐만 아니라 어린 시절보다 더 큰 어머니의 관심과 떠받듦을 받게 되었다.

24세의 한 남학생은 두통이 끊이질 않는다고 호소했다. 그는 이미 중고등학교에 다닐 때부터 심각한 신경성 광장공포증에 시달렸다. 그래서 고등학교 졸업시험도 허락을 받아 집에서 치렀다. 그 후로는 상태가 훨씬 나아졌다. 대학교 1학년 때 그는 한 여성과 사랑에 빠져 결혼했다. 그러나 그 후 얼마 지나지 않아 두통이 찾아왔다. 매우 야심 차고 엄청난 떠받듦을 받으며 자란 이 남성이 두통에 시달린 원인은 아내에 대한 지속적인 불만과 질투였다. 이것은 그의 태도와 꿈을 통해 분명하게 알 수 있었지만, 정작 본인은 이것을 제대로 인정하려 하지 않았다. 예컨대 한번은 아내가 사냥을 나가기 위해 옷을 차려입는 것을 지켜보는 꿈을 꾸었다. 그는 어릴 적에 구루병을 앓았는데, 보모가 휴식을 취할 때면 늘 누군가의 손길이 필요했던 네 살배기 그를 눕혀 놓곤 했다고 회상했다. 이런 자세에서 그는 너무 뚱뚱했던 탓에 혼자 힘으로 몸을 일으킬 수 없었다고 한다. 둘째로 태어난 그는 늘 형과 다투었으며 항상 첫째가 되고 싶었다. 유복한 환경 덕분에 그는 나중에 높은 자리에 올랐는데, 그는 이 직책을 지적으로는 감당할 수 있었으나 심리적으로는 감당하기가 벅찼다. 그래서 직책에 따른 흥분을 면할 길이 없던 그는 모르핀을 복용하게 되었고, 이를 끊으려고 여러 번 시도했지만 결국 성공하지 못했다. 그리고 다시 근거 없는 질투심이 도졌는데, 이것이 상황을 더 심각하게 만드는 요인으로 작용했다. 결국 직책의 중압감을 이기지 못한 그는 자살하고 말았다.

9. 응석둥이의 허구적인 세계

응석둥이로 자란 사람은 주위의 평판이 좋지 않다. 이런 사람은 어릴 적부터 늘 평판이 좋지 못했다. 부모는 자식이 응석받이에 길들어 그렇게 되었다는 비난을 좋아하지 않는다. 응석둥이로 자란 사람은 자신이 응석둥이로 취급받는 것을 싫어한다. 응석받이가 정확히 무엇인지는 늘 논란이 되었다. 그러나 부모의 응석받이가 아이의 올바른 발달에 부담과 방해가 된다는 것은 누구나 직감한다.

그럼에도 모든 사람은 응석받이의 대상이 되고자 한다. 이것을 특히 좋아하는 사람도 적지 않다. 많은 어머니는 자식을 떠받드는 것 말고 할 줄 아는 것이 없다. 다행히 많은 아이가 이런 취급에 강력히 저항하기 때문에 그나마 부작용이 덜한 편이다. 이것은 심리학 공식으로 다룰 수 있는 문제가 아니다. 심리학 공식은 인격의 토대를 발견하기 위해 또는 이런저런 입장과 성격을 설명하기 위해 맹목적으로 사용할 수 있는 엄격한 지침이 아니다. 오히려 우리는 모든 방면에서 수없이 많은 변형

9. 응석둥이의 허구적인 세계

과 미묘한 차이를 접하게 될 것이며, 우리가 발견했다고 믿는 것을 언제나 그 밖의 유사한 사실들과 비교하고 검증해야 한다. 왜냐하면 아이가 응석받이에 저항할 경우, 보통 이런 저항이 너무 멀리 나아가 외부의 친절한 도움이 반드시 필요한 상황에까지 확장되는 경향이 있기 때문이다.

성인이 되어 떠받듦을 받을 경우, 그리고 이런 경우에 흔히 그렇듯이 이 때문에 자유 의지가 구속되지 않을 경우, 떠받듦을 받는 사람은 때때로 이것에 식상할 수도 있다. 그러나 아동기에 형성된 생활양식이 떠받듦 때문에 변하지는 않는다.

개인심리학은 삶의 과제를 풀기 위해 개인이 수행하는 운동을 고찰하는 것이 개인을 이해하는 유일한 길이라고 주장한다. 이때 운동의 방식과 이유를 세심하게 관찰해야 한다. 개인의 삶은 인간적인 가능성을 획득하는 것과 함께 시작된다. 이 발달 가능성은 당연히 다양하며, 우리는 개인의 수행을 통해서만 이 다양성을 인식할 수 있다. 삶을 시작하는 아이가 무엇을 보게 되는가는 이미 태어난 첫날부터 외부 사정에 따라 크게 달라진다. 유전 형질과 환경의 두 영향력은 아이의 재산이 되며, 아이는 이것을 사용해 발달 과정 중에 자신의 길을 찾는다. 그러나 길과 운동은 방향과 목표 없이 생각할 수도 없고 접어들거나 수행할 수도 없다. **인간 마음의 목표는 극복, 완전, 안전, 우월이다.**

신체와 환경의 지각된 영향력을 바탕으로 아이는 많든 적든 자신의 창의력에, 나아갈 길에 대한 자신의 직감에 의지한다. 아이의 태도와 그 밑에 깔린 삶에 대한 아이의 견해는, 아직 단어나 관념으로 표현되지 않은 이 견해는 아이 자신의 작품이다. 이렇게 아이의 운동 법칙이 형성되고, 이것이 어느 정도 훈련을 거쳐 아이의 생활양식이 된다. 이 생활양식의 틀 안에서 개인은 평생 동안 생각하고 느끼고 행동한다. 이 생활양식은 거의 언제나 외부 지원이 아이에게 확실해 보이는 상황에서 발전한다. 따라서 집 밖에서 사랑하는 사람의 도움 없이 행동할 필요가 있어 보일 때는 이런 생활양식이 그다지 적합하지 않을 수도 있다.

그렇다면 과연 어떤 삶의 태도가 올바른 것이며, 삶의 과제에 대해 어떤 해결을 기대해야 하는가라는 물음이 제기된다. 개인심리학은 이 물음에 답하는 데 힘껏 기여하고자 한다. 누구도 절대적 진리를 알지 못한다. 일반적으로 옳다고 간주할 수 있는 구체적인 답변은 적어도 두 측면에서 타당해야 한다. 우선 어떤 생각, 감정, 행위가 옳은 것으로 평가되기 위해서는 '영원의 관점에서' 옳아야 한다. 그리고 거기에 공동체의 안녕이 명백히 포함되어 있어야 한다. 평가 대상이 전통이든 새로 발생한 문제든 상관없이 그렇다. 그리고 삶의 중대한 문제든 사소한 문제든 상관없이 그렇다. 각자가 풀어야 하고 각자의 방식으로 풀 수밖에 없는 삶의 3대 과제는, 즉 공동체와 노동과 사랑의 문제는 공동체를 위한 노력이 삶 속에 녹아 있는 사람만이 옳은 방향으로 해결할 수 있다. 새로 발생한 문제의 경우 당연히 불확실과 의심이 생길 수 있다. 그러나 공동체를 지향하는 의지만이 커다란 잘못을 막을 수 있다.

우리가 이런 연구에서 유형을 말한다고 해서 개별 사례의 유일무이함을 발견해야 하는 우리의 의무가 사라지는 것은 아니다. 가정과 학교와 사회에 점점 더 큰 부담이 되고 있는 응석둥이의 경우도 마찬가지

9. 응석둥이의 허구적인 세계

다. 문제아, 신경증 환자나 미친 사람, 자살자, 비행 청소년, 중독자, 성
도착자 등등을 다룰 때도 우리는 개별 사례의 특수성에 주목해야 한다.
이들은 모두 공동체 감정의 결여 때문에 고통받는데, 이것은 거의 언제
나 아동기의 응석받이 경험 또는 응석받이나 편안함을 추구하는 극단
적인 욕망에서 비롯한다.

　　개인의 능동적인 태도는 삶의 과제에 직면한 개인이 수행하는 운
동을 제대로 이해할 때만 설명될 수 있다. 그리고 운동의 결여도 마찬가
지다. 소유심리학자들이 그렇게 하듯이 잘못된 증상을 불확실한 유전의
어두운 영역으로 환원하거나 부적합한 것으로 간주된 일반적인 환경
영향으로 환원하는 것은 개별 사례를 밝히는 데 아무 도움도 되지 않는
다. 왜냐하면 아이는 이런 영향력을 어느 정도 자의적으로 수용해 소화
하고 응답하기 때문이다. 개인심리학은 사용의 심리학이며 이 모든 영
향력의 창조적인 습득과 이용을 강조한다. 늘 변화하는 삶의 과제를 불
변하는 것으로 간주하고 이것의 사례별 특수성을 보지 못하는 사람은
사태의 원인, 추동, 본능 등을 운명을 조종하는 악마처럼 생각하는 오류
를 범하기 쉽다. 과거에 없던 아주 새로운 문제가 세대마다 발생한다는
사실을 깨닫지 못하는 사람은 이것이 유전적 무의식의 작용이라고 생
각할지 모른다. 그러나 개인심리학은 문제를 해결하기 위해 옳은 방향
이든 그른 방향이든 분투하는 인간 정신의 시행착오와 창의성을 너무
나도 잘 알고 있다. 개인은 자신의 생활양식을 바탕으로 저마다 특별한
방식으로 문제를 해결하려 한다. 때문에 인간 언어의 빈곤을 이해하는
사람에게는 유형론이 많은 부분 무가치할 것이다. 우리가 '사랑'이라고

부르는 관계는 얼마나 다양한가? 두 사람이 내성적이라고 해서 둘이 똑같은 사람인가? 설령 일란성 쌍둥이가 서로 똑같아지기를 원하고 그러기 위해 노력한다고 해서 둘의 삶이 세월의 흐름 속에서 똑같이 흘러갈 수 있겠는가? 확률과 마찬가지로 우리는 전형적인 것을 이용할 수 있고 또 이용할 수밖에 없지만, 아무리 유사한 경우라도 유일무이한 개인이 드러내는 차이를 간과해서는 안 된다. 우리는 개인의 유일무이함이 발견되리라 기대되는 시야를 비추기 위해 확률을 이용할 수 있지만, 반대 사례가 나타날 때는 지체 없이 이런 도구를 포기해야 한다.

인간에게 공동체 감정이 발달할 수 있다는 전제 아래 공동체 감정의 뿌리를 찾고자 할 때 우리가 가장 먼저 접하게 되는 사람은 아이에게 최초의 그리고 가장 중요한 지도자가 되는 어머니다. 어머니는 본성적으로 이런 역할을 맡는다. 어머니와 아이의 관계는 긴밀한 협력의 관계다(삶과 노동의 공동체). 이것은 많은 사람의 견해처럼 아이가 어머니를 일방적이고 가학적으로 착취하는 관계가 아니라 두 사람 모두에게 이익이 되는 관계다. 아버지, 다른 아이들, 친척, 이웃 등은 아이를 반인간Gegenmensch이 아니라 공생인이 되기 위한 동등한 협력자로 이끌면서 이 협력 관계를 촉진해야 한다. 아이가 다른 사람의 신뢰와 협력을 경험하고 확신할수록 공생과 자립적인 협력을 지향하는 아이의 성향이 발달할 것이다. 그러면 아이는 자기가 가진 모든 것을 협력을 위해 사용할 것이다.

그러나 어머니가 과도한 애정을 쏟아부으면서 아이의 언행과 사고에서 협력을 불필요하게 만들 경우, 아이는 다른 사람이 모든 것을 대신해 주리라 기대하는 기생충 같은(착취하는) 존재로 발달할 가능성이 높다. 그러면 아이는 늘 자신이 중심에 있으려 하고 다른 사람을 부리려 할 것이다. 그러면 이기적인 성향이 발달할 것이며, 다른 사람을 억압하고 늘 떠받듦을 받으려 하며 주지는 않고 받기만 하는 것을 자신의 권리인 양 착각할 것이다. 그리고 이런 훈련이 1~2년만 지속되어도 공동체 감정과 협력 성향의 발달이 멈추고 말 것이다.

어떤 때는 다른 사람에게 의지하고 또 어떤 때는 집요하게 다른 사람을 억압하는 아이는 얼마 지나지 않아 공생과 협력을 요구하는 세계의 극복할 수 없는 저항에 부닥친다. 착각에서 강제로 끌려 나온 아이는 다른 사람을 비난하면서 삶에서 적대적인 원칙만을 목격한다. 이런 아이의 물음은 다음과 같이 비관적이다. "도대체 삶에 무슨 의미가 있는가?" "왜 내 이웃을 사랑해야 하는가?" 이런 아이가 능동적인 공동체 이념의 정당한 요구에 굴복할 경우, 이것은 그저 반발과 처벌이 두렵기 때문이다. 공동체와 노동과 사랑의 과제에 직면한 아이는 사회적 관심으로 나아가는 길을 찾는 대신 충격의 신체적 또는 정신적 파급 효과를 뼈저리게 느끼면서 패배를 경험하기 전에 또는 경험한 후에 후퇴의 길로 들어선다. 그러나 어릴 때부터 익숙해진 태도는, 즉 자신이 부당한 대우를 받았다는 견해는 좀처럼 변하지 않는다.

이제 우리는 모든 성격 특성이 타고난 것이 아닐뿐더러 무엇보다도 생활양식을 통해 전적으로 좌우되는 인간관계를 반영한다는 사실을 이해할 수 있다. 성격 특성은 아이의 창조적인 활동의 부산물이다. 응석받이에 길들어 자기애에 빠진 아이에게는 이기적이고 시기하는 성격 특성이 크게(그러나 다양한 정도로) 발달할 것이며, 마치 적지에서 사는 사람처럼 과민함과 조급함, 끈기 부족, 폭발적인 정동, 탐욕이 드러날 것이다. 그 밖에도 후퇴 성향과 과도한 경계심이 흔히 관찰된다.

양호한 상황에서는 응석둥이로 자란 사람의 거동 또는 운동 법칙을 식별하기가 쉽지 않을 수 있다. 반면에 개인의 공동체 감정이 시험대에 오르는 열악한 상황에서는 이것이 훨씬 쉽다. 이럴 때 응석둥이로 자란 사람은 망설이는 태도를 취하거나 과제로부터 한참 거리를 둔 채 더 이상 앞으로 나아가려 하지 않는다. 그는 이 거리를 설명하기 위해 거짓 이유를 드는데, 이를 통해 우리는 이것이 현명한 사람의 조심성과 다르다는 것을 알 수 있다. 이런 사람은 사교 모임, 친구, 연인, 직업 등을 자주 바꾸면서 좀처럼 생산적인 완성에 이르지 못한다. 때때로 이런 사람은 과제를 시작하면서 앞으로 나아가기 위해 매우 서두르는데, 경험 많은 사람이라면 이런 사람에게 자신감이 얼마나 부족한지 그리고 열의가 얼마나 빨리 식을지를 쉽게 간파할 수 있다. 또한 응석둥이로 자란 사람은 모든 과제를 회피하기 위해 차라리 사막에서 홀로 지내고 싶어하는 괴짜가 되기도 한다. 또는 자신의 열등 콤플렉스에 부합하게 활동 범위를 크게 제한한 채 과제의 일부만 해결하려 하기도 한다. 결코 '용기'라고 부를 수 없는 활동성이 어느 정도 있는 경우, 조금만 부담이 되는 상황에 처해도 사회적으로 쓸모없는 것, 심지어 해로운 것의 영역을 방황하며, 결국에는 범죄자, 자살자, 알코올 중독자 또는 성도착자가 되기 쉽다.

응석받이에 심하게 길든 사람의 삶을 공감하는 것이, 즉 이런 사람

9. 응석둥이의 허구적인 세계

을 온전히 이해하는 것이 누구에게나 쉬운 일은 아니다. 그러려면 훌륭한 배우처럼 이 역할을 내면화해서 이런 사람의 전체 생활 영역에 걸쳐 어떻게 이런 사람이 자신을 화제의 중심에 놓는지를 이해할 필요가 있다. 또한 이런 사람이 전혀 협력하지 않으면서 다른 사람을 억압하는 상황을, 다른 사람에게 온갖 것을 기대하면서 자신은 아무것도 줄 필요가 없는 상황을 어떻게 늘 찾아 헤매는지를 이해할 필요가 있다. 이런 사람이 자신을 위해 다른 사람의 협력과 우정과 노동과 사랑을 어떻게 착취하려 드는지, 어떻게 자신의 안녕과 개인적인 오만에만 관심을 갖고 늘 다른 사람을 희생해 자신의 짐을 덜 궁리만 하는지를 알아야 비로소 이런 사람이 이성의 인도를 받지 않는다는 사실을 이해할 수 있다. 정신적으로 건강한 아이는 용기와 보편타당한 이성과 능동적인 적응력이 발달한다. 반면에 응석둥이에게는 이 모든 것이 없거나 매우 부족하며, 그 대신에 비겁함과 속임수가 관찰된다. 게다가 이런 아이는 매우 제한된 경로를 따르기 때문에 늘 동일한 실수를 범하는 것처럼 보인다. 폭군 같은 아이는 늘 폭군처럼 보인다. 소매치기는 늘 손놀림을 멈추지 않는다. 불안신경증 환자는 삶의 모든 과제에 대해 불안하게 응답한다. 중독자는 늘 중독 물질과 함께 있다. 성도착자는 도착에서 벗어나려는 성향을 전혀 보이지 않는다. 다른 활동들을 배제한 채 삶이 펼쳐지는 좁은 경로를 따라 이런 사람들의 비겁함, 자신감 결여, 열등 콤플렉스, 현실 차단 성향이 분명하게 나타난다.

응석둥이로 자란 사람의 꿈속 세계, 이들의 시각, 삶에 대한 견해와 관점 등은 실제 세계와 엄청나게 다르다. 인류의 진화에 대한 이들의 적응력은 거의 질식 상태에 놓여 있으며, 때문에 끊임없이 삶과 갈등을 빚고, 이런 갈등의 해로운 결과로 인해 다른 사람들까지 함께 고통을 받는다. 이런 갈등은 아동기에는 지나치게 능동적이거나 수동적인 아이들 중에서, 그리고 성인기에는 범죄자, 자살자, 신경증 환자, 중독자 중에서 늘 다양한 형태로 발견된다. 이들은 대개 다른 사람의 성공을 불타는 질투의 눈으로 바라보면서 불만에 차 있지만 과제를 해결하기 위해 스스로 나서지는 못한다. 이들은 대개 패배에 대한 두려움, 자신의 무가치가 폭로될 것에 대한 두려움에 늘 휩싸인 채 삶의 과제로부터 후퇴하면서 이를 위한 변명을 쉬지 않고 만들어 낸다.

그래도 이런 사람들 중에서 기어이 삶의 성공을 쟁취하는 사람이 적지 않다는 사실을 간과해서는 안 될 것이다. 이들은 자신의 문제를 극복했으며 실수로부터 교훈을 얻은 사람들이다.

이런 사람들의 치유와 탈바꿈은 마음의 길을 통해서만, 생활양식을 구축할 때 범한 실수에 대해 점점 명확해지는 확신을 통해서만 이루어질 수 있다. 그러나 더 중요한 것은 예방일 것이다. 가족은, 특히 어머니는 아이에 대한 사랑이 응석받이로 발전하지 않도록 주의해야 한다. 나아가 이런 실수를 인식하고 수정하는 법을 배운 교사들에게는 더 많은 것을 기대할 수 있을 것이다. 그러면 아이를 떠받드는 것과 이로 인한 부작용보다 더 큰 악폐는 없다는 사실이 이제까지보다 더 분명해질 것이다.

9. 응석둥이의 허구적인 세계

10. 신경증이란 실제로 무엇인가?

'신경증이란 실제로 무엇인가?'라는 문제와 여러 해 동안 씨름한 사람이라면 이에 대해 분명하고도 솔직하게 답할 수밖에 없다는 사실을 이해할 것이다. 해답을 찾아 문헌을 수없이 뒤적여 본 사람이라면 혼란스럽기 짝이 없는 수많은 정의 앞에서 좀처럼 통일적인 관점을 얻지 못할 것이다.

으레 그렇듯이 어떤 물음에 관해 불명료함이 존재하면, 수많은 설명과 다툼이 있게 마련이다. 이 경우도 마찬가지다. 신경증이란 다음과 같다. 짜증을 잘 내는 성향, 짜증을 잘 내는 약점, 내분비선의 질병, 치염 또는 비염의 결과, 생식기 질병, 신경계 허약, 호르몬 또는 요산 특이 체질의 결과, 분만 외상의 결과, 외부 세계/종교/윤리에 맞서 빚어지는 갈등의 결과, 사악한 무의식과 타협 성향을 지닌 의식 사이의 갈등, 성적/가학성/범죄성 추동을 억압한 결과, 대도시의 소음과 위험의 결과, 여성적인/엄격한 양육의 결과, 가정 교육 전반의 결과, 특정 조건반사의 결과 등등.

이런 견해 중에 많은 것은 실제로 맞으며 신경증의 어느 정도 의미심장한 현상을 부분적으로 설명하는 데 끌어다 쓸 수도 있다. 그러나 이런 현상은 대부분 신경증에 시달리지 않는 사람들에게서도 자주 발견된다. 그리고 이 중에서 "신경증이란 실제로 무엇인가?"라는 물음을 해명하는 데 실제로 기여하는 것은 지극히 드물다. 이 질병의 어마어마한 빈도, 대단히 심각한 사회적 파급 효과, 신경증 환자 중에서 소수만이 치료를 받지만 환자 모두에게 평생 동안 엄청난 고통이 수반된다는 사실, 게다가 이 물음에 대한 일반인들의 크게 고무된 관심 등을 고려할 때 커다란 토론장에서 이 문제를 차분하고 과학적으로 조명하는 것이 필요해 보인다. 또한 이때 이 질병의 이해와 치료를 위해 얼마나 많은 의학 지식이 필요한지도 분명해질 것이다. 또한 신경증의 저지가 가능하고 또 필요하지만 원인이 되는 손상을 분명히 인식해야만 이것을 기대할 수 있다는 점도 명심해야 할 것이다. 신경증의 저지와 예방 및 이것의 미세한 발단을 인식하는 데 필요한 지침은 의학 지식에서 비롯한다. 그러나 이때 가족, 교사, 양육자 및 다른 원조자들의 조력이 빠질 수 없다. 따라서 신경증의 본질과 발생에 관한 지식이 널리 확산할 필요가 있다.

오래전부터 있어 온 자의적인 정의들은 무조건 척결해야 하는데, 예컨대 신경증이 의식과 무의식 사이의 갈등이라는 정의 등이 그렇다. 이에 관해 토론하는 것은 별 의미가 없다. 왜냐하면 갈등 없이는 되는 일이 없으며 따라서 이를 통해 신경증의 본질을 밝히는 어떤 진술도 이루어지지 않았다는 점을 이런 견해를 내세우는 저자 자신이 먼저 깨달아야 하기 때문이다. 그런가 하면 거만하게 과학적 접근임을 강조하면서 신경증의 유기 변화를, 즉 화학 작용을 찾는 쪽으로 우리를 오도하는 사람들의 경우도 마찬가지다. 이를 통해 무언가를 기여하기란 결코 쉽지 않은데, 왜냐하면 우리가 화학 작용에 관해 진술할 수 있는 것은 전혀 없기 때문이다. 그 밖에 통속적인 다른 정의들도 새로운 것이 전혀 없다. 사람들은 짜증을 잘 내는 성향, 불신, 수줍음 등등을, 다시 말해 부정적인 성격 특성으로, 즉 삶에 적합하지 않고 정동의 부하가 걸린 것처럼 보이는 성격 특성으로 특징지을 수 있는 모든 현상을 신경증으로 이해한다. 게다가 저자들 모두가 신경증이 격화된 정동 생활과 관련이 있다고 말한다. 내가 수년 전에 신경성 성격이 무엇인지에 관해 썼을 때, 나는 신경증 환자의 과민성을 고찰했다. 이 성격 특성은 모든 신경증 환자에게서 발견되는 듯하다. 물론 몇몇 드문 사례에서는 이 특성이 은폐되어 있어서 발견하기가 쉽지 않지만, 좀 더 자세히 살펴보면 환자가 매우 예민한 사람이라는 것을 알 수 있다. 개인심리학의 또 다른 연구는 민감성의 유래에 관한 것이었다. 이 가엾은 지구 위에서 제대로 발을 붙이고 살면서 삶의 안락함뿐 아니라 불편도 책임지려는 자세와 무언가 기여하려는 마음가짐을 가지고 있는 사람이라면 결코 과민성을 드러내지 않을 것이다. 과민성은 열등감의 표현이다. 조급함 같은 신경증 환자의 다른 성격 특성도 마찬가지다. 왜냐하면 자신이 안전하다고 느끼고 자신감이 있으며 삶의 과제와 적극적으로 씨름하도록 발달한 사람은 조급함을 드러내지 않기 때문이다. 이 두 성격 특성에 주목해 보면, 신경증 환자는 격화된 정동 속에서 사는 사람이라는 사실을 이해할 수 있다. 여기에 이 불안전의 감정 때문에 휴식과 안전을 강력하게 추구한다는 사실을 추가하면, 신경증 환자가 우월과 완전을 얻기 위해 서두르는 이유와 높은 곳을 추구하는 이 특성이 자신에게만 관심을 가지는 야망이라는 사실을 이해할 수 있다. 이것은 비상 상황에 처해 있는 사람에게 당연한 것이다. 때로는 이렇게 높은 곳을 추구하는 것이 애당초 보편성을 띨 수 없는 탐욕, 인색, 시기, 질투 같은 형태를 띠기도 한다. 이런 사람은 억지로 어려움을 넘어 성장하려고 애쓰는데, 왜냐하면 매끄럽게 해결할 자신이 없기 때문이다. 게다가 강화된 열등감은 용기의 미발달과 밀접한 관련이 있으며, 용기 대신에 수많은 기만적인 시도를 통해 삶의 문제를 우회하고 삶의 부담을 덜어 다른 사람에게 전가하려고 노력한다. 이것은 다른 사람에 대한 관심의 결여와 관련되어 있다. 우리는 많든 적든 이런 행동을 보이는 다수의 사람을 비판하거나 단죄할 수 있는 처지에 있지 않다. 왜냐하면 아주 심각한 일탈조차 책임 의식을 가지고 범한 것이 아니며, 당사자는 그가 삶에 대해 취하는 잘못된 태도의 노리개에 불과하기 때문이다. 이런 사람은 목표를 추구하는 순간 이성과 대립하게 된다. 나는 아직 신경증의 본질에 관해, 신경증의 발생과 구조에 관해 아무것도 말하지 않았다. 우리는 그저 한 걸음 더 나아가 신경증 환자의 용기 결여와 관련해 삶의 과제 앞에서 망설이는 태도를, 그래서 삶의 과정을 통해 삶의 과제에 미치는 영향력이 미미하다는 사실을 확인했을 뿐이다. 물론 미미한 활동 능력은 아동기까지 소급될 수 있다. 개인심리학의 관점에서 볼 때 이것은 놀라운 일이 아닌데, 왜냐하면 생활 형태는 생후 몇 년 안에 발달해서 변경되지 않기 때문이다. 이것을 변경하기 위해서는 당사자가 발달 과정상의 오류를 이해하고 인류 전체의 행복을 지향하는 보편성에 다시 합류할 수 있어야 한다.

아이에게 나쁜 의미의 활동성이 비교적 큰 경우, 이 아이가 나중에 실패자가 되면 신경증 환자가 아니라 다른 형태의 실패자(범죄자, 자살자, 알코올 중독자 등)가 되리라고 가정할 수 있다. 이런 아이는 심각한 문제아로 평가될 수도 있지만, 신경증 환자의 특징을 보이지는 않을 것이다. 그러나 좀 더 자세히 살펴보면 이런 아이의 행동반경이 특별히 넓지 않다는 사실을 확인할 수 있다. 신경증 환자의 행동반경은 정상인에 비해 미미하다. 중요한 물음은 비교적 큰 활동성이 어디에서 유래했는가 하는 점이다. 행동반경을 발달시키거나 억압하는 것이 가능하며, 양육이 잘못된 경우 행동반경이 축소될 수도 있다는 점을 고려할 때, 유전은 우리의 관심을 끄는 물음이 될 수 없다. 우리가 목격하는 것은 아이가 지닌 창의력의 산물이다. 신체와 외부 세계의 자극은 아이의 인격이 구축될 때 이용되는 재료다. 우리가 신경증의 증상으로 관찰하면서 이리저리 분류하는 것들(특정 기관의 신체적 충격, 정신적 충격, 불안 현상, 강박성 사고, 특별히 중요해 보이는 우울 현상, 신경성 두통, 강박성 홍조, 청결 강박증, 기타 이와 유사한 심리적 표현 형태 등)은 모두 오랜 시간 지속되는 만성 증상이다. 허황된 견해에 눈이 멀어 증상이 아무 의미도 없이 발달했다고 가정하지 않는 한, 증상의 연관성을 살펴보면 아이에게 너무 어려운 과제가 오랫동안 아이 앞에 놓여 있었다는 사실을 확인할 수 있다. 이를 통해 우리는 신경성 증상의 항상성을 확인하고 설명할 수 있는 듯하다. 신경성 증상은 특정 과제에 직면했을 때 발발한다. 우리는 문제 해결이 어려운 까닭을 알아내기 위해 광범한 연구를 수행했으며, 개인심리학은 문제의 전체 영역을 오랫동안 조명함으로써 사람들이 사회적 준비가 필요한 문제에 늘 직면한다는 사실을 확인했다. 이런 준비는 이미 유아기에 갖춰져야 하는데, 왜냐하면 그래야만 이것의 강화도 가능하기 때문이다. 이런 문제 때문에 실제로 늘 충격이 발생한다는 의미에서 우리는 충격의 효과를 이야기할 수 있을 것이다. 이것의 종류는 다양할 수 있다. 때로는 사회적 문제가 충격이 될 수 있다. 예컨대 우정에 대한 실망이 그런 것이다. 이런 것을 경험하지 않은 사람이 어디 있겠으며, 또 이로 인해 충격을 받지 않는 사람이 어디 있겠는가? 그러나 아직 충격 자체가 신경증의 표시는 아니다. 충격이 신경증을 시사하고 나아가 신경증이 되려면 충격이 지속되어야 한다. 충격이 만성 질환으로 굳어지고, 당사자가 불신에 찬 눈초리로 모든 '너'를 배척하며, 어디서든 다른 사람에게 다가갈 때면 소심함, 수줍음, 신체 증상, 심장 박동, 땀, 위장 장애, 배뇨 충동 등등 때문에 늘 중도에서 멈추는 현상이 뚜렷이 나타나야 한다. 개인심리학의 관점에서 볼 때 이것은 우정에 대한 실망이 고립으로 이어졌다는 데서도 알 수 있듯이 이 사람의 경우에 다른 사람에 대한 접촉감Kontaktgefühl이 충분히 발달하지 못했음을 분명하게 보여 준다. 이제 우리는 신경증을 어느 정도 이해할 수 있을 만큼 이 주제에 꽤 다가갔다. 예컨대 사업을 하다가 돈을 잃고 충격에 빠진 사람이 있다면, 이것은 아직 신경증이 아니다. 신경성 현상은 이 사람이 충격에서 헤어나지 못한 채 아무것도 하지 않을 때 비로소 나타난다. 이것을 설명하기 위해서는 이 사람이 협력 능력을 충분히 습득하지 못했으며 조건부로만, 즉 모든 것이 잘될 때만 앞으로 나아갈 줄 안다는 사실을 이해할 필요가 있다. 사랑의 문제도 마찬가지다. 사랑은 당연히 사소한 문제가 아니다. 사랑을 위해서는 어느 정도의 경험, 이해력, 책임감이 필요하다. 사랑의 문제 때문에 흥분과 초조한 마음이 가라앉지 않을 때, 한 번 거절당한 뒤로는 더 이상 앞으로 나아가지 못할 때, 이 후퇴를 확보하기 위해 온갖 감정을 동원할 때, 이 후퇴에 대한 고집을 정당화하는 인생관이 형성될 때, 이럴 때 비로소 우리는 신경증을 말할 수 있다. 누구든 집중포화를 맞으면 충격을 경험한다. 그러나 이것이 만성화되는 것은 당사자가 삶의 과제에 대해 준비가 되어 있지 않을 때뿐이다. 이럴 때 그는 나아가지 못하고 멈추어 버린다. 우리는 이렇게 멈추는 까닭이 당면한 문제를 해결할 준비가 제대로 되어 있지 않기 때문이라고, 당사자가 어릴 적부터 제대로 된 협력자가 아니었기 때문이라고 말했다. 그러나 이것이 전부가 아니다. 우리가 신경증 환자에게서 관찰하는 것은 당연히 고통이지 즐거움이 아니다. 만약 준비되지 않은 문제에 직면했을 때 겪는 두통을 직접 만들어 보라고 당사자에게 요청한다면, 그는 그렇게 하지 못할 것이다. 따라서 우리는 당사자가 일부러 고통을 만들어 낸다거나 일부러 아파하고 싶어 한다는 식의 그릇된 시각을 단호히 배격해야 한다. 당사자가 괴로워한다는 사실은 분명하다. 그러나 그는 자신이 문제 해결에 실패해 무가치해 보일 때 겪을 더 큰 고통보다는 이 고통을 선호한다. 그는 자신의 무가치가 폭로되기보다 차라리 그 모든 신경성 고통을 감수한다. 자신의 무가치가 확인되는 순간 온 힘을 다해 저항하는 것은 신경증 환자든 그렇지 않은 사람이든 똑같다. 그러나 신경증 환자의 저항은 훨씬 더 심하다. 신경증 환자의 과민성, 조급함, 격화된 정

10. 신경증이란 실제로 무엇인가?

동, 개인적 야망 등을 고려할 때, 우리는 이런 사람이 자신의 무가치가 폭로될 위험이 있다고 믿는 한 결코 앞으로 나아가지 않을 것이라는 점을 이해할 수 있다. 그렇다면 이런 충격 효과가 나타날 때의 심리 상태는 어떠할까? 당사자가 이런 효과를 만들어 낸 것은 아니다. 그가 이것을 원한 것도 아니다. 그러나 이런 효과는 정신적 충격의 결과로서, 일종의 패배감의 결과로서, 자신의 무가치가 폭로될지 모른다는 두려움의 결과로서 나타난다. 이런 효과에 맞서 싸우려는 마음이 그에게는 없으며, 여기서 어떻게 하면 벗어날 수 있는지도 알지 못한다. 그도 이것을 떨쳐 버리고 싶어 할 것이다. 그는 당연히 건강해지고 싶다고, 모든 증상에서 벗어나고 싶다고 주장할 것이다. 그가 의사를 찾는 이유도 이 때문이다. 그러나 그가 모르는 것은 그가 두려워하는 것이 또 있다는 사실이다. 즉 그는 자신의 무가치가 드러나는 것을 두려워한다. 그는 자신이 아무짝에도 쓸모없는 존재라는 암울한 비밀이 폭로될까 두렵다. 이제 우리는 신경증이 정말로 무엇인지를 알 수 있다. 이것은 더 큰 해악을 모면하려는 시도다. 이것은 무슨 대가를 치르더라도 가치의 외관을 보존하려는 시도이며, 그러나 동시에 비용을 지불하지 않고도 이 목표를 달성하려는 욕망이다. 그러나 이것은 유감스럽게도 불가능하다. 유일한 방법은 당사자가 삶을 위해 더 잘 준비하도록, 현실 안으로 더 굳건히 발을 내딛도록 용기를 불어넣는 것뿐이다. 이것은 채찍질, 처벌, 엄격함, 강제 등을 통해 도달할 수 없다. 어느 정도 활동성을 지닌 경우 얼마나 많은 사람이 문제를 해결하기보다 차라리 목숨을 끊으려 하는지 우리는 잘 알고 있다. 이것은 분명하다. 때문에 강제로 이룰 수 있는 것은 아무것도 없다. 체계적인 준비를 통해 당사자가 문제 해결을 위해 자신 있게 나설 때까지 기다려야 한다. 왜냐하면 이 사람은 자신이 깊은 나락 앞에 서 있다고 믿으며, 강제로 떠밀릴 경우 나락으로 떨어질 것이라고, 즉 자신의 무가치가 폭로될 것이라고 두려워하기 때문이다.

신경성 증상을 호소하는 35세 변호사가 있었다. 그는 후두부에 늘 통증을 느꼈고 온갖 배탈 증상에 시달렸으며 머리 전체가 뻑적지근했고 전반적인 무기력감과 피로에 시달렸다. 그러나 동시에 늘 흥분 상태에 있었고 쉴 틈이 없었다. 낯선 사람과 대화할 때면 기절할지도 모른다는 불안감이 엄습하곤 했다. 부모와 함께 지낸 집에서는 그렇게 유쾌한 분위기는 아니었어도 안도감을 느꼈다. 그는 이런 증상 때문에 성공하지 못할 것이라고 확신하고 있었다.

임상 검사 결과는 음성이었다. 다만 우울증 때문에 근육 긴장이 상실된 경우 후두부 통증과 요통을 설명해 주는 요인으로 고려되곤 하는 척추측만증이 확인되었다. 피로는 쉴 틈이 없었기 때문이라고 간단히 설명할 수도 있겠지만, 머리의 뻑적지근한 느낌과 마찬가지로 우울증의 부분 현상으로 볼 수도 있었다. 배탈은 우리가 실시한 일반 진단으로는 이해하기가 더 어려웠다. 이것은 척추측만증에 따른 신경 자극으로 생길 수도 있지만, 어떤 체질적 편향의 표현(심리적 흥분에 대한 열등 기관의 반응)일 수도 있다. 어릴 적에 위장 장애를 자주 겪었으며 그의 아버지도 역시 별다른 신체 이상이 발견되지 않은 채 비슷한 고통을 호소했다는 사실은

10. 신경증이란 실제로 무엇인가?

두 번째 가능성을 뒷받침한다. 그 밖에 환자는 이따금 흥분할 때면 늘 식욕이 감퇴했고 때로는 구토를 하기도 했다고 한다.

어쩌면 사소한 것으로 간주된 불평을 통해 우리는 환자의 생활양식을 좀 더 자세히 알 수 있었다. 쉴 틈이 없다는 것은 그가 '성공'을 위한 투쟁을 아주 포기하지는 않았음을 분명하게 말해 준다. 집에서도 편치 않다는 그의 이야기도 제한된 정도로나마 동일한 결론을 뒷받침한다. 이것이 제한된 정도로만 그런 까닭은 낯선 사람을 만나는 것에 대한, 즉 삶의 현장으로 나가는 것에 대한 불안이 집에서도 그의 곁을 떠나지 않았기 때문이다. 그러나 기절할지 모른다는 두려움은 그의 신경증의 작동 방식을 엿볼 수 있게 해 준다. 그는 스스로 이야기를 하면서도, 낯선 사람을 만나야 할 때 생기는 흥분이 기절할지 모른다는 선입견을 통해 어떻게 인위적으로 강화되는지를 깨닫지 못했다. 환자 자신이 인위적으로, 마치 일부러 그런 것처럼 흥분을 혼란으로까지 강화시키는 것을 어째서 스스로 깨닫지 못하는지에 대해서는 두 가지 이유를 들 수 있겠다. 첫 번째 이유는 널리 인정된 것은 아니지만 명확한 것이다. 환자는 말하자면 곁눈질하듯이 자신의 증상만 힐끗 보았을 뿐 증상과 자신의 거동 사이의 연관을 보지 못했다. 두 번째 이유는 단호한 후퇴가, 내가 오래전에 가장 중요한 신경성 증상으로 기술했던 "뒤로 전진"[17]이 이 경우에는 마음을 다잡고 분발하려는 허약한 시도에도 불구하고 중단되어서는 안 되기 때문이다. 환자가 미처 준비하지 못했을 삶의 세 과제인 공동체, 직

168

업, 사랑에 직면할 때 빠지는 흥분은 신체에 영향을 미쳐 기능 변화를 야기할 뿐만 아니라 마음에도 영향을 미친다. (다만 환자가 빠지는 흥분은 아직 증명되지 않았는데, 왜냐하면 지금까지는 일반 진단, 개인심리학적 경험, 의학심리학적 직관을 바탕으로 추측한 것에 지나지 않기 때문이다.) 환자의 인격에서 드러나는 이 준비 부족 때문에 몸과 마음의 기능 장애가 생긴다. 어쩌면 어린 시절부터 작은 실패들을 통해 교훈을 얻었을 환자는 '외인성' 요인 앞에서 깜짝 놀라 뒤로 물러서면서 이제 만성적으로 패배의 위협을 느낀다. 이런 느낌은 응석둥이로 자라서(이것은 우리가 나중에 따로 증명해야 할 사항이다) 다른 사람에 대한 관심 없이 스스로 구축한 개인적 우월의 목표가 점점 더 도달 불가능하게 보일수록 만성화될 것이다. 언제나 결정적 패배에 대한 불안에서 비롯하는(다만 일반적인 의미의 불안이 늘 분명하게 드러나지는 않는다) 흥분된 감정 상태에서 당사자의 대개 타고난 신체적 기질과 언제나 습득된 것인 심리적 기질에 따라(이 둘은 언제나 서로 뒤섞여 있고 서로 영향을 미친다) 우리가 신경증이나 정신병에서 목격하는 이런저런 증상이 발생한다.

그러나 이것이 신경증인가? 개인심리학은 경우에 따라 삶의 과제를 해결하기 위한 준비가 잘되어 있을 수도 있고 그렇지 않을 수도 있으며 그 사이에는 수많은 변형이 존재한다는 사실을 밝히기 위해 정말로 많은 노력을 기울였다. 나아가 외인성 요인에 직면했을 때 해결할 수 없

10. 신경증이란 실제로 무엇인가?

다는 느낌이 들면 몸과 마음에 온갖 다양한 동요가 일어난다는 사실을 이해시키기 위해서도 많은 노력을 기울였다. 또한 개인심리학은 준비 부족이 유아기 때부터 발생하며 이것을 개선하려면 체험이나 감정이 아니라 깨달음이 필요하다는 점도 분명히 밝혔다. 그리고 개인심리학은 삶의 모든 과제를 결정적으로 해결하기 위해서는 생활양식의 통합 요인인 공동체 감정이 반드시 있어야 한다는 사실도 발견했다. 실패의 감정에 수반되고 이 감정을 특징짓는 신체적 또는 심리적 현상들을 나는 열등 콤플렉스로 서술했다. 다만 열등 콤플렉스 중에 느끼는 충격은 잘 준비된 개인보다 그렇지 않은 개인의 경우에 더 크며, 용감한 개인보다 겁 많고 늘 외부의 도움을 구하는 개인의 경우에 더 크다. 많든 적든 충격을 야기하는 갈등은 누구나 경험한다. 누구나 갈등을 신체적으로 그리고 심리적으로 체감한다. 자신의 신체와 외부 사회 관계를 바탕으로 누구나 외부 세계 앞에서 열등감을 느낀다. 유전성 열등 기관은 너무 빈번하기 때문에 삶의 모진 요구를 피할 도리가 없다. 아이에게 영향을 미치는 환경 요인은 아이가 '올바른' 생활양식을 쉽게 구축하도록 돕는 식으로 작동하지 않는다. 부모의 응석받이와 아이가 느끼는 또는 실제로 있었던 부모의 방치는, 특히 전자는 너무 자주 아이로 하여금 공동체 감정에 대립하도록 오도한다. 게다가 아이가 자신의 운동 법칙을 발견하는 과정은 대개 올바른 지침도 없이, 기만적인 시행착오의 법칙에 따라, 인간의 한계를 통해서만 제약된 아이 자신의 독단 속에서, 그러나 언제나 무수한 변형 속에서 우월의 목표를 추구하는 가운데 이루어진다. 아이의 창의력을 바탕으로 모든 인상과 감각이 아이의 최종 입장을 위한, 개인적 운동 법칙의 발달을 위한 자극으로 이용 또는 '사용'된다. 개인심리학에서 강조한 이런 사실은 나중에 '태도' 또는 '게슈탈트Gestalt' 등으로 언급되기도 했지만, 이때 개인의 총체성 및 개인과 삶의 3대 과제 사이의 긴밀한 연결에 주목하거나 개인심리학의 업적을 인정하는 일은 일어나지 않았다. 그렇다면 이제 '못된' 아이, 자살자, 범죄자, 지독하게 반동적인 사람, 무분별하고 초급진적인 투쟁가, 느릿느릿 무위도식하는 사람, 주변의 빈곤 때문에 살짝 흥이 깨진 방탕자 등이 느끼는 갈등과 이에 수반되는 신체적 또는 심리적 효과는 이미 '신경증'인가? 제각기 잘못된 운동 법칙을 고집하는 이들은 모두 개인심리학이 강조하는 '진리'와 충돌하며 영원의 관점에서 '옳은 것', 이상적인 공동체의 확고한 요구와 대립한다. 이들은 이 충돌의 수천 가지 결과를 수천 가지의 변형된 형태로 신체적으로 그리고 심리적으로 체감한다. 그러나 이것이 곧 신경증인가? 만약 이상적인 공동체의 확고한 요구가 없다면, 만약 누구나 자신의 잘못된 운동 법칙을 충족하면서, 또는 더 공상적으로 말해 자신의 추동 또는 조건 반사를 충족하면서 살 수 있다면, 갈등도 없지 않겠는가? 그러나 이렇게 터무니없는 것을 요구할 수 있는 사람은 어디에도 없다. 이런 요구는 개인과 공동체의 긴밀한 연결을 간과하거나 분리하려는 자가 소심하게 제기할 뿐이다. 누구나 이상적인 공동체의 철칙에 크든 작든 자발적으로 복종한다. 부모의 응석받이에 극심하게 길든 아이만이 호라티우스Horace의 꾸짖음처럼 "정복하려는 시도res mihi subigere conor"를 기대하고 요구할 것이다. 자유롭게 번역하자면, 이 말은 곧 무언가를 기여하지도 않으면서 공동체의 기여를 나를

10. 신경증이란 실제로 무엇인가?

위해 이용하는 것을 의미할 것이다. '내 이웃을 사랑해야 하는 이유'는 사람들 사이의 뗄 수 없는 관계와 공동체의 확고한 지도 이념에서 비롯한다.[18] 공동체를 지향하는 이 목표의 상당 부분을 자신 안에, 자신의 운동 법칙 안에 담은 채 숨쉬기처럼 이것과 어우러져 살아가는 사람만이 자신에게 닥치는 갈등을 공동체의 관점에서 해결할 수 있다.

　　신경증 환자가 갈등을 경험하는 방식은 다른 사람과 다르지 않다. 그러나 신경증 환자가 갈등을 해결하려는 시도는 다른 사람과 분명히 다르다. 무수한 변형 중에는 부분 신경증이나 혼합 형태가 늘 있게 마련이다. 신경증 환자의 운동 법칙을 통해 드러나는 후퇴는, 즉 두려운 패배를 통해 자신의 허영심, 공동체 감정과 극심하게 분리된 개인적 우월의 추구, 1등이 되려는 노력 등을 위협하는 과제로부터의 후퇴는 어릴 적부터 훈련된 것이다. 대개 거의 변하지 않는 '모 아니면 도' 식의 인생 모토, 늘 패배의 위험에 직면한 자의 과민성, 조급함, 적지에서 사는 듯한 자의 격화된 정동, 탐욕 등 때문에 필요한 만큼보다 더 자주 그리고 더 강력하게 갈등이 야기되며, 그의 생활양식을 통해 예비된 후퇴가 한층 쉬워진다. 어릴 적부터 훈련되고 검증된 후퇴 전술은 유아기 욕망으로 '퇴행'하는 것처럼 보이기 쉽다. 그러나 신경증 환자에게 중요한 것은 이런 욕망이 아니라 온갖 희생도 마다하지 않는 그의 후퇴다. 또한 이것은 '자기 처벌의 형태'와도 혼동하기 쉽다. 그러나 그에게 중요한 것은 자기 처벌이 아니라 허영심과 교만의 붕괴 위험 앞에서 그를 보전하는 후퇴의 안도감이다.

　　이제 우리는 개인심리학에서 말하는 '보전' 문제의 중요성을 마침

내 이해할 수 있게 되었다. 이것은 오직 전체 연관 속에서만 인식될 수 있다. 이것은 '부차적인' 것이 아니라 '일차적인' 중요성을 지닌다. 신경증 환자는 후퇴를 통해 자신을 '보전'한다. 그리고 패배 위험이 있는 문제와 충돌했을 때 발생한 신체적 또는 심리적 종류의 충격 현상을 격화시킴으로써 이 후퇴를 '보전'한다.

신경증 환자는 개인적 자존감의 붕괴보다 고통을 선호한다. 이 자존감의 강도에 대해서는 지금까지 개인심리학 외에 누구도 언급하지 않았다. 정신병에서만 종종 더 분명하게 나타나는 이 자존감은 또는 내 용어로 말하자면 신경증 환자의 우월 콤플렉스는 매우 강력하기 때문에 그 자신도 두려움에 몸서리치면서 멀찌감치 떨어져 이것을 짐작할 뿐이며 이것이 현실의 시험대에 오를 때면 주의를 딴 데로 돌리려 한다. 이 자존감은 그를 앞으로 내몬다. 그러나 후퇴해야 하는 그는 후퇴를 방해하는 모든 것을 배척하고 잊어야만 한다. 그래서 그에게 남은 것은 오직 후퇴의 생각, 후퇴의 감정, 후퇴의 행위뿐이다.

신경증 환자는 후퇴에 온 관심을 기울인다. 앞으로 나아가는 모든 발걸음은 나락으로 추락하는 것이며, 이것은 끔찍할 정도로 두렵다. 때문에 모든 힘, 모든 감정, 검증된 모든 후퇴 수단을 동원해 후방에 머물려고 애쓴다. 유일하게 중요한 요인은 외면한 채, 즉 자신의 이기적이고 오만한 목표로부터 얼마나 멀리 떨어져 있는지를 아는 것에 대한 두려움은 외면한 채, 충격 경험을 증폭하는 데 온 관심을 쏟는다. 그리고 상식에 반하는 생활양식을 고집하기 위해 꿈에서 흔히 그렇듯이 대개 비유적으로 치장되고 격화된 감정을 대량으로 동원한다. 그는 이렇게 완성된 안전장치에 집착하면서 패배로 내몰리지 않기 위해 발버둥 친다. 신경증 환자의 평판은 신경증이 발발하면 정상 참작이 되지만 그렇지 않으면 다른 사람의 인정을 받기가 어려운데, 다른 사람의 이런 견해와 판단을 신경증 환자는 가장 큰 위협으로 느낀다. 한마디로 말해 **위태로운 평판을 보호하기 위해 충격 경험을 이용하는 것이 바로 신경증**이다. 또는 더 간단히 말하자면, 신경증 환자의 심리 상태는 "그렇다. 그러나"로 수렴된다. 이 "그렇다"에는 공동체 감정에 대한 인정이 담겨 있다. 그리고 "그러나"에는 후퇴와 그의 안전장치들이 담겨 있다. 신경증을 종교 또는 종교의 결여 탓으로 돌린다면, 그것은 종교에 해가 될 뿐이다. 정당을 인정하는 것이 신경증을 치유하는 길이라고 선전한다면, 그것은 정당에 해가 될 뿐이다.

우리의 환자는 대학을 졸업한 뒤에 변호사 사무소에서 조수로 일하고 싶어 했다. 그러나 그곳에는 몇 주만 머물렀는데, 왜냐하면 자신의 활동 범위가 너무 하찮아 보였기 때문이다. 이런 이유와 또 다른 이유로 여러 번 직장을 바꾼 후에 그는 차라리 이론 공부에 전념하기로 마음먹었다. 그는 법률문제에 관한 강연을 제안받았지만, "많은 청중 앞에서 발표하기 어렵다"는 이유로 거절했다. 그가 32세였던 이 시기에 증상이 발발했다. 한 친구는 그를 돕기 위해 함께 발표자로 나서겠다고 제안했다. 그러자 우리의 환자는 자기가 먼저 발표하겠다는 조건을 내걸었다. 떨리고 혼란스러운 마음으로 강단에 선 그는 기절할 것 같은 공포를 느꼈다. 그의 눈

앞에는 검은 점들만 보였다. 강연 직후 배탈이 난 그는 만약 한 번 더 많은 사람들 앞에서 발표해야 한다면 죽게 될 것이라고 상상했다. 그리고 그 후로는 아이들을 가르치는 일만 했다.

그를 상담한 의사는 건강해지기 위해 성교가 필요하다고 조언했다. 이런 어리석은 조언의 결과는 빨랐다. 이미 후퇴 중이던 환자는 이 조언을 듣자 매독에 대한 우려, 윤리적인 문제, 사기당할 위험, 사생아의 아버지라는 비난에 대한 두려움 등을 이야기했다. 부모는 그에게 결혼을 권했으며, 실제로 그가 부모의 소개로 만난 여자와 결혼함에 따라 부모의 조언이 결실을 거둔 것처럼 보였다. 그 후 임신한 아내는 집을 나와 부모에게 돌아갔는데, 아내는 자신을 무시하는 듯한 남편의 지속적인 비판을 더는 견디기 어려웠다고 한다.

이미 여기서 우리는 우리의 환자에게 손쉬운 기회가 있을 때마다 그가 얼마나 거만했는지, 그리고 상황이 불확실해 보일 때는 어떻게 즉시 후퇴했는지를 볼 수 있다. 아내와 자식은 그의 관심 밖이었다. 그는 늘 자신이 열등해 보이지 않는 것에만 관심을 기울였으며, 이에 대한 걱정이 그렇게 간절히 원했던 성공에 대한 추구보다도 강력했다. 그는 삶의 전선에 나서는 순간 실패했으며, 극단적인 불안에 끊임없이 시달렸고 무시무시한 허깨비를 보기까지 했는데, 이 모든 것이 그의 후퇴를 더 용이하게 만들고 강화했다.

그렇다면 더 강력한 증거는 없는가? 우리는 이것을 두 가지

10. 신경증이란 실제로 무엇인가?

측면에서 제시하고자 한다. 첫째로 우리는 현재의 그에게서 발견되는 생활양식으로 오도된 과정을 확인하기 위해 그의 유아기를 살펴볼 것이다. 둘째로 우리는 그의 삶에서 우리의 해석을 뒷받침하는 또 다른 사실들을 끌어올 것이다. 어쨌든 나는 이 사람의 성격 특성을 가리키는 사실들이 이미 내가 발견한 사실들과 완전히 일치할 경우 이를 우리의 연구 결과가 옳음을 증명하는 가장 강력한 증거로 간주할 것이다. 만약 일치하지 않는다면, 내 견해를 이에 맞게 수정해야 할 것이다.

어머니는 환자의 말처럼 부드러운 여성이었다. 아들은 어머니에게 매우 의존했으며, 어머니는 아들에게 아주 큰 기대를 하면서도 아들을 철저히 응석둥이로 키웠다. 아버지는 아들을 그렇게까지 떠받들진 않았지만, 아들이 울면서 원하는 바를 말하면 늘 그것을 들어주었다. 형제자매 중에서는 남동생과 친했는데, 동생은 형을 신처럼 떠받들었고 형이 원하는 대로 했으며 강아지처럼 형을 따라다니면서 늘 형의 지시를 따랐다. 환자는 가족의 희망이었으며 다른 형제자매에 대해서도 늘 자신의 뜻을 관철할 수 있었다. 이것은 그에게 매우 쉽고도 우호적인 상황이었으며, 이 때문에 그는 외부 세계에 대해 부적합한 사람이 되었다.

이것은 그가 처음 학교에 갔을 때 곧바로 드러났다. 그는 반에서 나이가 제일 어렸으며 이 때문에 친구들과 잘 어울리지 못했는데, 이것을 핑계로 그는 두 번이나 전학했다. 그러나 그 뒤로는 다른 친구들보다 앞서기 위해 엄청나게 열심히 공부했다. 그러나 뜻대로 되지 않자, 그는 후퇴하기 시작했다. 그는 자주 두통과 배탈을 이유로 학교를 빠졌으며 지각할 때도 많았다. 이 시기에 우등생에 들지 못한 것에 대해 그와 부모는 자주 결석했기 때문이라고 주장했으며, 그러면서도 동시에 이 환자는 자신이 다른 모든 학생보다 더 많이 알았고 더 많은 책을 읽었다고 강력하게 주장했다.

조금만 문제가 생겨도 부모는 그를 침대에 눕히고 간호하느라 야단법석을 떨었다. 그는 늘 심약한 아이였으며 잠을 자다가도 종종 비명을 질러 어머니가 한밤중에도 자신을 돌보도록 했다.

그가 이런 모든 현상의 의미와 연관성에 대해 분명히 알지 못했던 것은 그리 놀라운 일이 아니다. 이 모든 것은 그의 생활양식의 표현이자 언어였다. 그는 자신이 이 때문에 침대에서 새벽까지 책을 읽곤 했으며 그래서 다음 날 늦게 일어나도 되었고 낮에 할 일의 일부를 다른 사람을 통해 처리할 수 있는 특권을 누렸다는 사실도 제대로 깨닫지 못했다. 그는 보통 남자들보다도 소녀들 앞에서 수줍음을 훨씬 크게 탔는데, 이런 행동은 그가 성인이 될 때까지도 지속되었다. 그에게는 삶의 모든 상황에서 용기가 부족했으며, 무슨 희생을 치르더라도 자신의 허영심을 위태롭게 만들려 하지 않았다는 사실은 쉽게 이해될 수 있다. 소녀들에게 좋은 인상을 줄 수 있을지에 대한 불확실성이 어머니의 헌신을 기대할 수 있는 확실성과 크게 대조되었다. 결혼 생활에서도 그는 어머니와 형제들에게서 누렸던 것과 똑같은 지배 관계를 구

10. 신경증이란 실제로 무엇인가?

축하고자 했으나, 당연히 이것은 뜻대로 되지 않았다.

　나는 가장 오래된 아동기 기억 속에서, 물론 잘 감추어져 있을 때가 많지만, 개인의 생활양식을 발견할 수 있다는 사실을 확인했다. 우리 환자의 가장 오래된 기억은 다음과 같았다. "동생이 죽는 바람에 아버지가 집 앞에 주저앉아 큰소리로 울었다." 우리는 이 환자가 강연하는 것을 회피하기 위해 집으로 달아나 거의 죽는 시늉을 했다는 사실을 알고 있다.

　우정 문제에 어떻게 대처하는지는 공동체에 대한 그 사람의 능력을 잘 보여 준다. 우리의 환자는 말하길 늘 짧은 시간 동안만 친구들과 잘 지냈으며 늘 친구들을 지배하려 했다고 한다. 어쩌면 이것은 다른 사람의 우정을 착취하는 것에 불과할 것이다. 누가 그에게 친절하게 이 점을 지적했을 때, 그는 다음과 같이 답했다. "도대체 공동체를 위해 헌신하는 사람이 있나? 누구나 다 자기 자신을 위해 하는 것이지." 그가 후퇴를 위한 준비를 어떻게 했는지는 다음과 같은 사실에서도 알 수 있다. 그는 기꺼이 논문이나 책을 쓰고자 했다. 그러나 글을 쓰기 위해 책상 앞에 앉으면, 너무 흥분이 되어서 제대로 사고할 수가 없었다. 그는 먼저 책을 읽지 않으면 잠을 잘 수가 없다고 설명한다. 그러나 책을 읽으면 머리가 찌근찌근해서 잠을 잘 수가 없었다. 그의 아버지는 얼마 전에 그가 마침 다른 도시를 방문했을 때 사망했다. 그곳에서 그는 조만간 직장을 구할 예정이었다. 그러나 그는 이 자리를 거절하면서, 만약 이 도시에서 살아야 한다면 죽을 것 같다는 이유를 댔다. 그가 살고 있는 도시에서 일자리를 제안받았을 때, 그는 전날 밤에 제대로 잠을 자지 못해서 다음 날에 일을 망칠 것이라는 우려로 이 자리를 거절했다. 그는 자신이 먼저 아주 건강해져야 한다고 생각했다. 환자의 꿈에서도 환자의 운동 법칙을, 즉 신경증 환자의 "그렇다. 그러나"를 재발견할 수 있다는 사실을 보여 주는 예를 들어 보자. 우리는 개인심리학의 기술을 사용해 꿈의 역동성을 알아낼 수 있다. 그렇다고 해서 이 기술이 환자의 행동을 바탕으로도 인식할 수 있는 것 이상의 새로운 것을 말해 주는 것은 아니다. 우리가 가진 도구를 제대로 이해하고 내용을 올바로 선택할 수만 있으면 꿈꾸는 사람이 자신의 운동 법칙에 이끌려 상식에 맞서 자신의 생활양식을 관철하기 위해 어떻게 감정과 느낌을 인위적으로 일깨우는지를 확인할 수 있다. 그리고 어떻게 환자가 패배에 대한 두려움을 못 이겨 증상을 만들어 내는지에 대한 힌트도 종종 얻을 수 있다. 이 환자가 하룻밤 꾼 꿈은 다음과 같다. "다리 저편에 사는 친구를 방문하려 했는데, 다리 난간이 온통 새롭게 페인트칠이 되어 있었어요. 물속을 들여다보려고 난간 쪽으로 몸을 기울였는데, 난간에 부딪히는 바람에 위통이 시작되었어요. 그래서 속으로 생각했어요. 물속을 내려다보지 말자. 떨어질지도 모른다. 그러나 저는 다시 한번 용기를 내어 난간 쪽으로 가서 아래를 내려다보다가 안전하게 있는 편이 낫다는 생각에 잽싸게 돌아왔어요."

친구를 방문하는 것과 새로 칠한 난간은 공동체 감정과 더

10. 신경증이란 실제로 무엇인가?

나은 생활양식을 다시 구축하려는 태도를 시사한다. 그러나 높은 곳에서 떨어질지 모른다는 환자의 두려움이, 환자의 "그렇다. 그러나"가 분명하게 강조되어 있음을 볼 수 있다. 공포감으로 인한 배탈은 앞에서도 설명한 것처럼 늘 사용 가능한 도구다. 이 꿈은 의사의 치료 노력에 대한 환자의 거부감과 후퇴의 안전이 위협받는 위급 상황을 핑계로 오래된 생활양식이 승리하는 것을 보여 준다.

신경증의 경우 충격으로 인한 증상이 환자의 이해와 상관없이 자동으로 이용된다. 평판을 지나치게 걱정하고 대개 응석둥이로 자란 아동기 때부터 이런 식의 이용에 매력을 느꼈던 사람일수록 이런 이용에 빠지기 쉽다. 몇몇 저자의 환상이 아직도 판을 치는 신체 현상에 대해 몇 마디 하고자 한다. 사실을 말하자면 다음과 같다. 유기체는 통일된 전체이며 진화 덕분에 평형 상태를 추구하는데, 이것은 어려운 환경 속에서도 최대한 관철되는 경향이 있다. 심박수의 변화, 깊은 숨쉬기, 호흡수, 혈액의 응고, 내분비선의 개입 등은 모두 이런 평형 상태의 보존에 기여한다. 점점 더 분명하게 드러나듯이 특히 심리적 흥분으로 인해 자율신경계와 내분비계가 흥분하고 분비 증가 또는 변화가 야기될 수 있다. 오늘날 우리는 충격으로 인한 갑상선 변화가 때로는 치명적일 수도 있다는 사실을 이해할 수 있다. 나는 이런 환자를 본 적이 있다. 이 분야의 가장 위대한 연구자인 베른하르트 촌덱Bernhard Zondek은 내 도움을 받아 어떤 심리적 영향이 함께 작용하는지를 확인할 수 있었다고 말한 바 있다. 나아가 바제도병^{Basedowerkrankung}의 모든 사례가 심리적 충격의 결과로 발생한다는 사실은 의문의 여지가 없다. 이것은 심리적 충격으로 인해 갑상선에 혼란이 생긴 사람들에게서 나타난다.

부신의 흥분에 관한 연구도 그사이 많이 발전했다. 연구자들은 교감신경 부신수질계 복합 증상에 관해 이야기하곤 하는데, 특히 분노 정동의 경우에 이렇게 혼합된 부신 분비액이 증가한다. 미국 연구자 캐넌은 동물 실험을 통해 분노가 폭발할 때 부신의 내용물이 증가한다는 사실을 증명했다. 이럴 때 심장 활동의 강화나 그 밖의 변화가 야기되는 점에 비추어 볼 때 두통, 안면신경통, 어쩌면 간질 발작도 심리적인 계기로 촉발될 수 있다는 점을 이해할 수 있다. 이런 사람들은 늘 자신의 문제로 인해 반복해서 새로운 흥분 상태에 빠진다. 물론 이때 관건은 문제의 지속성이다. 우리가 마주하는 사람이 20세의 여성 신경증 환자라면, 이 사람이 애정 문제나 직장 문제로 힘들어할 것이라고 가정할 수 있다. 또는 50세의 남성 또는 여성이라면 이 사람이 풀지 못한다고 믿는 또는 실제로 풀 수 없는 문제가 노화와 관련되었을 것이라고 어렵지 않게 추측할 수 있다. 우리는 삶의 사실을 결코 직접 경험하는 것이 아니라 언제나 우리의 견해를 통해 경험한다. 때문에 이런 견해가 결정적으로 중요하다.

치유는 오직 지적 경로를 통해서만, 자신의 오류에 대한 환자의 통찰이 증가하고 공동체 감정이 발달함으로써만 가능하다.

10. 신경증이란 실제로 무엇인가?

11. 성도착

나는 여기서 성도착에 대해[19] 도식적인 서술로 만족할 것인데, 부디 독자들이 이 때문에 실망하지 않길 바란다. 상당수 독자가 이미 개인심리학의 기본 관점에 익숙해진 만큼 문제를 간략히 언급만 해도 자세한 설명처럼 받아들일 거라고 나는 기대한다. 오히려 여기서 중요한 것은 성도착의 구조가 우리의 세계관과 조화를 이룬다는 점을 보여 주는 것이다. 이 시대에는 이것이 결코 안전하기만 하지는 않은데, 왜냐하면 특히 오늘날에는 성도착을 타고난 요인 탓으로 돌리려는 경향이 매우 강력하기 때문이다. 이것은 무시할 수 없을 만큼 중요하다. 우리의 시각에 따르면 성도착은 당사자도 알지 못한 채 양육 안으로 흘러 들어간 인공물이다. 따라서 우리의 입장은 다른 사람들의 입장과 크게 대립하며, 우리가 직면한 어려움은 에밀 크레펠린Emil Kraepelin 같은 사람이 비슷한 견해를 강조해도 여전히 막대하다.

다른 입장에 대한 우리의 관계를 조명하기 위해 한 사례를 들고자 하는데, 이것은 성도착과 아무 상관이 없으며 그저 내 심리학적 견해를 보여 주는 예일 뿐이다. 행복한 결혼 생활을 하면서 두 자녀를 둔 여성이 있었다. 그는 6년 전부터 주위 사람들과 분쟁을 겪었다. 문제는 다음과 같았다. 그의 주장에 따르면 어릴 적부터 알고 지냈고 감탄할 만한 능력을 지닌 오랜 친구가 6년 전부터 남을 지배하려 들면서 학대를 일삼았다고 한다. 이 여성이 이 때문에 가장 큰 고통을 겪었으며, 이를 증명하는 수많은 증거를 제시했지만 다른 사람들은 이를 좀처럼 받아들이려 하지 않았다. 그는 다음과 같이 주장한다. "어쩌면 제가 많은 경우에 과했을지도 모르지만, 본질적으로는 제가 옳아요. 6년 전에 이 친구는 다른 친구가 없는 자리에서 그 친구를 비하하는 말을 늘어놓더니, 그 친구가 있는 자리에서는 애정이 넘치는 것처럼 굴었거든요." 이제 이 여성은 이 친구가 자신에 대해서도 비슷한 말을 하고 다닐 것이라고 걱정한다. 또 다른 증거로는 이 친구가 다음과 같이 말했다고 한다. "걔는 복종심이 있지만 멍청하지." 그러면서 이 친구가 우리의 환자를 바라보았는데, 이것은 마치 "너처럼 말이야." 하고 말하는 것처럼 들렸다. 그러나 환자의 주위 사람들은 이 말을 그렇게 중요하게 해석하지 않았으며 한결같이 친구 편을 들었다고 한다.

다른 사람들 앞에서 이 친구는 늘 가장 아름다운 면만 보였다고 한다. 환자는 자신의 견해를 뒷받침하기 위해 다음과 같이 말했다. "그 친구가 개를 어떻게 다루는지만 봐도 알 수 있어요. 친구는 개를 괴롭히고 하기 힘든 재주를 부리게 시키거든요." 그러나 주위 사람들의 견해는 달랐다. "그것은 개잖아. 그것을 사람에 대한 행동과 비교하면 안 되지. 그는 사람에게는 친절해." 환자의 자녀들은 이 친구를 매우 따랐으며 어머니의 시각에 대해 반대 의사를 밝혔다. 남편도 다른 해석은 불가능하다고 말했다. 환자는 특히 자신을 향한 친구의 지배욕을 보여 주는 새로운 증거를 늘 찾아냈다. 이 환자에게 나는 망설이지 않고 당신이 옳은 것 같다고 말해 주었다. 그러자 그는 무척 기뻐했다. 그 후로 친구의 지배욕을 뒷받침하는 많은 사실이 드러났고, 마침내는 그의 남편도 내 의견이 맞는 것 같다고 말했다. 여기서 알 수 있듯이 이 가엾은 여성은 옳은 시각을 갖고 있었지만 그것을 제대로 활용하지 못했다. 즉 이 환자는 은밀하게 남을 깎아내리는 성향 같은 것이 세상에 존재하며 다른 사람의 정상을 참작할 줄도 알아야 한다는 점을 고려하지 못했으며, 그 대신에 친구에 대해 전적으로 반대하는 입장을 취하면서 친구의 모든 점을 비난하며 화를 냈다. 만약 이 환자가 좀 더 섬세한 감각을 가졌더라면, 친구에게 무슨 일이 있었는지를 이해하지는 못하더라도 더 잘 직감할 수 있었을 것이다.

내가 여기서 말하고자 하는 것은 다음과 같다. 옳은 견해를 가지는 것이 때로는 치명적인 결과를 낳을 수 있다. 이 말이 놀랍게 들릴지 모르지만, 아마도 누구나 살면서 자신이 옳은데도 이 때문에 피해를 입은 경험이 있을 것이다. 만약 이 여성이 섬세하지 못한 의사의 치료를 받는다면 어떻게 될지 상상해 보라. 아마도 이런 의사는 이 여성이 피해망상 또는 과대망상에 시달린다고 생각할 것이고 이에 따른 치료를 통해 여성의 상태를 더 심각하게 만들 것이다. 그러나 자신이 옳다고 믿는 경우에 자신의 입장을 포기하기란 쉽지 않다. 자신이 옳다고 믿으면서 자신의 입장을 옹호하는 데 몰두하는 모든 연구자들도 같은 처지에 있다. 우

11. 성도착

리의 견해를 둘러싸고 대판 싸움이 벌어져도 굳이 놀랄 일은 아니다. 우리는 그저 옳은 견해를 가지고 있으면서도 이를 잘못 사용하는 일이 없도록 주의할 뿐이다. 우리는 많은 연구자가 우리의 견해에 반대하더라도 흔들리지 않을 것이다. 과학에서는 대단히 큰 인내가 필요하다. 오늘날 성도착 문제와 관련해 유전적 접근이 유행하고 있다. 성도착자가 제3의 성을 가졌다고 믿는 단순한 유전론자가 있는가 하면, 이런 제3의 성을 모두가 타고난다고 주장하는 사람도 있고, 누구는 성도착이 선천적 요인의 발현이기 때문에 이것을 막을 방도가 없다고도 한다. 그러나 우리는 이 모든 소란에도 불구하고 우리의 관점을 포기하지 않을 것이다. 특히 유기론자Organiker들이 지금까지 유기적인 변화 또는 유기적인 결함을 찾으려고 많은 노력을 기울였지만 그 성과가 대단히 형편없기 때문에 더욱 그렇다.

나는 동성애와 관련해 작년에 발표된 한 보고서를 언급하고자 한다. 이것은 모든 사람의 소변에서 이성의 호르몬이 발견된다는 에른스트 라퀘르Ernst Laqueur의 연구 결과와 관련해 1927년에 제기된 문제에 관한 것이다. 우리 개인심리학자들의 견해에 별로 동의하지 않는 사람들에게는 이런 사실이 매우 놀랍게 들릴 것이다. 왜냐하면 이런 사람들은 성도착이 발달하면 양성의 틀을 벗어난다고 생각하는 경향이 있기 때문이다. 그러나 동성애자 아홉 명을 대상으로 한 A. 브란Bran의 연구에서는 동성애자의 호르몬이 비동성애자와 동일한 것으로 밝혀졌다. 이것은 우리의 방향으로 한 걸음 더 가까이 간 것이다. 왜냐하면 동성애는 호르몬과 아무 상관이 없기 때문이다.

나는 심리학의 모든 흐름을 분류할 수 있는 통일적 관점을 제시하고자 한다. 즉 한편에는 한 인간이 무엇을 가지고 태어나며 또 소유하고 있는지를 확인해 이런 소유물로부터 심리적인 것을 도출하려는 **소유심리학**이 있다. 상식의 입장에서 볼 때 이것은 매우 엉뚱한 주장이다. 왜냐하면 사람들은 살면서 자신의 소유물 자체가 아니라 소유물을 어떻게 **사용**하는가를 바탕으로 온갖 결론을 도출하는 경향이 있기 때문이다. 우리는 소유보다 사용에 훨씬 큰 관심을 기울인다. 누가 칼을 가지고 있다고 해서, 그가 칼을 올바로 사용할 것이라고 무턱대고 가정할 수는 없다. 그는 칼을 내던져 버릴 수도 있고, 칼로 무엇을 벨 수도 있으며, 칼을 갈거나 또 다른 방식으로 사용할 수도 있다. 우리가 관심을 갖는 것은 사용이다. 따라서 개인심리학 외에도 **사용심리학**으로 간주될 수 있는 다른 방향의 심리학도 있을 수 있다. 삶의 과제에 대한 개인의 태도를 고려함으로써 개인을 이해하고자 하는 개인심리학은 사용을 고려한다. 어느 누구도 자신의 능력 밖에 있는 것을 사용할 수는 없으며 늘 인간의 능력 범위 안에 머물 수밖에 없다는 사실은 제대로 사고하는 사람이라면 너무나 당연한 것이다. 물론 이런 능력의 범위에 대해 우리가 최종적으로 말할 수 있는 것은 아무것도 없다. 이런 당연한 것에 대해 아직도 이야기해야 한다는 사실이 안타까울 뿐이며, 이것은 심리학에서 무지가 얼마나 맹위를 떨치고 있는지를 보여주는 증거라 하겠다.

능력의 사용과 관련해 우리는 다음과 같이 말할 수 있다. 개인심리학이 내린 가장 대담한 결정은 개인의 정신생활에 담긴 운동 법칙이 그 사람의 특성을 좌우하는 결정적인 요인이라고 선언한 것이다. 비록 운

11. 성도착

동을 형태로 관찰하기 위해서는 이것을 동결시킬 필요가 있지만, 우리는 언제나 모든 것이 운동이라는 관점에서 사물을 바라보며, 나아가 오직 이럴 때만 문제의 해결과 어려움의 극복이 가능하다는 사실을 깨달았다. 어려움의 극복이 쾌락원칙과 충돌한다고 말할 필요는 없다. 왜냐하면 쾌락의 추구도 결여 또는 불쾌한 감각을 극복하려는 노력이기 때문이다. 우리는 성도착도 이런 관점에서 보아야 할 것이다. 그래야 비로소 개인심리학이 요구하는 것처럼 우선 운동의 장을 조명하는 것이 가능할 것이다. 설령 이때 우리가 성도착 구조의 공식 또는 기본 특징을 발견하게 되더라도, 이를 통해 개별 사례가 충분히 조명된 것은 아니라는 점을 나는 분명히 강조하고 싶다. 모든 개별 사례는 유일무이하며 결코 반복되지 않는다. 그래서 예컨대 누구를 치료하려 할 경우에 일반화된 상투어는 아무짝에도 쓸모없다. 사용심리학의 관점에서 볼 때, 평소의 사회적인 연관 관계에서 분리된 개인은 그의 특성에 관해 아무것도 말해 주지 않는다. 우리가 그의 특성에 관해 무언가 진술할 수 있으려면, 먼저 개인을 삶의 시험대에 올려놓고 개인의 능력이 어떻게 사용되는지를 관찰해야 한다. 이런 의미에서 개인심리학은 이보다 훨씬 제한된 실험심리학과 비슷한 면이 있는데, 다만 여기서는 삶이 문제를 제시한다는 점이 다르다. 개인이 직면하는 외인성 요인은 우리의 관찰을 위해 아주 중요한 의미를 지니며, 우리는 바로 이 유일무이한 개인이 당면 문제에 대해 어떤 관계를 맺는지를 이해해야 한다. 우리는 양쪽을 모두 관찰하면서 이 개인이 외적 문제에 직면해 어떻게 움직이는지를 살펴야 한다. 우리는 개인이 문제를 어떻게 극복하려고 애쓰는지를 관찰한다.

개인이 언제나 사회적인 성격을 지니는 과제에 직면해 보이는 거동 또는 운동 법칙이 바로 개인심리학의 관찰 영역이다. 우리는 여기서 수백만 가지의 다양한 사례를 마주하게 된다. 이 엄청난 다양성 앞에서 길을 잃지 않으려면 전형적인 것을 임시로 가정해야 하지만, 전형적인 것으로 가정된 것은 언제나 변형을 드러내며 이것을 나중에 확인해야 한다는 사실을 잊지 말아야 한다. 전형적인 것에 대한 이해는 연구의 장을 조명할 뿐이며, 거기서 개인을 발견해 내는 어려운 과제가 비로소 시작된다. 이를 위해서는 섬세한 감각이 필요한데, 이는 연습을 통해 습득할 수 있다. 나아가 당면 문제의 심각성과 중압감을 개인의 입장에서 올바로 이해하려면 개인의 생활양식을 올바로 파악하기 위한, 즉 개인의 특성을 전체 맥락에서 파악하기 위한 섬세한 공감능력과 충분한 사회적 경험이 필요하다. 우리가 이때 지각하는 운동 법칙은 네 가지 전형적인 형태로 구별할 수 있는데, 이에 관해서는 『개인심리학 저널』에 실린 최근 두 논문에서 기술한 바 있다.[20]

성도착자는 성생활의 과제에서 일반인과 다른 운동 형태를 보일 뿐만 아니라 **축소된 행진 폭**verengerte Aufmarschbreite을 보인다는 점에서도 눈에 띈다. 이들의 행진 폭은[즉 문제 해결을 위해 나서는 도전의 크기는] 정상 범위에 미치지 못하고 매우 협소하며, 때문에 물신숭배Fetischismus 같은 형태를 통해 문제의 일부만을 해결할 뿐이다. 이때 우리는 이런 모든 운동 형태가 열등감의 극복이라는 목표를 위해 정상적인 것을 배제하려 한다는 사실을 이해할 필요가 있다. 이런 관점에서 출발하여 어떤 사람의 운동을 관찰할 때, 즉 어떤 사람이 자신의 견해에 따라 자신의 능력을 사용하는 방식을 관찰할 때, 우리는 이 사람이 자신도 모르게, 즉 단어와 개념으로 표현하지 못한 채 삶에 부여하는 의미를 추측할 수 있으며, 그가 사랑의 문제에 전적으로 헌신하지 못한 채 거리를 두거나 나아가길 망설이면서 시간을 허비할 때 그가 어떤 극복의 목표를 추구하며 어떤 만족감을 극복으로 간주하는지를 추측할 수 있다. 여기서 누구는 지연 전술로 전투에서 승리한 고대 로마의 장군 파비우스 막시무스 쿤크타토르 Fabius Maximus Cunctator를 예로 들지 모르지만, 여기서 우리가 다시 확인할 수 있는 것은 완고하게 규칙을 고집해서는 안 된다는 점일 뿐이다. 이런 극복의 목표는 성적인 신경증(불감증, 조루 등)에서도 분명하게 나타난다. 문제를 건드리기는 하지만 거리를 둔 채 망설이면서 다른 사람과 협력하지 않기 때문에 문제의 해결로 이어지질 않는다. 이런 운동 형태에서는 배제 성향도 발견되는데, 이것은 혼합성애가 아닌 순수한 형태의 동성애에서 가장 강력하게 나타난다. 그 밖에 물신숭배나 가학성애 Sadismus 같은 경우에도 배제 성향이 작용한다. 후자의 경우에는 문제의 해결로 이어지지 않는 강력한 공격성이 발견되며, 성적 흥분이 다른 사람에 대한 억압으로 이어지는 기묘한 형태의 망설임 또는 배제가 관찰된다. 이것은 문제의 잘못된, 즉 일방적인 해결을 촉발하는 욕망의 강력한 쇄도라 하겠다. 마찬가지로 피학성애의 경우에도 우월의 목표는 두 가지 방향으로 이해될 수 있다. 즉 피학성애자는 무력감 속에서도 자신이 파트너에게 명령을 내리는 사령관이라고 느끼는 동시에 다른 한편으로는 정상적인 보폭으로 행진할 경우 겪을지 모를 패배의 가능성을 차단하려 한다. 그는 이런 속임수를 통해 **불안한 긴장감**을 극복하려 한다.

개인의 태도를 관찰할 때 우리는 다음과 같은 점을 확인할 수 있다. 어떤 사람이 특정한 운동 형태를 따른다는 것은 다른 형태의 문제 해결 가능성이 배제되었음을 의미한다. 이런 배제는 우연한 것이 아니다. 이런 운동 과정이 훈련된 것이듯이 배제도 훈련된 것이다. 훈련되지 않은 성도착은 존재하지 않는다. 다만 이것을 관찰하기 위해서는 운동에 주목할 필요가 있다. 그런가 하면 우리가 강조해야 할 또 다른 관점이 있다. 어떤 문제에 직면했을 때, 문제 전체를 풀려고 노력하는 것이 정상적인 운동 과정일 것이다. 그러나 앞서 언급한 운동에서는 이런 준비가 전혀 발견되지 않는다. 만약 우리가 개인의 유아기까지 거슬러 올라갈 수 있다면, 이 시기에 타고난 능력과 가능성을 바탕으로 외부 영향의 자극을 받아 일종의 원형Prototyp이 형성되는 것을 관찰할 수 있을 것이다. 그러나 아이의 신체 기관에 발생하는 온갖 영향과 경험을 바탕으로[21] 아이가 무엇을 만들어 낼지를 우리가 미리 알 수는 없다. 이때 아이는 자유의 왕국에서 창조력을 발휘하며, 우리는 그저 수많은 개연성을 마주할 뿐이다. 나는 늘 이 점을 강조해 왔으며 이것의 인과적 작용을 부정하기 위해 애썼다. 허약한 내분비 기관을 가지고 태어난 아이는 필연적으로 신경증 환자가 될 것이라고 말하는 것은 옳지 않다. 그러나 사회적 접촉을 촉진하는 방향으로 양육자의 올바른 개입이 이뤄지지 않을 경우, 일반적으로 특정 체험이 대략 비슷한 경향으로 표현되는 것은 어느 정도 사실이다. 환경의 영향력도 아이가 이를 바탕으로 무엇을 만들어 낼지를 예측할 수 있을 만큼 명확하게 작용하는 것은 아니다. 이와 관련해서는 자유와 오류의 영역에서 온갖 것이 가능하다. 누구나 오류

11. 성도착

를 범할 수 있으며, 절대적인 진리를 손에 쥔 사람은 어디에도 없다. 개인의 원형이 어느 정도 정상적인 인간으로 성장하려면 협력을 위한 자극이 제공되어야 한다. 왜냐하면 개인의 전체 발달은 만 2~4세의 시기에 얼마나 많은 접촉감을 발달시키느냐에 달려 있기 때문이다. 이미 이 시기에 개인의 연대 능력의 크기를 가늠할 수 있다. 이런 관점에서 개인의 실패를 고찰할 때, 우리는 잘못된 모든 운동 형태를 사회적 접촉 능력의 결여로 설명할 수 있다는 사실을 알게 된다. 나아가 당사자는 자신의 특성을 바탕으로 준비되지 않은 다른 모든 형태에 저항할 수밖에 없다. 때문에 우리는 이런 사람들에 대해 판단을 내릴 때 관대할 필요가 있는데, 왜냐하면 이들에게는 사회적 관심을 충분히 발달시키기 위한 학습이 결여되어 있기 때문이다. 이 점을 이해한다면, 사랑의 문제가 사회적 문제이며, 다른 사람에 대한 관심이 매우 부족하거나 자신이 인류의 발전에 동참한다는 사실을 받아들이지 못하는 사람의 문제라는 사실도 이해할 것이다. 이런 사람은 사랑의 문제를 해결할 줄 아는 사람과는 다른 운동 법칙을 보일 것이다. 따라서 우리는 모든 성도착자가 삶의 동반자로 성장하지 못했다는 사실을 확인할 수 있을 것이다.

그런가 하면 우리는 실패의 원천을 찾아냄으로써 접촉 능력이 결여된 아이가 잘못된 길로 빠져드는 이유도 이해할 수 있다. 사회적 삶에서 접촉 능력의 결여를 초래하는 가장 강력한 계기가 되는 현상은 **응석받이**다. 왜냐하면 응석둥이는 응석을 받아 주는 사람과만 접촉하려 하며 그래서 다른 모든 사람을 배제하는 길로 오도되기 때문이다. 물론 성도착을 보이는 개개인마다 또 다른 영향력의 작용을 증명할 수 있을 것이다. 이럴 때 사람들은 아이가 이런저런 체험의 작용 때문에 이성에 대한 관계에서 이런저런 방향으로 처신하는 운동 법칙이 형성되었다고 말할 수 있을 것이다. 그런데 모든 성도착자의 운동 법칙은 사랑의 문제뿐만 아니라 준비되지 않은 모든 시험 상황에서 드러난다. 때문에 성도착의 경우에도 과민, 조급함, 감정이 갑자기 폭발하는 성향, 탐욕 같은 신경증의 모든 성격 특성이 발견되며, 또한 모든 성도착자는 자신이 그럴수밖에 없는 처지에 놓여 있다고 합리화한다. 이들의 소유욕은 자신의 특성을 통해 규정된 계획의 관철을 지향하면서 다른 운동 형태에 대해서는 강력히 저항하는데, 이 때문에 다른 사람이 위험에 처할 가능성을 (치정 살인, 가학성애 등) 완전히 배제할 수 없다.

나는 훈련을 통해 특정 형태의 성도착이 형성되는 과정을, 다시 말해 특정한 성도착이 이런 훈련을 바탕으로 형성될 수 있음을 보여 주는 관찰을 제시하고자 한다. 이런 훈련은 물질적으로만 이루어지는 것이 아니며 생각이나 꿈을 통해서도 이루어질 수 있다는 사실을 이해할 필요가 있다. 개인심리학은 이 점을 중시하는데, 왜냐하면 많은 사람은 성도착의 꿈 같은 것이 타고난 동성애 기질을 보여 주는 증거라고 믿는 반면에, 우리는 꿈에 대한 우리의 견해를 바탕으로 동성애에 관한 꿈이 동성에 대한 관심을 발달시키고 이성에 대한 관심을 차단하는 방향으로 훈련될 수 있다는 사실을 확인할 수 있기 때문이다. 나는 성도착을 이야기하기에는 너무 이른 시기에도 이런 훈련이 일어날 수 있다는 사실을 예를 통해 설명하고자 한다. 내가 예시할 두 꿈은 꿈속에서도 운동 법칙을 확인할 수 있음을 보여 준다. 개인심리학적 지식을 갖춘 사람이라면 아주 작은 순간을 통해서도 개인의 전체 삶의 형태를 연구할 수 있다는 사실이 그다지 놀랍지 않을 것이다. 물론 몽상을 올바로 이해하고 이것을 생활양식에 제대로 연결 지을 경우 당면 문제에 대한 개인의 태도를 이해하는 데, 즉 개인의 고착된 생활양식을 통해 강제된 태도를 이해하는 데 큰 도움이 되는 것은 사실이지만, 우리는 몽상 외에 꿈의 내용을 통해서도 개인의 전체 삶의 형태를 확인할 수 있어야 한다. 우리가 하는 일은 탐정의 작업과도 비슷하다. 왜냐하면 우리의 과제를 위해 필요한 모든 자료가 우리의 손아귀에 있는 것은 아니기 때문이다. 우리는 개인의 통일성을 확인하기 위해 직감의 능력을 한껏 발휘해야만 한다.

첫 번째 꿈

"나는 전쟁이 벌어진 미래 시대에 있었어요. 모든 성인 남성과 심지어 10세 이상의 모든 소년이 군에 입대해야 했어요……." 이 첫 번째 문장을 바탕으로 개인심리학자라면 한 아이가 삶의 위험과 타인의 무자비에 주목하고 있음을 추론할 수 있을 것이다.

"……그런데 어느 날 저녁 잠에서 깨어났는데 내가 병원 침대에 누워 있었어요. 그리고 침대 옆에는 부모님이 앉아 계셨어요."

이미지의 이런 선택은 그가 응석둥이임을 시사한다.

"나는 부모님에게 무슨 일이냐고 물었어요. 그러자 부모님은 전쟁이 일어났다고 말했어요. 부모님은 내가 전쟁 때문에 해를 입지 않도록 나를 수술해 소녀로 만들려고 하셨어요."

여기에서 우리는 부모가 그를 얼마나 아끼는지 알 수 있다. 만약 그가 위험에 처한다면, 그는 전적으로 부모에게 의존할 것이다. 이것은 응석둥이로 자란 아이의 표현 형태다. 우리는 우리에게 필연적으로 허용된 범위 이상으로 추론하지 않을 것이다. 우리는 작업을 진행하면서 최대한 회의적인 태도를 취할 의무가 있다. 여기서는 성전환의 문제가 등장한다. 아직 여러모로 불확실한 과학적 시도를 제외하면, 소년을 소녀로 전환시키는 것은 비전문가적인 상상일 뿐이다. 이 꿈은 성에 대한 소년의 불확실성을 보여 준다. 여기서 우리는 이 소년이 자신의 성 역할에 대해 확신하지 못하고 있음을 볼 수 있다. 그가 이제 열두 살밖에 되지 않았다는 사실을 알면 많은 사람이 깜짝 놀랄 것이다. 우리는 그가 어떻게 이런 생각을 하게 되었는지를 관찰하게 될 것이다. 이제 전쟁 같은 과제에 직면한 그에게는 삶이 받아들일 수 없는 것이 되었다. 그래서 그는 이에 저항한다.

"소녀는 전쟁터에 끌려가지 않아도 돼요. 설령 내가 입대하더라도, 총을 맞아 내 성기가 잘려 나갈 일은 없겠죠. 내게는 다른 소년들처럼 그것이 없으니까요."

전장에서 성기를 잃을지 모른다는 것은 거세를 지지하는 논거가 되기도 어렵고 전쟁을 거부하는 공동체 감정의 표현으로 보기도 어렵다.

"그런데 내가 집으로 돌아오자 기적처럼 전쟁이 중단되었어요."

다시 말해 수술이 불필요했던 셈이다. 이제 그는 어떻게 할 것인가?

"어쩌면 내가 소녀처럼 행동할 필요는 없겠죠. 어쩌면 전쟁은 다시 일어나지 않겠죠."

여기서 우리는 그가 자신의 소년 역할에서 완전히 자유롭지는 않

11. 성도착

다는 것을 알 수 있다. 우리는 이것을 그의 운동 법칙에서 확인할 수 있다. 그는 남성의 입장에서 조금 더 전진해 보려고 애쓴다.

"집에 돌아온 나는 큰 슬픔에 잠겨 한참 울었어요."

자주 우는 아이는 응석둥이다.

"왜 우냐고 부모님이 물었을 때, 나는 내가 여자로 간주될까 봐, 어른이 되면 산고를 겪게 될까 봐 걱정된다고 말했어요."

그에게 여성의 역할은 전혀 쓸모없는 것이었다. 우리는 불쾌한 모든 것을 회피하려는 소년의 목표를 확인할 수 있는 올바른 길로 접어들었다. 나는 그동안 성도착자들을 관찰하면서 이들이 어린 시절에 종종 불확실한 상황 속에서 응석둥이로 자랐으며, 적어도 사회적 인정, 즉각적인 성공, 개인적이고 탐욕적인 우월감 등에 대한 갈망이 매우 크다는 사실을 발견했다. 이런 경우에 아이는 자신이 소년인지 아니면 소녀인지를 확신하지 못할 수도 있다⋯⋯. 이런 상황에서 그는 어떻게 해야 할까? 그는 남성의 입장에서든 여성의 입장에서든 희망을 찾지 못한다.

"다음 날 나는 내가 속한 소년단으로 갔어요. 나는 실제로 보이 스카우트 단원이었거든요."

우리는 그가 그곳에서 어떻게 처신했을지를 어렵지 않게 상상할 수 있다.

"우리 소년단에서 아이들과 어울리지 못하는 소녀가 한 명 있는 것을 봤어요."

이것은 성을 분리하려는 시도라 하겠다.

"사내아이들이 나를 불렀어요. 나는 내가 여자라고 말한 뒤에 혼자 있는 소녀에게로 갔어요. 내가 더 이상 사내아이가 아니라는 사실이 매우 이상하게 느껴졌고, 이제 소녀로서 어떻게 처신해야 할지에 관해 곰곰이 생각했어요."

소녀로서 어떻게 처신해야 하는가라는 물음이 갑자기 제기된다.

바로 이것이 훈련이다. 모든 성도착자의 훈련 과정을 관찰한 사람만이, 모든 성도착자가 어떻게 규범을 배제할 수밖에 없는 처지에 놓이게 되는지를 관찰한 사람만이 성도착이 당사자 스스로 만들어 낸 인공물이라는 사실을 이해할 것이다. 당사자는 스스로 만들어 낸 심리적 기질을 통해 성도착이라는 인공물로 인도된다. 그리고 때로는 타고난 신체 기질 때문에 이런 방향 전환이 더 용이해지기도 한다.

"곰곰이 생각에 잠겼던 나는 쿵 하는 소리에 잠에서 깨어나 벽에 머리를 부딪친 것을 알게 되었어요."

꿈꾸는 사람은 종종 자신의 운동 법칙에 상응하는 태도를 보인다.[22] '벽에 머리를 부딪친다'는 것은 흔히 사용되는 어법이다. 우리에게는 그의 행동이 벽에 머리를 부딪치는 것처럼 무모해 보인다.

"이 꿈은 매우 인상적이었어요……."

꿈의 의미는 인상을 남기는 데 있다.

"……그래서 학교에 가서도 내가 사내아이인지 계집아이인지 확신이 서질 않아, 쉬는 시간이면 화장실로 달려가 혹시 내가 소녀는 아닌지 살펴보곤 했어요."

두 번째 꿈

"나는 우리 반의 유일한 여자아이를 만나는 꿈을 꿨어요. 나는 전에도 이 소녀에 대한 꿈을 꾼 적이 있어요. 소녀는 내게 함께 산책을 가자고 했어요. 그래서 나는 사내아이와만 산책을 간다고 답했어요. 그러자 소녀는 자신도 사내아이라고 했어요. 나는 그 말을 믿을 수 없으니 증명해 보이라고 했어요. 그러자 소녀는 내게 사내아이와 같은 성기를 보여 주었어요. 나는 어떻게 이럴 수가 있느냐고 물었어요. 소녀는 수술을 했다고 답했어요. 사내아이를 계집아이로 바꾸는 것은 쉽지만, 거꾸로는 뭔가를 붙여야 하므로 더 어려워요. 소녀는 고무로 된 사내아이 성기를 꿰매 붙였어요. 그러다 '일어나!' 하는 큰 소리에 우리는 토론을 중단하고 말았어요. 부모님이 나를 깨웠거든요. 나는 겨우 허락을 받고 5분 더 뒹굴 수 있었지만, 나는 마술사가 아니라서 그 꿈을 다시 꿀 수는 없었어요."

특정 유형의 응석둥이에게서는 마술을 좋아하는 성향이 발견된다. 이런 아이에게 마술은 가장 중요한 것이다. 이런 아이는 노력과 수고 없이 모든 것을 얻으려 하며 텔레파시에 관심이 많다.

이제 소년이 이 꿈을 어떻게 설명하는지 들어 보자.

"전쟁에 관한 책에서 성기가 공중을 날아다닌다는 이야기를 읽었어요. 그리고 성기를 잃으면 죽는다고 들었어요."

여기서 우리는 소년이 성기를 얼마나 중시하는지를 알 수 있다. "신문 제1면에서 두 가정부가 2시간 만에 군인으로 탈바꿈했다는 기사를 보았어요."

이것은 기형 생식기에 대한 오해에서 비롯한 듯하다.

나는 여기서 언급된 모든 토론을 더 간명하게 바라볼 수 있는 관점을 결론 삼아 소개하고자 한다. 세상에는 소녀인지 아니면 소년인지를 판별하기가 정말로 어려운 자웅동체가 실제로 존재한다. 이런 경우에는 당사자 스스로가 자웅동체를 어떻게 사용할지 결정한다. 반면에 가성자웅동체Pseudohermaphrodit의 경우에는 언뜻 보기에 이성의 것과 유사한 기형이 존재한다. 실제로 모든 사람에게는 소변에서 이성의 성호르몬이 발견되는 것처럼 이성의 부분들이 흔적으로 남아 있다. 이럴 때 사람들은 개인 안에 쌍둥이가 숨어 있는 것이 아닌가 하는 기발한 생각을 하게 된다. 쌍둥이의 시사점은 아주 다양하며, 양성 형태의 공존 문제는 미래에 쌍둥이의 문제를 통해 해결될지 모른다. 우리가 알다시피 모든 사람은 남성의 물질과 여성의 물질을 바탕으로 태어난다. 어쩌면 쌍둥이 연구는 모든 사람에게 잠재되어 있는 자웅동체의 문제를 해명하는 데 크게 기여할지 모른다.

치료와 관련해서 성도착이 치료 불가능하다는 이야기를 자주 듣는다. 그러나 불가능한 것은 아니며, 단지 어려울 뿐이다. 치유가 어려운 까닭은 이들이 삶의 과정 속에서 성도착에 훈련된 사람들이기 때문이다. 이들의 제한된 운동 법칙이 사태의 전개를 규정하기 때문이다. 이들이 이 방향으로 갈 수밖에 없는 까닭은 아주 어릴 적부터 몸과 마음을 올바로 사용하는 데 필요한 사회적 접촉을 발견하지 못했기 때문이다. 올바른 사용은 공동체 감정이 발달한 경우에만 가능하다. 이렇게 볼 때 상당수의 성도착자는 치유가 가능할 것이다.

12. 아동기의 최초 기억

자아의 통일성에 대한 우리의 지식이 아직 보잘것없더라도, 우리는 이 것에서 결코 자유로울 수 없다. 다분히 쓸모없는 다양한 관점에서 통일 적인 정신생활을 해부하는 것이 가능하며, 몇 가지 공간적 개념을 보완 적으로 또는 상반되게 결합하여 통일적인 자아를 설명할 수도 있고, 또 는 의식, 무의식, 성욕, 외부 세계 등을 바탕으로 통일적인 자아를 전개 하려고 시도할 수도 있다. 그러나 결국에는 말을 모는 기수와도 같이 모 든 것을 총괄하는 통일적인 자아의 작용을 다시 인정할 수밖에 없다. 그 리고 이와 관련된 개인심리학의 업적은 더 이상 부정될 수 없다. '자아 Ich'는 현대 심리학에서 명예를 회복했다. 심지어 무의식 또는 '원초아Es' 에서 '자아'를 퇴출시켰다고 믿는 사람들조차 결국에는 '원초아'가 예의 바르든 무례하든 '자아'처럼 행동하는 것을 보게 된다. 이른바 의식 또 는 자아 안에도 '무의식'이 또는 내 표현을 사용하자면 몰이해가 가득하 다는 점과 자아가 늘 다양한 정도의 공동체 감정을 드러낸다는 점은 개

12. 아동기의 최초 기억

인심리학을 바탕으로 "결코 자유로워질 수 없는 포로"를 만들어 낸 정신분석의 인위적인 체계에서조차 점점 더 부정할 수 없는 사실로서 받아들여지고 있다.

나는 일찌감치 정신생활의 결코 깨뜨릴 수 없는 통일성을 명확히 하기 위해 노력하면서 자연스럽게 기억의 기능과 구조에 관심을 갖게 되었다. 이 과정에서 나는 기억을 결코 잡다한 인상과 감각의 집결지로 볼 수 없다는 옛 저자들의 견해를 재확인할 수 있었다. 인상은 '므네메 Mneme'*처럼 들러붙어 있지 않다. 오히려 기억의 기능은 통일적인 정신생활의 능력과, 다시 말해 지각의 기능과 비슷하게 잡다한 인상을 완성된 생활양식에 맞게 조정하고 사용하는 자아의 능력과 관련이 있다. 식인종의 표현을 사용하자면, 기억의 과제는 인상을 먹어 치워 소화하는 것이라고 말할 수 있겠다. 물론 그렇다고 해서 기억에 가학성이 있다는 뜻은 아니다. 그런데 소화 과정은 생활양식에 따라 다르다. 생활양식에 맞지 않는 것은 배척되거나 잊히며 또는 경고 사례로 보관된다. 이것을 결정하는 것은 생활양식이다. 경고로 받아들여질 경우, 소화할 수 없는 인상은 이런 목적으로 사용된다. 이와 관련해 우리는 조심성이 많은 사람의 성격 특성을 생각해 볼 수 있다. 조심성이 많은 사람은 많은 것들을 절반만 또는 4분의 1이나 1000분의 1만 소화한다. 그러나 때로는 인상에 붙어 있는 감정이나 태도만이 단어나 개념의 기억 또는 이것의 일부와 뒤섞인 채로 소화되기도 한다. 평소에 알고 지내던 사람의 이름이

---

* 동물학자 리하르트 제몬Richard Semon이 과거 자극의 기억흔적이라는 의미로 사용한 단어

생각나지 않는 경우를 상상해 보라. 그렇다고 해서 반드시 그를 싫어하거나 그가 내게 불쾌한 기억을 떠올리게 할 필요는 없다. 이 사람의 이름이나 인물 자체가 바로 이 시점에 또는 언제나 내 생활양식을 통해 규정된 내 관심 밖에 있을 수도 있다. 그래도 나는 이 사람과 관련해 내게 중요해 보이는 모든 것을 알 수 있다. 이 사람이 내 앞에 서 있다. 나는 그를 여러 사람 중에서 찾아낼 수 있고, 그에 관해 많은 것을 이야기할 수 있다. 게다가 이름이 기억나지 않기 때문에 이 사람이 내 의식 속에 아주 뚜렷이 남아 있다. 다시 말해 내 기억은 위에 서술한 목적이나 그 밖의 다른 목적을 위해 전체 인상의 일부를 또는 인상 전체를 사라지게 만들 수 있다. 이것은 개인의 생활양식에 따른 예술가적 능력이다. 따라서 단어로 포장된 체험보다 훨씬 많은 것이 인상 전체에 담겨 있다. 개인의 통각을 바탕으로 개인의 특성에 부합하는 지각이 기억에 제공된다. 그리고 이렇게 형성된 인상에 개인의 특성을 바탕으로 감정과 태도가 결합한다. 게다가 이런 감정과 태도도 개인의 운동 법칙을 따른다. 이런 소화 과정을 거쳐 남는 것이 바로 우리가 기억이라고 부르는 것인데, 이것은 단어로 표현될 수도 있고 감정이나 외부 세계에 대한 태도로 표현될 수도 있다. 이 과정은 우리가 대강 기억의 기능이라고 부르는 것을 포괄한다. 따라서 개인의 특성과 무관하고 객관적인 재생이라는 이상은 존재하지 않는다. 때문에 우리는 기억의 형태가 생활양식의 형태만큼이나 다양할 것이라고 가정할 수 있다.

특정한 생활 형태와 기억의 관계를 보여 주는 가장 흔한 예를 통해 이 사실을 설명해 보겠다.

12. 아동기의 최초 기억

아내가 '모든 것'을 잊는다고 투덜대는 남성이 있었다. 의사라면 일단 뇌의 질병 가능성을 생각할 것이다. 그러나 이 경우에는 이런 가능성이 없었으므로 나는 일단 환자의 증상을 보류한 채(이 것은 많은 심리치료사가 제대로 이해하지 못하는 필수 절차다) 환자의 생활양식에 주목했다. 아내는 조용하고 친절하며 총명한 사람이었으며, 시부모의 반대를 무릅쓰고 지배욕이 강한 남편과 결혼했다. 결혼 생활 중에 남편은 아내가 자신에게 경제적으로 의존한다는 사실과 하류층 출신이라는 점을 종종 지적하곤 했다. 아내는 남편의 꾸짖음과 잔소리를 대개 말없이 인내했다. 때로는 양쪽 모두에서 이혼 문제가 제기되기도 했다. 그러나 지배욕이 강한 남편은 아내를 어렵지 않게 지배할 수 있었기 때문에 이혼을 결심하지는 않았다.

아내는 친절하고 사랑을 아끼지 않는 부모 밑에서 외딸로 자랐으며 한 번도 부모로부터 꾸중을 들은 적이 없었다. 아내는 어릴 적부터 혼자서 놀거나 무엇을 하는 것을 좋아했는데, 부모는 이것을 문제 삼지 않았으며, 특히 가끔 친절한 사람들과 함께 있는 자리에서는 예의 바르게 행동했기 때문에 전혀 문제가 되어 보이지 않았다. 그러나 결혼 후에도 아내는 아내의 표현을 빌리자면 혼자 있는 시간, 독서 시간, 휴식 시간 등이 남편이나 모임 때문에 단축되는 것을 꺼려했으며, 반면에 남편은 아내에게 자신의 우월을 과시할 수 있는 기회를 많이 갖고자 했다. 그 밖에도 아내는 주부의 의무를 다하는 데 지나칠 정도로 열의를 보였다.

다만 남편의 지시를 이행하는 일은 유난히 자주 잊곤 했다.

아내의 어릴 적 기억에 따르면 늘 혼자서 임무를 완수할 때 큰 기쁨을 느끼곤 했다고 한다.

훈련받은 개인심리학자라면 이 여성의 생활 형태가 혼자서 임무를 수행하기에는 매우 적합하다는 사실을 금세 알 수 있다. 그러나 사랑과 결혼 같은 과제를 위해서는 지나친 면이 있다. 배우자는 그의 특성 때문에 아내에게 이런 능력을 가르쳐 주지 못했다. 완전을 향한 아내의 목표는 개인 작업에 초점을 맞추고 있었다. 이 면에서 아내는 흠잡을 데가 없었다. 그리고 이 면에만 주목하는 사람은 아내의 문제를 전혀 발견하지 못할 것이다. 그러나 아내는 사랑과 결혼에 대해서는 제대로 준비되지 않았다. 이 면에서 아내에게는 동참의 능력이 부족했다. 이를 바탕으로 한 가지만 추측해 보자면 아마도 이 여성의 성생활은 불감증의 형태를 띨 것이다. 이제 우리는 보류했던 증상을 다시 고찰할 수 있게 되었다. 아니, 우리는 이미 그것을 이해하고 있다. 이 여성의 망각은 준비되지 않았고 완전을 향한 자신의 목표에 포함되지도 않은 강요된 협력에 대한 덜 공격적인 형태의 저항이었다.

물론 이렇게 짧은 묘사를 바탕으로 개인의 복잡하게 얽힌 인공물을 인식하고 이해하기란 쉬운 일이 아닐 것이다. 그러나 모든 것을 심리 분석의 대상으로 삼는 프로이트와 그의 제자들이 개인심리학에서 도출하려는 이론은 우려스러울 뿐만 아니라 자기모순적인데, 왜냐하면 환자는 우리의 견해에 따르면 '그저' 주위의 이목을 끌고 더 많은 관심을 받고자 할 뿐이기 때문이다.

그런가 하면 사람들은 증상이 가벼운가 아니면 심각한가라는 물음을 자주 던진다. 우리의 견해에 따르면 이에 대한 판단은 전적으로 당사자의 공동체 감정의 크기에 달렸다. 위 사례의 경우에 쉽게 이해할 수 있듯이 이 여성의 오류는, 즉 협력과 공생을 위한 준비의 부족은 쉽게 훈련될 수 있었는데, 왜냐하면 이 여성은 그저 망각을 통해 인생의 가장 중요한 한 가지 과제를 태만히 할 수 있었기 때문이다. 의사의 친절한 상담과 공동 노력을 통해 이 여성은 이 문제를 깨달았다. 남편에 대한 의사의 교육이 동시에 진행되자 이 여성을 옭아맸던 마녀의 원 Hexenkreis(프리츠 퀸켈Fritz Künkel은 이것을 장난스럽게 악순환Teufelskreis이라고 불렀고, 프로이트는 마법의 고리Zauberkreis라고 불렀다)이 풀렸고 동력을 상실한 망각 성향도 사라져 버렸다.

이제 우리는 체험이 처음부터 거부되지 않고 개인에게 일정한 영향을 미친 한에서 모든 기억이 자아의 생활양식에 기초한 인상 처리의 결과라는 사실을 이해할 수 있다. 이것은 어느 정도 고착된 기억뿐만 아니라 결함투성이의 기억, 떠올리기 어려운 기억 또는 더 이상 언어로 표현되지 않고 기분이나 태도로만 확인되는 기억에도 해당한다. 여기서 우리가 얻을 수 있는 비교적 중요한 통찰은 개인의 사고, 감정, 태도에 녹아 있는 그 사람의 기억을 분명히 밝혀야만 완전의 목표를 지향하는 모든 심리적 운동 과정을 제대로 이해할 수 있다는 점이다. 우리가 이미 알고 있듯이 자아는 언어를 통해 표현될 뿐만 아니라 감정과 태도를 통해서도 표현되며, 자아의 통일성을 탐구하는 과학이라면 개인심리학이 발견한 기관의 방언Organdialekt, 方言을 무시할 수 없을 것이다. 우리와 외부 세계 사이의 접촉은 우리의 신체와 영혼의 모든 섬유 조직을 통해 유지된다. 우리는 개별 사례에서 이 접촉이 유지되는 방식에, 특히 잘못된 방식에 관심을 가져야 한다. 그리고 이런 절차를 통해 나는 어떤 방식으로든 표현되는 개인의 기억을 그 사람의 생활양식의 일부로서 해석하고 평가하는 매력적이고도 가치 있는 과제에 직면하게 되었다. 이때 무엇보다도 가장 오래된 기억으로 간주된 것에 관심을 갖는 이유는 이것을 통해 유아기에 이루어진 생활양식의 창조적 구축에 좀 더 근접한 실제의 또는 환상 속의 사건, 정확하게 또는 변형되어 기억된 사건을 조명할수 있으며, 나아가 생활양식에 기초한 사건 처리를 상당 부분 추론할 수있기 때문이다. 이때 우리에게 중요한 과제는 누구에게나 어렵지 않게 기억의 내용으로 이해되는 것을 고찰하는 것이라기보다 여기에 깔려 있는 기분과 태도 및 구축 재료의 선택과 처리를 가늠하는 것이다. 특히 구축 재료의 선택과 처리를 가늠함으로써 우리는 생활양식의 필수 성분인 개인의 주요 관심을 발견할 수 있다. 이때 우리에게 매우 큰 도움이 되는 개인심리학의 주요 물음은 다음과 같다. 이 개인은 어디를 향해 나아가려 하는가? 이 개인은 자신과 삶에 대해 어떤 견해를 가지고 있는가? 이런 고찰에서 우리를 인도하는 것은 당연히 완전의 목표, 열등감(이것의 존재는 프로이트도 인정했듯이 아직 이해되지는 못하더라도 오늘날 이미 전 세계에 걸쳐 인정되고 있다), 열등 콤플렉스, 우월 콤플렉스, 공동체 감정과 이것의 장애에 관한 개인심리학의 확고한 시각이다. 그러나 이렇게 확립된 모든 시각은 우리의 시야를 비추는 데 기여할 뿐이며, 그 안에서 현재 관심의 대상이 되는 개인의 운동 법칙을 확인하는 일은 여전히 과제로 남아 있다.

이런 작업에서 제기되는 회의적인 물음은 개별 표현 형태의 다의성을 고려할 때 기억을 해석하고 기억과 생활양식의 연관성을 찾으려는 우리의 시도가 잘못된 길로 빠지지 않는다고 어떻게 확신할 수 있는가 하는 것이다. 물론 예술가적 감수성을 가지고 개인심리학적 탐구를 하는 사람이라면 미묘한 차이도 놓치지 않을지 모른다. 그러나 이런 사람도 온갖 종류의 오류를 차단하기 위한 노력을 게을리해서는 안 된다. 이를 위한 방법은 충분히 있다. 개인의 기억에서 그 사람의 진정한 운동 법칙을 발견한 경우, 그 사람의 다른 모든 표현 형태에서도 동일한 운동 법칙을 재발견할 수 있어야 한다. 온갖 종류의 실패를 치료해야 하는 경우에는 확인된 많은 사실을 증명할 수 있어야 하며, 그래서 결국에는 환자가 증명의 옳음을 확신할 수 있어야 한다. 그리고 의사 자신도 그의 특성에 따라 비교적 일찍 또는 늦게 확신에 도달할 것이다. 그러나 개인의 실패, 증상 및 잘못된 인생행로를 가늠할 수 있는 유일한 척도는 올바른 공동체 감정의 정도일 뿐이다.

이제 우리는 당연히 극도의 조심성과 최대의 경험을 바탕으로 대부분 가장 오래된 기억을 근거로 인생행로의 잘못된 방향, 공동체 감정의 결여 또는 그 반대를 확인할 수 있다. 이때 우리를 특히 인도하는 것은 공동체 감정의 결여 및 이것의 원인과 결과에 대한 지식이다. '우리' 또는 '나'의 상황에 관한 서술은 많은 것을 드러낸다. 또한 어머니에 대한 언급에서도 많은 것을 알 수 있다. 과거에 겪은 위험한 상황이나 사고, 징계와 처벌 등에 대한 기억은 삶의 적대적인 요인에 주목하는 성향이 강함을 시사한다. 동생의 출생에 대한 기억은 부모의 사랑을 독차지하던 지위에서 내몰리던 상황을 드러내며, 유치원 또는 학교를 처음 가던 때의 기억은 새로운 상황에서 어떤 인상을 받았는지를 말해 준다. 질병과 죽음에 대한 기억은 종종 이에 대한 두려움과 결부되어 있으며, 때로는 의사나 간호사 또는 이와 비슷한 사람이 되어 이런 위험에 더 잘 대처하겠다는 시도와 결부되기도 한다. 어머니와 함께 시골을 방문했던 기억, 또는 어머니, 아버지, 조부모 같은 특정인과 즐겁게 지냈던 시절의 이야기 등은 종종 아이의 응석을 받아 주었을 이 사람에 대한 애정뿐만 아니라 다른 사람에 대한 배척감을 드러내곤 한다. 아이가 저질렀던 비행, 도둑질, 성적인 사건 등에 대한 기억은 보통 이런 일을 앞으로도 경험에서 배제하려는 커다란 노력과 결부되어 있다. 그 밖에 시각, 청각, 신체 운동 등의 측면에서 발견되는 다른 성향들이 학교생활의 실패나 잘못된 직업 선택 등을 확인하는 데 큰 도움이 되기도 하고, 삶의 준비를 위해 더 적합한 직업을 조언할 수 있는 토대가 되기도 한다.

이제 몇 가지 예를 통해 아주 오래된 기억과 장기적인 인생 계획 사이의 연관성을 살펴보기로 하자.

홀어머니 밑에서 응석둥이 장남으로 자란 32세가량의 한 남성은 선택한 모든 직업에 제대로 적응하지 못했다. 그는 새 직장에 들어가면 곧바로 심각한 불안 증상에 시달렸고, 그러다 다시 집으

12. 아동기의 최초 기억

로 돌아오면 증상이 즉시 완화되었다. 그는 선량한 사람이었지만, 다른 사람들과 잘 어울리지는 못했다. 학창 시절에 늘 시험을 앞두고는 불안을 주체하지 못했으며, 피로를 호소하면서 학교에 결석하는 경우도 잦았다. 어머니는 그를 극진히 보살폈다. 그는 어머니의 이런 보살핌에만 제대로 준비되어 있었으므로 삶의 모든 과제와 모든 실패를 최대한 회피하는 것이 그가 추구한 우월의 목표였을 것이라고 추측할 수 있다. 그리고 어머니 곁에서는 이런 실패를 경험하지 않았다. 그는 늘 어머니 품속으로 도피하는 방법을 고수했기 때문에 신체적으로는 결코 미성숙하지 않았음에도 불구하고 미성숙한 사람의 특징을 띠었다. 그리고 애정을 느꼈던 첫 번째 소녀로부터 거절당한 후로는 아동기부터 검증된 수단인 어머니에게 후퇴하기가 두드러지게 더욱 강화되었다. 이 '외인성' 사건이 안긴 충격 때문에 그의 후퇴는 더욱 강화되었고, 그래서 그는 어머니를 떠나서는 어디서도 마음의 평화를 찾지 못했다. 그의 가장 오래된 아동기 기억은 다음과 같았다. "네 살쯤 되었을 때 어머니는 양말을 짜고 있었고 나는 창가에 앉아 길 건너편에서 집을 짓는 노동자들을 바라보았어요."

사람들은 이런 기억이 매우 하찮은 것이라고 말할 것이다. 그러나 결코 그렇지 않다. 그가 어떤 기억을 **가장 오래된 기억으로 선택하는지**를 관찰함으로써(그것이 실제로 가장 오래된 것인지 아닌지는 중요치 않다) 우리는 어떤 관심이 그를 이끌고 있는지를 추측할 수 있다. 생활양식에 기초한 그의 능동적인 기억 활동을 통해 찾아낸 사건은 그의 특성을 강력하게 반영하고 있다. 그것이 배려심 많은 어머니와 관련된 상황이라는 사실은 그가 응석둥이임을 시사한다. 나아가 그의 기억은 우리에게 또 다른 중요한 것을 말해 준다. 그는 **다른 사람들이 일하는 모습을 바라본다.** 삶을 위한 그의 준비는 구경꾼을 위한 것이다. 그의 관심은 이것을 거의 벗어나지 않는다. 그가 다른 것을 시도할 경우 그는 절벽 앞에 선 느낌을 받게 되고 충격 속에서(자신의 무가치를 마주하는 것에 대한 두려움 때문에) 후퇴하게 된다. 집에서 어머니와 함께 있을 때는, 그래서 다른 사람들이 일하는 모습을 지켜볼 때는, 그에게 아무 문제가 없어 보인다. 그의 운동 노선은 우월의 유일한 목표인 어머니에 대한 지배를 지향한다. 그러나 유감스럽게도 구경꾼의 삶 속에서 이런 목표를 달성할 전망은 그리 밝지 않다. 그러나 이런 환자를 치유할 수 있다면, 구경과 관찰에 대한 그의 월등한 준비를 생산적으로 활용할 수 있는 직업을 찾을 수도 있을 것이다. 이 점을 환자보다 더 잘 이해하는 우리는 이 점을 환자에게 이해시키기 위해 적극적으로 개입할 필요가 있다. "물론 무슨 직업을 선택하든 앞으로 나아갈 수 있겠지만, 당신이 더 잘 준비된 분야에서 능력을 발휘하고자 한다면 **관찰이 주요 임무**인 직업을 찾으세요." 그 후 그는 예술품 거래업을 성공적으로 꾸려 가게 되었다.

프로이트는 늘 응석둥이의 **실패**를 왜곡된 용어로 서술할 뿐 그 뒤에 숨은 비밀을 드러내지 못한다. 응석둥이는 모든 것을 가지려 하고,

진화를 통해 확립된 정상적인 기능을 수행하는 데 어려움을 겪으며, '오이디푸스 콤플렉스'에 사로잡혀 어머니를 갈망한다. (이것은 과장되긴 해도 소수 사례에서는 납득할 만한 표현인데, 왜냐하면 응석둥이는 다른 모든 사람을 거부하기 때문이다.) 나중에 응석둥이는 (오이디푸스 콤플렉스의 억압 때문이 아니라 다른 상황에서 겪는 충격 때문에) 온갖 어려움에 직면하며 자신의 욕망에 반하는 사람에 대해 격노하고 심지어 살인 충동을 느끼기까지 한다. 어렵지 않게 알 수 있듯이 이것은 응석을 받아 주는 잘못된 양육이 빚어낸 인공물이며, 이런 정신생활을 이해하기 위해서는 응석받이의 결과를 관찰하고 고려할 필요가 있다. 성생활은 2인의 과제이며 공동체 감정이 충분히 존재해야만 제대로 수행할 수 있는데, 응석둥이에게는 이것이 부족하다. 지나친 일반화에 빠져 있는 프로이트는 인위적으로 양육된 욕망, 환상, 증상을 그리고 남아 있는 공동체 감정을 통해 이루어지는 이에 대한 저항을 타고난 가학적 추동 탓으로 돌릴 수밖에 없는데, 이것은 우리가 보듯이 응석받이를 통해 아이에게 나중에 형성되는 인공물일 뿐이다. 신생아의 첫 번째 행동은, 즉 어머니의 젖을 빠는 행동은 선입관에 사로잡힌 프로이트의 이론에서 주장하는 것처럼 타고난 가학적 추동을 증명하는 식인食人 행동이 아니라 오히려 협력 행동이다. 왜냐하면 이런 행동이 아이뿐 아니라 어머니에게도 유익하다는 사실은 어렵지 않게 알 수 있기 때문이다. 프로이트의 암흑 같은 이론에서는 개개인의 생활 형태에서 관찰되는 엄청난 다양성이 사라져 버린다.

아동기의 가장 오래된 기억에 대한 우리의 견해가 유용하다는 것을 증명하기 위해 또 다른 예를 들어 보겠다. 한 18세 소녀는 부모와 늘 불화를 겪으며 살았다. 부모는 딸의 학업 성적이 매우 좋았기 때문에 딸이 대학에 진학하길 바랐다. 그러나 딸은 대학 진학을 거부했는데, 왜냐하면 학교 시험에서 1등을 하지 못해서 실패가 두려웠기 때문이라고 한다. 딸의 가장 오래된 아동기 기억은 다음과 같았다. 이 소녀는 네 살 때 어린이 축제에서 다른 아이가 거대한 공을 손에 들고 있는 것을 보았다. 심한 응석둥이였던 소녀는 이와 비슷한 공을 얻기 위해 막무가내로 떼를 부렸다. 아버지는 온 도시를 헤매고 다녔지만 이와 비슷한 공을 찾을 수 없었다. 원하는 것보다 작은 공을 본 소녀는 소리쳐 울면서 공을 뿌리쳤다. 그러다 아버지가 공을 구하기 위해 얼마나 많은 고생을 했는지에 대한 이야기를 듣고서야 비로소 울음을 멈추고 작은 공을 손에 쥐었다. 나는 이 기억을 바탕으로 이 소녀가 따뜻한 설명을 받아들일 줄 안다고 직감했다. 그리고 실제로 우리는 이 소녀에게 이기적인 야망이 강하다는 점을 설명해 소녀의 태도를 바꿀 수 있었다.

다음 사례는 종종 미래의 운명을 예상하기가 얼마나 어려운지를 잘 보여 준다. 열 살 연상의 여자와 결혼해 오랜 세월을 함께 보낸 42세의 한 남성이 발기부전 증상에 시달렸다. 그는 2년 전부터 아내나 두 자식과 거의 대화를 하지 않았다. 예전에는 직업적으로도 꽤 성공을 거두었으나, 그때부터는 사업도 소홀히 해서 가정 형편도 많이 기울었다. 그는 어머니의 총애와 응석받이

12. 아동기의 최초 기억

속에 성장했다. 그가 세 살 때 여동생이 태어났다. 그 뒤 얼마 지나지 않아(여동생의 출생이 그의 가장 오래된 기억이었다) 그는 이불에 오줌을 싸기 시작했다. 또한 그는 어릴 적에 무서운 꿈을 꾸곤 했는데, 이것은 우리가 응석둥이에게서 자주 발견하는 현상이다. 우리가 보기에 그의 야뇨증과 공포 증상은 어머니의 사랑을 다시 독차지하려는 시도에서 비롯했음에 틀림없었다. 물론 야뇨증은 어머니에 대한 비난 또는 심지어 복수의 표현으로 볼 수도 있다. 학교에서 그는 매우 모범적인 아이였다. 그의 기억에 따르면 학창 시절에 자신을 놀린 아이와 딱 한 번 싸움을 한 적이 있다고 한다. 그때 선생님은 어떻게 이렇게 착한 아이가 성을 낼 수 있을까 하고 깜짝 놀랐다고 한다.

우리가 어렵지 않게 알 수 있듯이 그는 타인의 인정을 독차지하도록 훈련되어 있었으며 이런 방식으로 다른 아이들을 앞서는 것을 우월의 목표로 삼았다. 그리고 이것이 실현되지 않을 경우 그는 비난 또는 복수 같은 수단을 사용했는데, 이런 동기는 그 자신이나 다른 사람에게 분명하게 이해되지 않았다. 주위 사람들에게 나쁜 아이로 보이지 않으려는 것도 그가 다분히 이기적으로 추구한 완전의 목표의 일부였다. 그가 스스로 강조한 것처럼 그는 연상의 여자와 결혼했는데, 그 이유는 그 여자에게서 어머니 같은 느낌을 받았기 때문이다. 이제 50세가 넘은 아내가 자식을 돌보는 데 주로 신경을 쓰자 그는 외양상 공격적이지 않은 방식으로 가족 모두와 관계를 끊어 버렸다. 발기부전도 이런 관계 단절과 결부된 신체 기관의 표현이었다. 이제 우리는 그가 어린 시절에 여동생이 태어났을 때처럼 주위 사람들의 떠받듦을 더 이상 받지 못하게 되면 표현은 명확하지 않지만 효과는 명확한 비난 행동을 보인 이유를 이해할 수 있다.

두 아이 중 첫째로 성장한 30세의 남성은 반복된 절도 행위로 오랜 시간을 교도소에서 보내야 했다. 그의 가장 오래된 기억은 만 2세 때 남동생이 태어나고 얼마 지나지 않은 시기의 것이었다. "어머니는 늘 동생 편이었어요. 그래서 나는 어릴 적부터 집을 뛰쳐나오곤 했어요. 때로는 배고픔 때문에 집 안팎에서 작은 도둑질을 하곤 했어요. 그러면 어머니는 내게 가혹한 처벌을 내렸는데, 그럴 때마다 도망쳐서 위기를 모면했어요. 학교에서는 열네 살이 될 때까지 중간 정도의 학생이었지만, 더 공부할 마음이 없어서 혼자 거리를 배회하곤 했어요. 집이 싫었어요. 친구도 없고, 간절히 원했지만 나를 사랑하는 여자아이도 없었어요. 사람들을 사귀기 위해 댄스홀에 가고 싶었지만, 돈이 없었어요. 그래서 자동차를 훔쳐 싼값에 팔았어요. 이때부터 도둑질 규모가 커지기 시작했고, 결국 교도소까지 가게 된 거지요. 만약 내가 늘 꾸짖음만 들었던 집을 그렇게 싫어하지 않았다면, 내 인생이 달라졌을지도 몰라요. 그러나 나는 도둑질을 부추긴 장물아비의 꼬임에 넘어가는 바람에 도둑질을 계속하게 됐어요."

이미 지적했듯이 범법자의 어린 시절을 살펴보면 한때 응석둥이였거나 응석을 받아 주는 사람에 대한 갈망이 큰 경우를 자

12. 아동기의 최초 기억

주 볼 수 있다. 그리고 마찬가지로 중요한 것은 이런 사람은 아동기에 이미 비교적 강력한 활동성이 감지되는데, 이것은 용기와는 다른 것이다. 위에서 언급한 남성의 어머니가 아이의 응석을 받아 주는 사람이라는 사실은 둘째 아들에 대한 태도에서 엿볼 수 있다. 남동생의 출생 후 이 남성이 분한 심정을 드러냈다는 점에 비추어 볼 때 그도 이전에는 어머니의 응석받이를 체험했을 것이라고 추론할 수 있다. 그 후 그의 운명을 좌우한 것은 한편으로는 어머니에 대한 분노와 비난이었고 다른 한편으로는 충분한 정도의 공동체 감정이 결여되어(그에게는 친구도 직업도 사랑도 없었다) 범죄의 길로 빠져들게 된 그의 활동성이었다. 최근에 일부 정신과 의사가 그런 것처럼 범죄가 교도소에 들어가고 싶은 욕망과 결부된 자기 처벌이라는 견해를 공공연히 떠들어대는 사람은 인간의 정신을 모독하는 뻔뻔함을 드러낼 뿐이다. 나아가 이런 사람은 상식에 대한 노골적인 조롱과 우리 안에 깊이 자리 잡은 경험에 대한 모욕적인 비방을 일삼기도 한다. 혹시 이런 견해가 응석둥이의 정신세계에서 탄생해 응석둥이 독자들의 정신세계에서 반향을 불러일으키는 것은 아닌가 하는 의심이 드는데, 이에 대한 판단은 독자에게 맡기겠다.

13. 공동체 감정을 방해하는 아동기의 상황과 이의 제거

아동이 잘못된 길로 빠지도록 자극하거나 유혹하는 상황을 찾다 보면 결국에는 언제나 공동체 감정의 발달을 어렵게 만들고 매우 자주 방해하는 가장 중요한 요인으로 내가 이미 언급한 심각한 문제에 부딪히게 되는데, 바로 응석받이, 타고난 열등 기관, 부모의 방치다. 이런 요인의 작용은 이것의 크기와 정도, 작용의 시작과 끝과 기간의 측면에서 다양할 뿐만 아니라, 무엇보다도 이를 통해 아이에게 야기되는 거의 예측 불가능한 흥분과 반응의 측면에서도 다양하다. 이런 요인에 대한 아이의 태도는 아이의 '시행착오'에 따라 좌우될 뿐만 아니라 우리가 증명할 수 있듯이 훨씬 더 중요하게는 아이의 성장 에너지에 따라, 즉 아이의 삶의 과정을 구성하는 창의력에 따라서도 좌우된다. 그런데 이런 창의력의 발달 또한 아이를 압박하기도 하고 지원하기도 하는 우리의 문화 속에서 거의 예측 불가능하며 그저 결과를 바탕으로 추론할 수 있을 뿐이다. 여기서 추론을 계속하고자 한다면, 우리는 무수하게 많은 사실을 고려

13. 공동체 감정을 방해하는 아동기의 상황과 이의 제거

해야 할 것이다. 즉 가족의 특성, 햇빛과 공기, 계절, 온도와 소음, 비교적 적합하거나 또는 적합하지 않은 사람과의 접촉, 기후, 토양의 성질, 음식, 내분비계, 근육, 기관 발달의 속도, 태아기 및 그 밖에도 보호자의 도움과 보살핌 같은 많은 요인을 고려해야 할 것이다. 이렇게 어지러울 정도로 많은 사실 중에서 우리는 어떤 것을 촉진 요인으로 가정하기도 하고 또 어떤 것을 방해 요인으로 가정하기도 한다. 여기서 우리는 매우 신중한 자세로 통계적 확률에 만족할 것이며, 상이한 결과가 생길 수도 있다는 점을 부정하지 않을 것이다. 반면에 훨씬 더 확실한 방법은 다양한 변이가 나타날 수 있는 결과를 관찰하는 것이다. 왜냐하면 이때는 신체와 정신의 크고 작은 활동성을 통해 발휘되는 창의력을 충분히 확인할 수 있기 때문이다.

그러나 아이가 태어나는 첫날부터 아이의 협력 성향이 요구된다는 사실을 간과해서는 안 된다. 이 점에서 어머니의 역할은 엄청나게 중요하다. 왜냐하면 어머니는 아이의 공동체 감정이 발달하기 위한 문턱에 서 있기 때문이다. 공동체 감정의 생물학적 소질은 이것을 가꾸고 보살필 때 비로소 발달한다. 도움이 필요한 아이를 향한 작은 손길, 아이 씻기기, 그 밖에 온갖 제스처와 행동을 통해 어머니는 아이의 접촉을 강화할 수도 억제할 수도 있다. 아이와 어머니의 관계, 어머니의 이해심과 재주가 결정적 요인으로 작용한다. 그러나 이 점에서도 아이는 외침과 반항을 통해 접촉을 강제함으로써 기존의 장애를 넘어서고 인간의 진화 수준을 보완할 수 있다는 사실을 잊지 말아야 할 것이다. 그런가 하면 어머니 안에서도 공동체 감정의 막강한 성분인 모성애의 생물학적 유산이 살아 움직이고 있다. 온갖 악조건, 지나친 걱정, 실망, 질병과 고통, 공동체 감정의 현저한 결여와 이에 따른 결과 등을 통해 이 생물학적 유산이 활성화되지 않을 수도 있다. 그러나 동물과 인간의 경우에 진화를 통해 유전된 모성애는 대개 식욕과 성욕을 쉽게 극복할 수 있을 만큼 매우 강력하다. 인간의 공동체 감정이 발달하는 데 어머니의 접촉만큼 중요한 것은 없다고 말해도 지나치지 않을 것이다. 만약 인류 발전의 이 막강한 지레를 포기해야 한다면, 이것에 비해 절반만큼만 효과적인 대체물을 찾기도 결코 쉽지 않을 것이다. 그러나 진화를 통해 인류에게 확고하게 자리 잡은 어머니의 접촉감은 결코 쉽게 파괴되지 않을 것이다. 인간이 지닌 공동체 감정의 가장 큰 부분은, 그리고 따라서 인간 문화의 본질적인 성분은 아마도 어머니의 접촉감 덕분일 것이다. 다만 현재는 모성애의 작용 방식이 언제나 공동체의 요구를 충족하는 것은 아니다. 먼 미래에는 이 소유물의 사용이 훨씬 더 공동체 이념에 맞게 이루어질 것이다. 반면에 오늘날에는 어머니와 아이 사이의 접촉이 너무 약할 때가 자주 있으며, 더 빈번하게는 너무 강하다. 첫 번째 경우에 아이는 삶을 시작할 때부터 삶이 자신에게 적대적이라는 인상을 받을 수 있으며, 비슷한 종류의 경험이 추가로 쌓일 경우 이런 견해를 삶의 지침으로 삼을 수 있다.

내가 매우 자주 관찰한 것처럼 이런 경우에는 아버지나 조부모와의 접촉이 상대적으로 양호하더라도 이런 결함을 보완하기에 충분치 않다. 일반적으로 볼 때, 아버지와 더 나은 접촉을 유지하는 것은 어머니 측의 실패가 있었음을 시사하며, 거의 언제나 옳든 그르든 어머니에게서 실망을 체험한 아이의 삶에서 관찰되는 두 번째 단계를 의미한다.

13. 공동체 감정을 방해하는 아동기의 상황과 이의 제거

소녀의 경우에 종종 아버지와의 접촉이 더 강한 반면 소년의 경우에는 어머니와의 접촉이 더 강한 것처럼 보이는 것은 성욕과 관련이 있다기보다 위에 언급한 사실과 관련해 관찰할 필요가 있다. 이때 두 가지 점을 고려해야 하는데, 하나는 아버지가 흔히 다른 소녀나 여성에 대해 그런 것처럼 딸에게도 부드럽게 접근하는 경우가 많다는 점이고, 다른 하나는 소녀든 소년이든 놀이하면서 또는 놀이하듯 미래의 삶을 준비하면서 성장하는 과정이[23] 이성 부모에 대한 태도에서도 동일하게 전개된다는 점이다. 이때 때때로 성 충동이 관여하긴 하지만, 프로이트의 묘사처럼 과장된 형태로 나타나는 경우는 매우 드물며, 내가 관찰한 바에 따르면 이것은 가족 안에서만 또는 더 심하게는 응석을 받아 주는 단 한 사람과 맺는 배타적인 동맹 관계 속에서만 자신의 발달 전체를 성취하려는 심한 응석둥이에게서만 나타난다. 아동 발달의 측면에서 그리고 사회적으로 어머니의 과제는 아이를 최대한 일찍 협력자로, 다시 말해 기꺼이 남을 돕고 또 자신의 힘이 부족할 때는 기꺼이 남의 도움을 받는 공생인으로 만드는 것이다. "품행이 방정한 아이^{wohltemperiertes Kind}"에 관해서는 책을 여러 권 쓸 수도 있을 것이다. 그러나 중요한 것은 아이가 가정에서 자신을 동등한 파트너로 느끼면서 처음에는 아버지와 형제자매에 대해, 그리고 얼마 지나지 않아서는 주위의 모든 사람들에 대해서도 점점 더 큰 관심을 갖도록 해야 한다는 것이다. 이럴 때 아이는 더 이상 짐이 아니라 일찌감치 협력자로 성장할 것이다. 이럴 때 아이는 이내 편안함을 느끼고 주위 환경과의 접촉을 바탕으로 용기와 자신감을 발달시키게 될 것이다. 야뇨증, 배변 억제, 신체 질병과 무관한 거식증처럼 아이가 의도하든 의도하지 않든 제 기능을 못 해서 생기는 장애는 아이 자신에게든 주위 사람들에게든 해결 가능한 과제가 될 것이며, 나아가 아이의 협력 성향이 충분히 크다면 이런 문제가 아예 나타나지도 않을 것이다. 엄지손가락 빨기와 손톱 물어뜯기, 콧구멍 파기와 음식을 한꺼번에 삼키기도 마찬가지다. 이 모든 현상은 아이가 함께하기를 거부할 때만, 문화의 수용을 거부할 때만 나타난다. 이런 현상은 이런 행동을 통해 주위 사람들에게 더 많은 수고를 강제하려는 응석둥이에게서만 거의 전적으로 나타나며, 언제나 노골적이거나 은밀한 반항심과 결부되어 있고, 공동체 감정의 결여를 보여 주는 뚜렷한 표시다. 나는 오래전부터 이 사실을 지적해 왔다. 오늘날 프로이트는 모든 것을 성욕으로 설명하려는 그의 이론을 완화하려는 조짐을 보이고 있는데, 이런 수정에 가장 큰 영향을 미친 것은 아마도 개인심리학의 경험일 것이다. 그리고 훨씬 더 최근에 샤를로테 뷜러가 아동의 '정상적인' 반항기에 관해 밝힌 견해는 모름지기 우리의 경험으로 소급될 수 있을 것이다. 아동의 실패가 반항, 질투, 자기애, 공동체 감정의 결여, 이기적인 야망, 복수심 등등의 성격 특성과 결부되고 이런 특성이 경우에 따라 더 분명하게 또는 덜 분명하게 나타난다는 사실은 위에서 설명한 구조 때문이며, 이는 성격이 우월의 목표를 향한 지침이자 생활양식의 반영이며 타고난 것이 아니라 아동이 만들어 낸 운동 법칙과 함께 완성되는 사회적 태도라는 우리의 견해를 뒷받침한다. 금세 사라질 강력한 간지럼으로 시작되곤 하는 배변 억제, 엄지손가락 빨기, 성기를 가지고 장난치기 등등의 작은 기쁨에 집착하는 것은 온갖 욕망과 향락을 거부하지 못하는 응석둥이

13. 공동체 감정을 방해하는 아동기의 상황과 이의 제거

의 특성과 관련이 있다.

공동체 감정의 발달에 대한 또 다른 위험 요인은 아버지의 존재다. 어머니는 아버지가 아이와 최대한 굳건한 접촉을 형성할 수 있는 기회를 빼앗아서는 안 되는데, 이런 일은 어머니의 응석받이, 아버지와 아이 사이의 접촉 부족, 아버지에 대한 아이의 반감 등이 있을 때 쉽게 발생한다. 또한 아버지가 아이를 위협하거나 처벌하는 역할을 맡는 것도 바람직하지 않다. 아버지도 아이에게 충분한 시간과 온정을 베풀어야만 어머니 때문에 뒤로 밀려나는 일이 생기지 않을 것이다. 그런가 하면 아버지가 아이에게 지나친 부드러움을 과시해 어머니를 밀어내는 경우, 아버지가 어머니의 응석받이를 수정할 목적으로 엄격한 규율을 도입해 결과적으로 아이가 어머니에게 더 집착하는 경우, 아버지가 아이에게 권위와 원칙을 강요하는 경우 등은 모두 아이에게 매우 해로울 수 있다. 권위와 원칙의 강요가 복종을 낳을지는 몰라도 협력과 공동체 감정을 강제할 수는 없는 법이다. 특히 식사 시간은 분망한 시대에 공생을 위한 교육의 중요한 장이 될 수 있다. 이때 화목한 분위기는 필수 요건이다. 식사 예절에 관한 가르침은 최소화하는 것이 좋다. 이것이 성공적인 가르침으로 이어지는 가장 쉬운 방법일 것이다. 식사 시간에 꾸짖음, 분노의 폭발, 짜증은 피해야 한다. 마찬가지로 식탁에서 무엇을 읽거나 상념에 잠기는 일도 자제해야 할 것이다. 또한 식사 시간은 형편없는 학교 성적이나 다른 문제에 관해 질책하기에 가장 부적합한 시간이다. 식사 시간에는 유대감을 다지기 위해 노력해야 하는데, 내가 보기에는 특히 아침 식사 시간이 중요하다. 아이가 언제든지 이야기하고 질문할 수 있도록 하는 것이 중요하다. 비웃음, 조롱, 불평, 다른 아이를 모범으로 언급하기 등은 유대감을 해치고, 폐쇄성, 소심함 및 기타 심각한 열등감을 자아낼 수 있다. 아이의 왜소함, 지식과 능력의 부족 등을 비난해서는 안 되며, 아이에게 용기 있게 연습할 수 있는 기회를 주어야 하고, 아이가 무엇에 관심을 보이면 그것을 아이의 손에서 빼앗기보다 가지고 놀도록 허락해야 한다. 처음이 어려울 뿐이라는 점을 늘 환기시키고, 위험에 대해 지나친 공포를 갖기보다 올바로 예측하고 올바로 자신을 보호하는 방법을 제시해야 한다. 부모의 신경질, 부부간의 불화, 양육 문제에 대한 의견의 불일치 등은 공동체 감정의 발달을 쉽게 해칠 수 있다. 성인들의 모임에서 아이를 너무 엄격하게 배척하는 일은 되도록 삼가야 한다. 칭찬과 꾸중은 훈련의 성공 또는 실패 시에만 하고 아이의 인격에 대해서는 하지 말아야 한다.

아이의 질병도 공동체 감정의 발달에 위험한 암초가 될 수 있다. 다른 어려움과 마찬가지로 질병도 특히 생후 5년 안에 발생할 경우 더욱 위험하다. 우리는 타고난 열등 기관의 중요성에 관해 이미 언급했으며, 통계적으로 볼 때 이것이 아이를 오도하는 해악이자 공동체 감정의 장애로 작용한다는 사실을 지적했다. 정신 발달이 아니라 신체 발달을 저해하고 크고 작은 불구를 초래할 수 있는 구루병 같은 질병의 조기 발생도 마찬가지로 위험하다. 유아기의 다른 질병 중에서 공동체 감정에 가장 해가 되는 것은 주위 사람들의 걱정과 불안으로 말미암아 아이가 스스로는 별다른 기여를 하지 않아도 되는 대단한 존재로 착각하게 만드는 질병이다. 백일해, 성홍열, 뇌염, 무도병 등이 이에 해당하는데, 이

13. 공동체 감정을 방해하는 아동기의 상황과 이의 제거

런 시기를 잘 넘긴 후에도 아이를 양육하기가 어려울 때가 많은 까닭은 아이가 나중에도 주위 사람의 응석받이를 유지하기 위해 저항하기 때문이다. 신체 손상이 사라지지 않고 남아 있는 경우에도 아이의 행동이 나빠질 경우 이것을 무턱대고 신체 손상 탓으로 돌리기보다는 차라리 수수방관하는 편이 나을 것이다. 심지어 나는 심장병이나 신장병으로 오진을 받았다가 나중에 이런 오류가 확인된 후에도 완전히 건강한 아이가 계속 말을 듣지 않을 뿐만 아니라 아이의 자기애와 이에 따른 모든 결과가, 특히 사회적 관심의 결여가 그대로 지속되는 경우를 관찰할 수 있었다. 불안, 걱정과 눈물은 병든 아이에게 도움이 되기보다 질병을 이용하는 쪽으로 아이를 오도한다. 따라서 치료 가능한 아이의 손상은 최대한 빨리 치료 또는 회복하도록 조치해야 하며, 어떤 경우에도 아이의 과오가 '성장'하도록 놔두면 안 된다. 또한 우리에게 방법이 있는 한에서 질병 예방을 위해 노력해야 하며, 다만 이때 아이를 불안하게 만들거나 아이가 다른 사람과 어울리는 것을 막아서는 안 된다.

아이에게 신체적으로나 정신적으로 지나친 부담을 줄 경우 아이는 불쾌감 또는 피로감 때문에 삶에 대한 의욕을 해치는 기분에 사로잡히기 쉽다. 기술과 지식은 아이의 수용력에 맞게 제시되어야 한다.[24] 많은 성교육자의 광신적인 계몽 활동도 같은 이유로 중단되어야 한다. 아이가 묻거나 묻는 것처럼 보이면 아이가 내용을 소화할 수 있는 한에서 답변해야 한다. 그러나 어떤 경우에라도 성 평등과 자신의 성 역할에 관해서는 일찌감치 가르치는 것이 바람직하다. 그렇지 않으면 오늘날 프로이트도 인정하듯이 우리의 낙후된 문화를 바탕으로 여성이 상대적으로 낮은 단계에 있다는 견해를 아이들이 받아들일 수 있기 때문이다. 이럴 경우 소년의 교만은 공동체에 해로운 온갖 결과로 이어질 수 있으며, 소녀의 경우에는 내가 1912년에 서술한 바 있는 '남성적 저항'[25] 및 마찬가지로 나쁜 부작용이 생길 수 있으며, 자신의 성에 관해 확신하지 못할 경우에는 자신의 성 역할에 대한 준비 부족은 물론 온갖 불행한 결과를 초래할 수 있다.

가족 안에서 형제자매의 위치에 따라 일정한 어려움이 생길 수 있다. 이른 아동기에 한 형제자매가 노골적으로 그러나 또한 은밀하게라도 우월한 지위에 있으면 다른 형제자매는 불이익을 받기 쉽다. 우수한 아이 옆에 실패한 아이가 있는 것을 엄청 자주 관찰한다. 한 아이의 왕성한 활동성은 다른 아이의 수동성을 촉발할 수 있으며, 한 아이의 성공은 다른 아이의 실패를 촉발할 수 있다. 그리고 어린 시절의 실패가 아이의 미래에 얼마나 나쁜 영향을 미치는지는 어렵지 않게 알 수 있다. 마찬가지로 한 아이를 편애할 경우(이것을 자제하기란 쉽지 않다) 다른 아이에게 심각한 열등감을 안길 뿐만 아니라 온갖 열등 콤플렉스가 발달하는 계기가 될 수 있다. 한 아이의 신체 크기와 힘, 수려한 외모 등도 다른 아이를 가리는 그림자가 될 것이다. 이럴 경우 내가 밝힌 것처럼 형제자매의 가족 내 위치에서 비롯하는 여러 사실에 주의를 기울일 필요가 있다.

우선 한 가족 안에서 모든 아이의 처지가 동일할 것이라는 미신부터 버려야 한다. 우리가 이미 살펴본 것처럼 설령 모든 아이에 대해 환경과 양육 방식이 동일하다고 치더라도 이런 자극은 아이가 각자의 창의력에 맞게 사용하는 재료일 뿐이다. 우리는 아이에 따라 환경의 작용이 얼마나 다양한지 보게 될 것이다. 동일한 가족의 자식 중에서도 동일한 유전자와 동일한 표현형이 관찰되지 않는다는 것은 이미 증명된 사실인 듯하다. 일란성 쌍둥이의 경우에도 이들이 신체적으로나 정신적으로 동일한 기질을 가졌다는 사실이 점점 의심받고 있다.[26] 개인심리학은 오래전부터 타고난 신체 기질의 중요성을 인정했지만, 다른 한편으로는 '심리적 기질'이 생후 3~5년 사이에 비로소 심리적 원형의 형성과 함께 형성된다는 점을 확인했다. 이 심리적 원형에는 개인의 장기적인 운동 법칙이 이미 담겨 있으며, 이것의 생활 형태는 유전 형질과 환경 영향을 소재로 이용하는 아이의 창의력에 따라 달라진다. 오직 이런 관점에서 나는 형제자매 사이의 거의 전형적인 차이와 개별적인 다양성을 서술할 수 있었다. 그리고 모든 아이의 생활 형태에서 형제자매 순서상의 위치에 따른 각인이 관찰된다는 사실을 밝히려 했던 내 과제는 성공한 듯하다. 이 사실은 성격 발달의 문제에도 많은 것을 시사한다. 왜냐하면 일정한 성격 특성이 형제자매 순서상의 위치와 일치한다는 가정이 옳을 경우, 성격의 유전적 기초를 강조하거나 성격이 항문 등의 성감대에서 유래한다는 논의가 활개 칠 공간은 별로 없기 때문이다.

나아가 이제 아이가 형제자매 순서상의 위치를 바탕으로 어떻게 일정한 특성을 갖게 되는지도 충분히 이해할 수 있다. 외동아이의 어려움은 어느 정도 알려져 있다. 대개 지나치게 조심스러운 어른의 보호를 받으면서, 늘 불안해하는 부모 밑에서 성장하는 외동아이는 이내 자신이 세계의 중심이라고 느끼게 되고 그렇게 행동하기를 학습한다. 나아가 한쪽 부모가 환자이거나 허약하면 상황이 더 심각해지곤 한다. 이보다 더 빈번하게 부부 갈등과 이혼은 아이의 공동체 감정이 발달하는 데 해로운 분위기를 조성한다. 이미 지적한 것처럼 아이를 또 낳는 것에 대해 어머니가 신경질적인 저항을 보이는 경우가 꽤 자주 있는데, 이것은 대개 외동아이에 대한 지나친 염려 및 아이를 완전히 노예로 삼으려는 시도와 결부되어 있다. 이런 아이는 나중에 커서 은밀히 저항하는 복종의 태도와 독재를 원하는 과도한 열망 사이의 다양한 변형을 보이는데, 이것은 어린 시절의 상처가 외인성 문제에 직면함으로써 피를 흘리면서 격렬하게 표출되기 시작하는 것이라 하겠다. 가족에 강력히 집착하는 것은 많은 경우에 바깥 세계와의 연대를 방해하는 해로운 요인으로 작용한다.

다자녀 가정에서 첫째 아이는 다른 아이가 체험하지 못하는 유일무이한 상황에 처한다. 첫째 아이는 한동안 외동아이로 자라면서 외동아이로서 이런저런 인상을 경험한다. 그리고 언젠가는 '폐위entthront'된다. 내가 선택한 이 표현은 상황의 변화를 매우 정확히 묘사하기 때문에, 프로이트처럼 이 상황을 관찰하는 다른 저자들도 이 비유를 사용하곤 한다. 이 '폐위'의 시점까지 경과한 시간은 아이가 받은 인상과 이것의 처리에 상당한 영향을 미친다. 3년 또는 그 이상이 경과한 경우 폐위의 사건은 아이의 이미 안정된 생활양식에 충격을 가하고 이 생활양식에 따른 반응을 촉발한다. 일반적으로 응석둥이는 이런 변화를 젖을 떼는 과정만큼이나 잘 받아들이지 못한다. 그러나 경과한 시간이 1년밖에 되지 않더라도 아이의 삶 전체에 걸쳐 폐위의 흔적이 발견된다. 이때 우

13. 공동체 감정을 방해하는 아동기의 상황과 이의 제거

리는 첫째 아이가 이미 획득한 생활 공간뿐 아니라 둘째 아이 때문에 야기된 생활 공간의 축소도 고려해야 한다. 상황을 좀 더 자세히 고찰하기 위해서는 당연히 수많은 요인을 함께 고려해야 한다. 특히 경과한 시간이 그리 길지 않은 경우 전체 과정은 '말없이', 개념 없이 진행되며, 그래서 이것을 수정하려면 이후의 경험만으로는 부족하며 연관 관계에 대한 개인심리학적 통찰이 있어야 한다. 만약 프로이트나 카를 융Carl Jung이 유아의 삶에서 많이 발생하는 이런 말 없는 인상을 목격한다면, 그들은 이것을 체험으로 해석하는 대신에 무의식적인 추동 또는 격세 유전된 사회적 무의식으로 추정할 것이다. 그러나 때때로 목격되는 혐오 충동이나 죽음의 욕망은 우리가 잘 아는 것처럼 공동체 감정의 잘못된 양육에서 비롯한 인공물일 뿐이며, 그저 응석둥이가 둘째 아이에 대해 종종 느끼는 감정일 뿐이다. 유사한 기분과 불쾌감은 나중에 태어난 아이에게서도 발견되며, 특히 그 아이가 응석둥이일 때 그러하다. 다만 첫째 아이는 부모의 더 강력한 응석받이를 경험한 경우 자신의 예외적인 지위를 근거로 다른 아이들보다 우월하다고 느끼며 그래서 폐위의 충격도 보통 더 강하게 받는다. 그러나 나중에 태어난 아이의 경우에도 열등 콤플렉스를 촉발하기 쉬운 비슷한 현상이 나타난다는 사실에 비추어 볼 때, 첫째 아이가 경험하는 상대적으로 더 강한 출산 쇼크가 아이의 실패 원인이라는 주장은 개인심리학적 경험이 없는 사람들이 황급히 그리고 막연히 가정하는 터무니없는 이야기임에 틀림없다.

또한 쉽게 이해할 수 있듯이 폐위에 대한 첫째 아이의 저항은 어떤 형태로든 이미 존재하는 권력을 정당한 것으로 인정하거나 이것과 같은 편이 되려는 성향으로 표출될 때가 매우 많다. 이런 성향 때문에 첫째 아이는 때때로 뚜렷이 '보수적인 성격'을 지니곤 하는데, 이것은 예컨대 정치적인 의미에서가 아니라 실용적인 의미에서 그러하다. 독일 소설가 테오도어 폰타네Theodor Fontane의 일대기는 이 점을 잘 보여 주는 예다. 너무 세세하게 따지지만 않는다면, 우리는 프랑스 혁명에서 혁혁한 공을 세운 로베스피에르Robespierre의 인격에서도 어렵지 않게 권위적인 특성을 발견할 수 있다. 그러나 고정된 규칙을 거부하는 개인심리학의 태도에서도 짐작할 수 있듯이 관건은 순서가 아니라 상황이며, 그래서 형제자매의 순서상 첫째가 아니더라도 동생에게 더 주목하고 이런 상황에 반응할 경우에는 첫째 아이의 심리적 특징이 나타날 수 있다. 또한 예컨대 첫째 아이가 저능아여서 우리가 설명한 상황에 적합하지 않을 때는 둘째 아이가 첫째 아이의 역할을 맡기도 한다. 이에 대한 훌륭한 예는 소설가 파울 하이제Paul Heyse의 인격에서 찾아볼 수 있는데, 그는 형에게 거의 아버지 같은 존재였으며 학교에서는 선생님의 오른팔 노릇을 했다. 어쨌든 첫째 아이의 구체적인 생활 형태를 살피기 위해 주위를 둘러보면서 둘째가 첫째를 은밀히 압박하는 모습까지 놓치지 않는다면 올바른 연구의 길로 들어섰다 하겠다. 이럴 때 첫째는 둘째에 대해 아버지 또는 어머니 같은 태도를 취하곤 하는데, 이것은 우위를 잃지 않기 위해 노력하는 첫째의 한 가지 대처 방식일 뿐이다.

여동생과 나이 차이가 많지 않은 첫째 아이는 매우 자주 특별한 문제에 직면하는 듯하다. 이들의 공동체 감정은 종종 큰 장애에 부딪힌다. 그 이유는 무엇보다도 소녀가 소년보다 17세까지는 신체나 정신의 성장이 더 빠르며, 그래서 선두 주자를 강력히 압박하기 때문이다. 이들의 공동체 감정이 깨지는 또 다른 이유는 오빠가 손위의 지위를 주장할 뿐만 아니라 바람직하지 않은 남성적 특권까지 주장하는 반면에, 여동생은 오늘날에도 여전히 존재하는 문화적 압박 속에서 심각한 열등감을 느끼면서 강력하게 오빠를 추격하고 종종 오빠보다 더 강력한 훈련과 더 커다란 활동성을 드러내곤 하기 때문이다. 이것은 다른 소녀의 경우에도 종종 '남성적 저항'[27]의 서막이 되며, 소녀의 발달 과정 중에 사랑의 거부나 동성애에 이르기까지 인간적인 장점과 일탈 사이에 존재하는 온갖 좋거나 나쁜 결과로 이어질 수 있다. 프로이트는 후기에 이 개인심리학적 통찰을 가져다 '거세 콤플렉스'라는 이름으로 자신의 성 도식에 끼워 맞추면서 개인심리학에서 발견한 열등감 구조가 남성 성기의 결여 때문에 생긴다고 주장했다. 그러나 최근에 그는 이 문제의 사회적 측면도 고려할 필요가 있음을 넌지시 인정했다. 사람들이 첫째 아이를 거의 언제나 가족과 가족의 보수적 전통의 버팀목으로 간주했다는 사실에서 우리는 직감 능력이 경험을 전제한다는 사실을 다시 한번 확인할 수 있다.

둘째 아이가 창의력을 발휘해 자신의 운동 법칙을 만들어 낼 때 영향을 미치는 인상은 무엇보다도 자기보다 더 발달했을 뿐만 아니라 서열상 우위를 강조하며 평등을 거부하는 다른 아이가 늘 자기 앞에서 어슬렁거린다는 것이다. 이런 인상은 두 아이의 터울이 클수록 약하고 작을수록 강하다. 이런 인상은 둘째 아이의 눈에 첫째 아이가 막강해 보일수록 압박감으로 작용한다. 반면에 첫째 아이가 열등하거나 부모의 사랑을 덜 받아서 둘째 아이가 처음부터 득세하는 경우에는 이런 인상이 거의 자취를 감춘다. 그러나 더 높은 곳을 추구하는 둘째 아이의 집요한 노력은 거의 언제나 관찰되며, 이것은 강화된 활동성, 격렬한 기질, 적극적인 공동체 감정 또는 일탈 등으로 표출된다. 이럴 때 우리는 둘째 아이가 늘 첫째 아이도 간간이 참여하는 달리기를 하고 있지 않은지, 그래서 늘 전속력으로 질주하지 않는지 주의 깊게 살펴보아야 한다. 두 아이의 성별이 다를 경우 경쟁 관계는 심화되면서도 공동체 감정은 크게 손상되지 않을 수 있다. 이때 한 아이의 수려한 외모가 중요한 역할을 하기도 한다. 또한 한 아이에 대한 부모의 응석받이는 외부 관찰자가 보기에는 자식을 사랑하는 부모의 마음에 별다른 차이가 없더라도 다른 아이가 받아들이기에는 그렇지 않을 수 있다. 한 아이가 확실한 실패작이면 다른 아이는 꽤 훌륭한 경우가 많은데, 이런 차이는 학교에 입학하거나 성인이 되면 종적을 감추곤 한다. 한 아이가 뛰어난 아이로 인정받으면, 다른 아이는 문제아가 되기 쉽다. 일란성 쌍둥이의 경우를 포함해 두 아이가 좋든 나쁘든 똑같은 행동을 하는 것을 보면 두 아이의 기질이 비슷하다고 생각하기 쉬운데, 이때 한 아이가 다른 아이를 이끌고 있다는 사실을 간과해서는 안 된다. 둘째의 경우에도 진화를 통해 확립된 직감 능력이 이해력을 앞서는 모습이 종종 목격된다. 특히 성경에 나오는 에서와 야곱의 이야기에는 끝없이 갈구하는 둘째의 모습이 훌륭하게 묘사되어 있는데, 그렇다고 해서 당시 사람들이 둘째의 이런 욕망 구조를 제대로 이해했던 것은 아닐 것이다. 장자의 신분을 향한 야곱의 갈망, 야곱과 천사의 씨름("당신이 내게 축복하지 아니하면 가게 하지 아니하겠

13. 공동체 감정을 방해하는 아동기의 상황과 이의 제거

나이다."), 하늘에 이르는 사다리에 대한 야곱의 꿈 등은 둘째의 경쟁심을 분명하게 보여 준다. 나의 이런 서술에 공감하지 않는 사람이라도 전체 생애에 걸쳐 장자를 경멸하는 야곱의 모습을 수차례 인상 깊게 목격할 것이다. 예컨대 라반의 둘째 딸을 향한 야곱의 집요한 구애, 야곱이 자신의 첫째 아이에 대해 품는 미미한 희망, 오른손으로 십자가를 그리면서 자신의 둘째 아들에게 내린 더 큰 축복 등이 그러하다.

어느 가정의 두 딸 중에 큰아이는 세 살 때 여동생이 태어나자 거칠게 반항하는 아이로 돌변했다. 둘째 아이는 순종하는 아이가 되는 것이 자신에게 이롭다는 점을 '직감'했고 그래서 크게 사랑받는 아이가 되었다. 둘째가 부모의 사랑을 받을수록 첫째는 더욱 미친 듯이 날뛰었으며, 이렇게 격렬하게 저항하는 태도는 나이를 더 먹어도 좀처럼 사라지지 않았다. 자신이 모든 면에서 우월하다는 데 익숙했던 둘째 아이는 학교에서 다른 아이들에게 뒤처지자 큰 충격을 받았다. 학교에서의 경험을 바탕으로 그리고 나중에 세 가지 삶의 과제에 직면하자 둘째는 자신의 야망을 위태롭게 만드는 지점에서 후퇴하기 시작했고, 패배에 대한 끊임없는 두려움으로 인해 내가 '망설이는 운동'이라고 부른 형태의 열등 콤플렉스가 자라났다. 이를 통해 그는 모든 패배의 위험으로부터 어느 정도 보호받을 수 있었다. 그는 열차 시간에 지각하는 꿈을 반복해서 꾸었는데, 이것은 기회를 놓치는 데 익숙해진 그의 생활양식이 꿈속에서까지 힘을 발휘한 것이라 하겠다. 그러나 열등감 속에서 마음의 안정을 찾을 수 있는 사람은 없다. 완전의 이상적인 목표를 추구하는 것은 진화를 통해 모든 생명체에게 확립된 것이며, 더 높은 곳으로 향하는 이 운동은 공동체 감정을 지향하든 또는 이에 반하는 방향으로든 온갖 변형을 낳으며 결코 멈추지 않는다. 위에 언급한 둘째가 몇 번의 시험적인 시도 끝에 유용한 것으로 발견한 변형은 씻기에 대한 강박신경증이었다. 자신을 또는 자신의 옷과 도구를 끊임없이 씻어야만 했던 이 강박증은 특히 다른 사람이 자신에게 접근할 때 심하게 나타나면서 둘째가 삶의 과제를 완수하지 못하도록 방해했다. 또한 이것은 과제의 완수를 요구하는 시간을, 신경증 환자의 커다란 적인 시간을 허비하기에도 적합했다. 이때 그는 자신이 어린 시절에 자신을 사랑스러운 존재로 만들었던 문화적 역할의 과장된 수행을 통해 다른 모든 사람을 능가할 수 있었다는 점을 직관적으로 깨달았다. 오직 그만이 순수했으며, 다른 모든 사람과 다른 모든 것은 더러웠다. 자식의 응석을 심하게 받아 주는 어머니 밑에서 매우 착한 아이처럼 처신한 그에게 공동체 감정이 결여되었다는 것은 두말할 필요가 없다. 또한 공동체 감정의 강화를 통해서만 그의 치유가 가능하다는 점도 두말할 필요가 없다.

　한 가족의 막내에 대해서는 이야기할 것이 많다. 막내는 다른 형제자매와 비교해 근본적으로 다른 상황에 처해 있다. 첫째는 한동안 혼자인 시절을 보내지만, 막내는 한 번도 혼자인 적이 없다. 그러나 또한 막내에게는 다른 모든 형제자매처럼 동생이 없다. 그리고 그에게는 손위 형제자매가 둘째의 경우처럼 한 명이 아니라 여러 명일 때가 종종 있다. 막내는 대개 나이가 지긋해진 부모의 응석받이 속에 자라며 늘 가장 작고 가장 약한 아이로 간주되어 진지하게 받아들여지지 않는 불쾌한 상황에 처한다. 그러나 막내의 처지는 전체적으로 열악하지 않다. 그리고

　13. 공동체 감정을 방해하는 아동기의 상황과 이의 제거

손위 형제자매를 넘어서기 위한 우월의 추구는 매일 새로운 자극을 받는다. 많은 면에서 막내의 처지는 둘째 아이의 처지와 비슷한데, 이것은 형제자매의 순서가 다른 아이도 어쩌다 비슷한 경쟁 관계를 발견할 경우 처할 수 있는 상황이다. 막내의 강점은 다양한 정도의 공동체 감정에서 모든 형제자매보다 월등하려는 시도로 나타나곤 한다. 반면에 막내의 약점은 응석둥이의 경우 보통 그런 것처럼 우월한 지위를 얻으려는 직접적인 투쟁을 회피하고, 다른 영역이나 다른 생활 형태 또는 다른 직업에서 자신의 목표를 달성하려 할 때가 많다는 점이다. 개인심리학적 소양을 가지고 인간의 정신생활이 지닌 역동성을 관찰할 수 있는 사람이라면 막내의 이런 운명이 관철되는 모습을 매우 자주 목격할 수 있을 것이다. 예컨대 사업가 집안의 막내는 시인이나 음악가가 되곤 한다. 반면에 형제자매가 지식인이면, 막내는 사업 쪽으로 진출하곤 한다. 다만 이때 우리의 매우 불완전한 문화 속에서는 소녀의 활동 기회가 많이 축소된다는 점도 고려해야 할 것이다.

　막내의 성격과 관련해 성경에 나오는 요셉에 대한 내 언급은 많은 이목을 끌었다. 물론 나도 베냐민이 야곱의 막내아들이었다는 것을 잘 안다. 그러나 베냐민은 요셉보다 열일곱 살이나 어렸고, 요셉은 오랜 시간 동안 동생 없이 성장했다. 따라서 요셉의 발달 과정에서 베냐민은 중요하지 않았다. 우리 모두가 알듯이 이 소년은 힘들게 일하는 형제들 주변을 배회하며 자신의 위대한 미래를 꿈꿨고 자신이 신과 같은 존재가 되어 형제들과 세계를 지배한다는 꿈 이야기로 형제들을 화나게 만들었다. 또한 그가 다른 형제들보다 더 아버지의 사랑을 받았다는 사실도 그들을 화나게 했을 것이다. 그러나 그는 자기 가족과 부족의 기둥이 되었을 뿐만 아니라 더 나아가 문화의 구원자가 되었다. 그의 여러 행위와 업적에서 우리는 그가 지녔던 공동체 감정의 크기를 어렵지 않게 확인할 수 있다.

직관적인 민속 문화에는 이와 비슷한 단서가 많이 존재한다. 성경에 나오는 사울, 다윗 등등의 이야기에도 이와 비슷한 것이 많다. 그뿐만 아니라 모든 시대와 민족의 동화에서 막내아들은 승리자로 등장한다. 우리의 현재 사회에서 인류의 위인들만 둘러보아도, 막내아들이 얼마나 자주 탁월한 지위에 오르는지를 확인할 수 있다. 그런가 하면 실패자 중에서도 막내아들은 단연 두각을 드러낼 때가 많은데, 이것은 역시 응석을 받아 준 사람에 대한 의존성 또는 부모의 방치가 그의 잘못된 사회적 열등감이 자라나는 자양분이 되었기 때문일 것이다.

형제자매의 서열과 관련된 아동 연구는 아직도 연구할 것이 많이 남아 있다. 아이가 자신의 상황과 인상을 재료로 사용해 자신의 인생 목표와 운동 법칙 및 성격 특성을 창조적으로 구축한다는 사실은 의심의 여지가 없다. 사태를 분명히 볼 수 있는 사람이라면 타고난 성격 특성의 가정이 얼마나 근거 없는 것인지를 쉽게 간파할 것이다. 위에 언급한 것과 다른 형제자매 순서에 대해 내가 말할 수 있는 것은 그리 많지 않다. 런던의 의사 크라이턴밀러Crichton-Miller는 셋째 딸이 더 강한 남성적 저항을 보인다는 사실을 발견했다고 내게 말한 적이 있다. 나도 그의 발견이 옳다는 것을 자주 확인할 수 있었는데, 내가 보기에 이것은 이런 소녀가 부모의 실망을 체감, 직감 또는 경험한 뒤에 여성의 역할에 대한 불만을

13. 공동체 감정을 방해하는 아동기의 상황과 이의 제거

어떤 식으로든 표출하기 때문일 것이다. 셋째 딸의 경우에 꽤 강력한 반항적 태도를 자주 보이는데, 샤를로테 뷜러라면 이것을 '자연적인 반항기'로 규정하겠지만 내가 보기에는 인공물로 이해하는 것이 더 적절해 보인다. 다시 말해 이것은 개인심리학의 관점에서 볼 때 실재했던 또는 그렇게 지각된 냉대 경험에 대한 지속적인 저항이다.

여러 남자 동기가 있는 외딸이거나 여러 여자 동기가 있는 외아들의 발달에 관한 내 연구는 아직 완료되지 않았다. 지금까지의 연구 결과에 따르면 이 둘은 모두 더 남성적인 또는 더 여성적인 방향을 지향하는 극단적 성향을 보이는 듯하다. 즉 아동기에 주위 여자들이 더 성공적인 존재로 지각되면 여성적인 방향을 지향하고, 남성성이 추구할 목표로 지각되면 남성적인 방향을 지향할 것이다. 첫 번째 경우에는 온갖 변형된 형태의 부드러움과 의타심이 두드러지게 관찰될 것이며, 두 번째 경우에는 노골적인 지배욕과 반항심, 그러나 때로는 용기와 훌륭하게 정진하는 태도가 관찰될 것이다.

14. 몽상과 꿈

우리의 고찰은 이제 환상의 영역으로 넘어간다. 만약 진화의 흐름을 통해 창출된 환상 기능을 정신생활의 전체 연관성 및 외부 세계의 요구와 분리해 고찰하거나 심지어 이것을 통일적인 자아에 대립시킨다면, 그것은 큰 오류일 것이다. 오히려 환상은 개인적인 생활양식의 일부이자 특징이며, 정신생활의 다른 모든 부분에 흔적을 남기는 심리적인 운동이자 그 자체로 개인적인 운동 법칙을 반영한다. 환상은 특정 상황에서 자신에게 부여된 임무를 생각으로 표출하기도 하지만, 평소에는 느낌과 감정의 영역에 숨어 있거나 개인의 태도에 묻혀 있다. 환상도 다른 모든 심리적 운동과 마찬가지로 미래를 지향하는데, 왜냐하면 이것도 완성의 목표를 향한 흐름 속에서 움직이기 때문이다. 이런 관점에서 볼 때 환상의 운동에서 또는 환상의 파생물인 몽상과 꿈의 운동에서 소원 성취를 목격하거나 한술 더 떠 이것이 환상의 메커니즘을 이해하는 데 기여한다고 믿는 것은 지극히 당연하고도 무의미한 것이다. 왜냐하면 모든 심리적 표현 형태는 아래에서 위로, 마이너스 상황에서 플러스 상황으로 움직이며, 따라서 모든 심리적 표현 운동을 소원 성취로 간주할 수 있기 때문이다.

상식도 그렇지만 환상은 더 직감의 능력에 의존한다. 그러나 그렇다고 해서 이 직감이 항상 옳다는 것은 아니다. 환상의 메커니즘은 공동체에 부합하게 다음 조치를 취하는 것에 만족하지 못할 경우 상식으로부터, 즉 사회적 공동생활의 논리로부터 그리고 현재의 공동체 감정으로부터 잠시(또는 정신병의 경우에는 오랫동안) 거리를 두는 것이다. 현존하는 공동체 감정이 특별히 강력하지 않으면, 이것은 어렵지 않게 이루어진다. 반면에 공동체 감정이 매우 강력하면, 환상의 행보는 공동체를 풍부하게 하는 쪽으로 인도될 것이다. 어쨌든 우리는 우리 안에서 자연스럽게 발생하는 심리적 운동 과정을 인위적으로 무수한 변형의 생각, 감정, 성향 등으로 분해할 수 있다. 그리고 어떤 태도가 위대한 업적의 경우처럼 공동체에 기여할 때만, 우리는 이것을 '올바른', '정상적인', '가치 있는' 태도로 인정할 것이다. 이런 가치 판단의 개념들을 다른 방향으로 해석하는 것은 논리적으로 불가능하다. 물론 그렇다고 해서 인류 전체의 안녕에 대한 우리의 통찰이 더 높은 수준에 도달할 때까지 현재의 상식 수준이 이런 기여에 반할 수 있는 가능성이 완전히 배제된 것은 아니다.

당면 문제의 해결책을 찾을 때는 언제나 환상이 작동한다. 왜냐하면 이것은 미지의 미래와 관련되기 때문이다. 아동기에 생활양식의 창조에 기여했던 창의력이 여전히 작동한다.

생활양식의 작동에 온갖 형태로 관여하는 조건 반사도 정신생활의 재료로서 계속 사용된다.

이런 것들은 완전히 새로운 것을 창조할 때 자동적으로 작동하지 않는다. 오히려 창의력은 개인이 만들어 낸 생활양식의 경로를 따른다. 마찬가지로 환상의 방향을 조종하는 임무도 생활양식의 몫이다. 개인이 사태의 연관을 이해하든 아니면 완전한 무지 속에서 사태를 마주하든 상관없이 환상의 작용은 생활양식의 표현이며, 따라서 이런 작용은 정신의 공장을 들여다보기 위한 입구로 활용될 수 있다. 그러나 올바로 접근할 경우에는 언제나 자아와 통일성을 접하게 되는 반면에, 그릇된 견해에서 출발하면 의식 대 무의식 같은 대립이 존재하는 것처럼 보인다. 이런 그릇된 견해의 대표자인 프로이트는 오늘날 자아 안의 무의식에 관해 이야기함으로써 좀 더 나은 이해에 황급히 접근하고 있는데, 이런 무의식을 통해 자아는 당연히 아주 다른 얼굴을 지니게 될 뿐만 아니라 이것은 개인심리학에서 최초로 발견한 얼굴이기도 하다.

모든 위대한 사상과 모든 예술 작품의 탄생은 쉬지 않고 창조하는 인류의 창조적 정신 덕분이다. 어쩌면 대다수 사람들은 이것에 아주 작은 부분만을 기여할 것이다. 적어도 새로운 창조물을 수용하고 보존하며 활용할 때 이런 기여를 한다. 이런 경우에는 '조건 반사'의 작용이 상당 부분을 차지할 것이다. 반면에 창조적인 예술가에게 조건 반사는 환상 속에서 오래된 것을 앞서가기 위해 이용하는 재료일 뿐이다. 예술가와 천재는 의심의 여지 없이 인류의 지도자이며 아동기에 점화된 불꽃 속에서 뜨겁게 타오름으로써 이런 대담함에 대한 통행세를 치른다. "나는 고통에 시달렸고, 그렇게 나는 시인이 되었다." 색채와 형태와 선에 대한 우리의 향상된 시각과 지각은 화가들 덕분이다. 그리고 우리의 향상된 청각과 발음 기관의 섬세한 조절은 음악가들 덕분이다. 시인은 우리에게 사고와 말하기와 느낌을 가르쳤다. 대개 유아기부터 빈곤이나 시각 또는 청각 이상 같은 온갖 장애에 시달렸고 대개 일방적인 응석받이 속에서 격렬한 자극에 노출되었던 예술가들은 아주 어린 시절부터 심각한 열등감을 찢어발기고 사납게 날뛰는 야심을 품은 채 너무 비좁은 현실과 씨름하면서 자신과 다른 사람들을 위해 현실을 넓히려고 노력한 사람들이다. 이런 사람들은 대개 높은 목표에 적합한 형태의 고통에 시달리는 특정한 상황의 아이들을 평균 수준 너머로 들어 올림으로써 어려움을 넘어 전진하는 진화의 선구자와도 같다.

우리가 이미 오래전에 증명한 것처럼 이 암울하면서도 축복받은 형태의 고통은 외부 충격에 더 취약한 신체적 민감성에서 비롯하는데, 이것은 매우 자주 당사자의 열등한 감각 기관을 통해 증명되며, 당사자를 통한 증명이 어려울 경우에는(왜냐하면 사례가 적을 경우 우리의 연구 방법으로는 한계가 있으므로) 가계를 따라 유전된 열등 기관을 통해 증명된다. 그곳에서 우리는 이런 체질적 열등의 가장 분명한 흔적을 발견하곤 하는데, 종종 질병으로까지 이어지는 이 마이너스 변형은 인류의 상승을 강제한 원동력이었다.[28] 아이의 창조적인 정신은 자발적인 놀이와 모든 놀이의 개인적인 실행 방식에서 드러난다. 모든 놀이는 우월의 추구가 표출될 수 있는 공간을 제공한다. 공동체 놀이에는 공동체 감정의 열망이 반영되어 있다. 공동체 놀이 외에 혼자 놀기를 무시할 필요는 없으며, 어린이든 성인이든 이런 놀이가 나중에 공동체를 더 풍성하게 해 줄 수 있다면 이를 적극적으로 촉진하는 것도 바람직하다. 그리고 이런 놀이가 다른 사람을 멀리해야만 가능하고 익힐 수 있다는 사실은 기술적인 문제일 뿐이며 이 때문에 놀이의 공동체 성격이 방해받지는 않는다. 이때도 환상이 제 역할을 수행하는데, 미술은 이런 환상의 중요한 자양분이 된다. 다만 아이가 어느 정도 성숙할 때까지는 정신적으로 소화하기 어려운 것들을 독서 영역에서 모두 배제해야만 오해가 생기거나 성장 중인 공동체 감정에 제동이 걸리는 일이 없을 것이다. 무엇보다도 공포심을 불러일으키는 잔인한 이야기가 이에 해당하는데, 특히 공포 때문에 비뇨기 또는 생식기 계통이 크게 자극받는 아이에게는 이것을 피해야 한다. '쾌락원칙'의 유혹에 저항하지 못하는 응석둥이도 다시 언급해야 하는데, 응석둥이는 환상과 나중에는 실천을 통해 성적 흥분을 일으키는 공포스러운 상황을 조성하곤 한다. 나는 가학성애자와 피학성애자를 연구하면서 공동체 감정의 결여 외에도 이런 운명적인 연관 관계를 언제나 발견하곤 했다.

아동과 성인의 대다수 몽상은 상식에서 어느 정도 분리된 채 우월의 목표를 향해 나아간다. 쉽게 이해할 수 있듯이 환상은 보상의 목적을 위해, (결코 이런 식으로는 이루어질 수 없는) 심리적 평형 상태를 유지하기 위해 지각된 약점의 극복을 지향하는 방향으로 전개된다. 어떤 면에서 이 과정은 아이가 생활양식을 창조할 때 일어나는 과정과 비슷하다. 아이가 어려움을 느끼는 곳에서 환상은 아이로 하여금 자신이 더 중요한 존재인 것처럼 꾸미도록 도우면서 동시에 이를 위한 노력을 하도록 어

14. 몽상과 꿈

느 정도 자극한다. 다만 이런 자극 없이 환상 자체가 보상이 되는 경우도 충분히 많다. 후자의 경우에 환상의 작용은 비록 그것이 어떤 활동이나 외부 세계에 대한 공격을 전혀 포함하지 않더라도 공동체에 반하는 것으로 간주해야 할 것이다. 또한 환상을 이끄는 생활양식에 따라 환상이 공동체 감정에 대립할 경우에도 우리는 이것을 공동체 감정이 배제된 생활양식의 표현으로 인식할 수 있을 것이다. 예컨대 잔인한 몽상에 자주 빠지고 자신이 끔찍하게 고통을 당하는 환상이 뒤따르는 경우가 이에 해당한다. 전쟁의 환상, 영웅적인 행위, 사회적으로 중요한 인물의 구출 등은 보통 무력감의 존재를 시사하며 삶 속에서는 소심함과 수줍음으로 이어진다. 여기에서 또는 언뜻 보기에 대립적인 듯한 표현 형태 속에서 반대 감정의 병존, 의식의 분열, 이중생활 등을 보는 사람은 개인의 통일성을 보지 못하는 것이다. 통일적인 개인 안에서 언뜻 대립하는 것처럼 보이는 것은 마이너스 상황과 플러스 상황의 비교를 바탕으로 분석하면서 전체의 연관을 보지 못하기 때문에 생긴다. 심리 과정이 더 높은 곳을 향한 끊임없는 흐름이라는 사실을 아는 사람은 우리 언어의 한 단어, 한 개념으로 심리 과정을 올바로 묘사할 수 없다는 것을 잘 안다. 왜냐하면 끊임없이 흐르는 것을 고정된 형태로 명명할 수는 없기 때문이다.

다른 부모의 자식이 되는 환상을 매우 자주 관찰할 수 있는데, 이 것은 자신의 부모에 대한 불만을 시사하는 경우가 많다. 정신병의 경우에는, 그리고 다른 경우에는 좀 더 약한 형태로, 이런 환상이 지속적인 불만으로 현실을 지배한다. 개인의 야망 때문에 현실이 견딜 수 없게 느꺼질 때, 사람들은 언제나 환상의 마법으로 도피한다. 그러나 환상이 공동체 감정과 올바로 짝을 맺을 경우, 아주 위대한 업적이 기대된다. 왜냐하면 요구하는 느낌과 감정에 의해 깨어난 환상은 기계를 돌리는 가스 압력의 증가와도 같이 작용하기 때문이다. 이럴 경우 환상은 성능의 제고로 이어진다.

따라서 환상 작용의 가치는 무엇보다도 거기에 얼마나 많은 공동체 감정이 깃들어 있는가에 달렸다. 이것은 개인뿐 아니라 대중에게도 타당하다. 우리의 관찰 대상이 확실한 실패자라면, 그의 환상도 마찬가지로 잘못된 것일 것이다. 거짓말쟁이, 사기꾼, 허풍선이는 이에 대한 대표적인 예다. 그리고 바보도 마찬가지다. 환상은 이것이 몽상으로 응집되지 않는 경우에도 결코 완전히 멈추지 않는다. 우월의 목표를 지향하는 것 자체가 예견하려는 욕망 같은 미래에 대한 환상을 강제한다. 환상이 현실에서 나타나든 아니면 몽상이나 꿈으로 나타나든 아니면 예술품을 창조하든, 모든 환상은 생활양식이 제시하는 방향으로 전개되는 훈련이다. 환상을 통해 당사자의 인격이 드러나며, 이 과정 중에 환상은 경우에 따라 상식의 지배를 더 받기도 하고 덜 받기도 한다. 꿈꾸는 사람도 종종 자신이 꿈꾼다는 사실을 안다. 그리고 잠자는 사람이 아무리 현실에서 멀어져 있다고 하더라도 침대에서 떨어지는 일은 좀처럼 일어나지 않는다. 이때 환상 속에서 주목하는 거의 모든 것, 예컨대 부富, 힘, 영웅적인 행위, 위대한 작품, 불멸 등등은 모두 과장, 은유, 비유, 상징이다. 은유의 부추기는 힘은 무시할 수 없다. 나를 비난하는 많은 몰상식한 반대자들의 주장과 달리 은유는 환상으로 가득한 현실의 위장이며 결코 현실과 동일하지 않다. 은유가 우리의 삶에 추가로 활력을 불어넣을 때 이것의 가치는 부정할 수 없으며, 반면에 이것이 우리의 감정을 부추겨 공동체에 해로운 정신을 강화할 때는 이것의 해로운 작용을 지적해야만 한다. 그러나 모든 경우에 은유는 당면 문제의 해결을 위해 상식이 너무 미약할 때 또는 생활양식이 요구하는 해결책과 상식이 대립할 때 생활양식을 바탕으로 당면 문제에 대해 느끼는 기분을 환기시키고 강화하는 역할을 한다. 그리고 이런 사실은 꿈을 이해하는 데도 도움이 된다.

꿈을 이해하려면 먼저 꿈이 가능한 마음 상태인 수면을 살펴보아야 한다. 의심의 여지 없이 수면은 진화의 산물이다. 수면은 신체의 상태 변화와 자연스럽게 결부되어 있고 이를 통해 야기되는 자율적인 조절이다. 이 변화에 대해 아직은 그저 추측할 수 있을 뿐이지만(어쩌면 뇌하수체에 관한 촌덱의 연구를 통해 이것이 어느 정도 밝혀졌을지 모른다), 그래도 우리는 이것이 수면 충동과 함께 작용한다고 가정할 수 있다. 수면은 명백히 휴식과 회복에 기여하므로, 모든 신체 활동과 심리 활동도 수면을 통해 휴지 상태에 접근한다. 개인의 생활 형태는 각성과 수면을 통해 낮과 밤의 변화에 더 잘 적응하게 된다. 잠자는 사람이 깨어 있는 사람과 다른 점은 무엇보다도 낮의 구체적인 문제로부터 떨어져 있다는 것이다.

그러나 수면은 죽음의 형제가 아니다. 개인의 생활 형태와 운동 법칙은 중단 없이 깨어 있다. 잠자는 사람은 움직이고, 침대에서 불편한 자세를 고치며, 빛과 소음 때문에 깨어날 수 있고, 옆에서 자는 아이를 배려하며, 낮의 기쁨과 고통을 품고 있다. 인간은 수면 중에도 온갖 문제를 염려하며, 이것을 해결하는 데 수면이 방해가 되지 않는다. 갓난아이가 불안정하게 뒤척이면 어머니가 깨어나고, 아침이 되면 활기가 샘솟으며, 원하면 거의 규칙적으로 정해진 시간에 일어날 수 있다. 내가 이미 언급한 것처럼[29] 수면 중 신체 자세도 깨어 있을 때와 마찬가지로 정신 자세를 엿볼 수 있게 해 주는 훌륭한 단서가 되곤 한다. 정신생활의 통일성은 수면 중에도 유지되기 때문에 몽유병이나 때로는 수면 중 자살, 이를 가는 행동, 잠꼬대, 경련성 주먹 쥐기 및 이에 뒤따르는 감각 이상 같은 근육 긴장 등을 전체의 일부로 고찰하면서 이로부터 결론을 도출할 줄 알아야 한다. 다만 이때 다른 표현 형태를 통해 추가 확인 절차를 거칠 필요가 있다. 그런가 하면 감정과 기분이 수면 중에 꿈을 동반하지 않은 채 각성 상태로 전환되기도 한다.

꿈이 대부분 시각적인 사태로 나타나는 까닭은 우리의 정신생활에서 가시적인 사태에 대한 확신이 두드러진 비중을 차지하기 때문이다. 나는 제자들에게 늘 다음과 같이 말했다. "뭔가 연구하다가 불분명한 점이 있으면, 귀를 막고 운동 자체를 살펴봐라." 시각이 제공하는 이런 커다란 확실성에 대해서는 이것을 명쾌한 사고로 정리하지는 못하더라도 누구나 알고 있을 것이다. 꿈도 이 커다란 확실성을 추구하지 않을까? 낮의 과제로부터 꽤 거리를 둔 채, 자기 자신에게만 의존한 채, 생활양식의 인도를 받는 창의력이 전혀 간섭받지 않는 상태에서, 입법자 노릇을 하는 현실의 제약으로부터 좀 더 자유롭게 전개되는 꿈을 통해 생활양식이 더 강력하게 표출되지 않을까? 평소에도 개인의 탄력이 당면 문제를 견디지 못할 때, 상식이, 개인의 공동체 감정이 충분히 강력하게 존재하지 않아서 침묵할 때 환상이 생활양식의 편에서 씨름하는 것처럼, 꿈도 생활양식에 닻을 내린 환상에 몸을 맡긴 채 똑같은 길을 가지 않을까?

우리는 개인심리학을 아예 묵살하거나 개인심리학에 몰래 숨어들어서 개인심리학의 길을 가로막으려는 사람들을 따르지 않을 것이다. 때문에 여기서 우리는 과학적인 꿈 이론을 발전시키려고 가장 먼저 시도했던 프로이트를 언급하고자 한다. 이것은 누구도 깎아내릴 수 없는 그의 공적이다. 그리고 그가 '무의식'에 속하는 것으로 서술한 몇몇 관찰도 부정할 수 없는 그의 공적이다. 그는 그가 이해한 것보다 훨씬 많은 것을 알았던 듯하다. 그러나 그가 인정하는 유일한 지배 원리인 성욕을 중심으로 모든 심리 현상을 재편할 수밖에 없게 되었을 때, 그는 길을 잃을 수밖에 없었다. 게다가 내가 이미 지적한 것처럼 응석둥이의 열등 콤플렉스에서 비롯하는 사악한 추동에만 주목함으로써 사태는 더욱 악화되었다. 그러나 이것은 잘못된 양육과 아이의 잘못된 창조가 빚은 인공물이며 진화를 통해 형성된 심리 구조의 실체를 이해하는 데 전혀 기여하지 않는다. "만약 어떤 사람이 자신이 꾸는 꿈을 모두 차별 없이, 이런저런 사정을 고려하지 않고, 솔직하고 꼼꼼하게 적기로 결심했다면, 그리고 자신의 삶에 대한 기억과 독서를 바탕으로 자신의 꿈을 설명하는 데 도움이 될 만한 것들을 주석으로 첨가할 수 있다면, 그는 인류에게 커다란 선물을 안길 것이다. 그러나 이것이 스스로 조용히 참고하기 위해서라도 꽤 가치 있는 일인 것은 분명하지만, 인류의 현재 모습을 고려할 때 누구도 그렇게 하지 않을 것이다." 이것은 프로이트가 한 말인가? 아니다. 이것은 프리드리히 헤벨 Friedrich Hebbel의 회고록에 나오는 말이다. 만약 이것이 꿈에 대한 견해가 될 수 있다면, 내가 보기에 여기서 관건은 사용된 도식이 과학적 비판을 견딜 수 있는가 하는 점이다. 그리고 이 점에서 정신분석의 도식은 매우 불충분했다. 그래서 프로이트 자신도 자신의 꿈 해석을 여러 번 수정한 뒤에 이제 와서는 모든 꿈이 성적인 내용을 가진다는 주장을 한 번도 한 적이 없다고 말한다. 어쨌든 이것도 발전이긴 하다.

그러나 프로이트가 '검열관'이라고 부르는 것은 수면 중에 현실을 멀리하기에 지나지 않으며, 공동체 감정이 결여되어 당면 문제의 정상적인 해결이 어려울 때 공동체 감정으로부터 일부러 거리를 두는 것에 지나지 않는다. 이럴 때 개인은 예상되는 패배 때문에 충격에 휩싸일 때처럼 생활양식의 마법에 걸린 환상의 도움을 받아 상식과 동떨어진 곳에서 더 쉬운 해결책을 찾는다. 이것을 소원 성취로 해석하거나 또는 절망에 휩싸인 죽음의 욕망으로 보는 것은 꿈의 구조를 해명하는 데 전혀 기여하지 않는 진부한 이야기일 뿐이다. 왜냐하면 삶의 과정 전체가 어느 지점에서 고찰하든 항상 소원 성취의 추구로 간주될 수 있기 때문이다.

내가 꿈에 대해 연구할 때 크게 도움을 받은 두 가지가 있다. 하나는 받아들일 수 없는 견해를 가진 프로이트의 도움이었다. 나는 그의 실패로부터 배울 수 있었다. 나 자신이 심리분석의 대상이 된 적은 없다. 만약 그런 제안을 받았다면 단칼에 거절했을 것이다. 왜냐하면 그의 이론을 엄격히 적용할 경우 대다수 사람에게 결여된 과학적이고 선입견 없는 태도가 보장되지 않기 때문이었다. 그렇지만 나는 그의 이론을 잘 알았기 때문에 오류를 인식할 수 있었을 뿐만 아니라 응석둥이의 사례를 바탕으로 프로이트의 다음 행보를 예측할 수 있었다. 때문에 나는 나의 모든 제자들에게 프로이트의 이론을 자세히 공부하라고 권했다. 프로이트와 그의 제자들은 나를 프로이트의 제자로 칭하면서 노골적으로 자랑하기를 일삼았는데, 왜냐하면 나는 제자들을 대상으로 한 그의 강의에 한 번도 참석한 적이 없으면서도 심리학 모임에서 그와 매우 자주 다투었기 때문이다. 이 모임에서 프로이트의 견해를 지지하기로 결의했을 때, 나는 첫 번째로 이 모임을 떠났다. 내가 프로이트보다 훨씬 더 적극적으로 개인심리학과 정신분석 사이의 경계를 날카롭게 그었으며 내가 프로이트와 토론을 벌이면서 한 번도 허풍을 떤 적이 없다는 사실은 누구도 부정하지 못할 것이다. 개인심리학의 발전과 개인심리학이 정신분석의 변화에 미친 부정할 수 없는 영향력에 대해 그쪽에서 매우 불편한 감정을 갖는 것은 유감스러운 일이다. 그러나 응석둥이의 세계관을 만족시키기가 얼마나 어려운지는 나도 잘 안다. 정신분석이 기본 원칙은 그대로 놔둔 채 꾸준히 개인심리학에 접근한 결과로 편견을 가진 사람들의 눈에 둘이 비슷해 보이는 것은 결국 그리 놀라운 일도 아니다. 이것은 파괴할 수 없는 상식의 효과임에 틀림없다. 많은 사람들에게는 마치 내가 지난 25년 동안 정신분석의 발전을 불법적으로 미리 예견한 것처럼 보일 것이다. 그들에게 나는 정신분석을 놓아주지 않는 죄수인 셈이다.

　　두 번째로 내게 훨씬 더 큰 도움이 된 것은 과학적으로 검증되었고 여러 면에서 고찰된 확고한 사실인 개인의 통일성이었다. 하나의 통일체에 속한다는 것은 꿈에도 해당할 것이다. 생활양식의 요구에 따라 현실의 영향력으로부터 보통 더 큰 거리를 둔다는 점을 제외하면(이것은 깨어 있을 때의 환상도 마찬가지다) 꿈에서 이론을 뒷받침하기 위해 끌어올 수 있는 심리적 형태는 깨어 있을 때도 존재하는 것들뿐이다. 그러므로 수면과 꿈은 깨어 있는 삶의 변형이고 깨어 있는 삶도 수면과 꿈의 변형이라고 결론 내릴 수 있다. 각성과 수면의 두 생활 형태에 공통된 최고 법칙은 자아의 가치감이 가라앉지 않게 하는 것이다. 또는 개인심리학의 잘 알려진 용어로 표현하자면, 개인은 최종 목표를 향한 우월의 추구를 통해 열등감의 압력에서 벗어난다. 우리는 이 길이 어느 쪽으로 향하는지를 안다. 그것은 다분히 공동체 감정과 동떨어진, 즉 공동체 감정에 반하는, 다시 말해 상식에 반하는 길이다. 자아는 당면 문제를 해결할 수 있을 만큼 공동체 감정이 충분하지 않은 상황에서 꿈과 같은 환상의 힘을 빌려 당면 문제의 해결을 모색한다. 이때 공동체 감정의 시험대 역할을 하는 것은 당연히 언제나 당면 문제의 주관적인 어려움이며, 이것은 우리 중에 가장 훌륭한 사람조차 꿈으로 도피하려 할 만큼 괴로울 수 있다.

　　따라서 우리가 가장 먼저 확인해야 할 것은 꿈의 모든 상태에 외인성 요인이 존재한다는 사실이다. 이것은 프로이트의 '낮의 잔여물 Tagesrest'*과 다르며 그 이상을 의미한다. 이것의 의미는 시험을 받는다는

---

* 프로이트가 말하는 '낮의 잔여물'이란 꿈에 나타나는 어제 낮의 경험에 대한 기억을 가리킨다.

것과 해결책을 찾는다는 것이다. 여기에는 프로이트가 말하는 퇴행과 유아기 성욕의 충족이 아니라 개인심리학이 말하는 '목적지'가, '목표를 향한 전진'이 담겨 있다. (프로이트가 말하는 것은 모든 것을 독차지하려 하고 자신의 욕망이 충족되지 않는 것을 용납하지 못하는 응석둥이의 허구적인 세계를 드러낼 뿐이다.) 이것은 더 높은 곳을 향한 진화의 흐름과 결부되어 있으며, 각 개인이 가고자 하는 길의 모습을 드러낸다. 이것은 자기 자신에 대한 그리고 삶의 본질과 의미에 대한 각 개인의 견해를 드러낸다.

    잠시 꿈의 상태가 아닌 것을 살펴보자. 어떤 사람이 시험에 직면했는데, 그는 자신의 부족한 공동체 감정 때문에 시험을 마주할 준비가 되어 있지 않다고 느낀다. 그래서 그는 환상으로 도피한다. 이 도피의 주인공은 누구인가? 그것은 당연히 자신의 생활양식을 따르는 자아다. 이때의 의도는 생활양식에 맞는 해결책을 찾는 것이다. 그러나 공동체에 소중한 소수의 꿈을 제외하면 이것은 상식에 맞지 않고 공동체 감정에 반하는 해결책이며, 그러나 곤경에 처해 좌절한 개인에게 안도감을 선사하고 나아가 개인의 생활양식과 자기가치감을 강화하는 해결책이다. 수면은 올바로 수행된 최면이나 성공적인 자기 암시와 마찬가지로 이런 목적에 기여하는 진정제일 뿐이다. 따라서 우리는 꿈이 공동체 감정으로부터 거리 두기를 추구하고 이를 드러내는 생활양식의 의도적인 창조라고 결론지어야 할 것이다. 그러나 공동체 감정이 더 크고 상황이 더 위협적인 경우에 때때로 사태의 반전이 이루어져 공동체 감정이 도피 시도를 넘어서기도 한다. 이것은 다시 정신생활이 결코 공식과 규칙으로 완전히 포착되지 않는다는 개인심리학의 주장을 뒷받침하는 사례다.

다만 그렇다고 해서 꿈이 공동체 감정으로부터 떨어진 거리를 드러낸다는 우리의 핵심 명제가 달라지는 것은 아니다.

오래전부터 나를 성가시게 한 반론이 하나 있는데, 이것은 내게 꿈의 문제에 대한 깊은 통찰을 안겨 준 계기가 되기도 했다. 위에 서술한 사실이 맞는다면, 아무도 자신의 꿈을 이해하지 못한다는 사실을, 누구도 자신의 꿈에 주목하지 않을뿐더러 대개 이것을 잊는다는 사실을 어떻게 설명할 수 있는가? 이런 것을 어느 정도 이해할 줄 아는 소수의 사람을 제외하면, 평소에 정신의 합리적인 관리 과정에서 결코 찾아볼 수 없는 힘의 낭비가 꿈에서는 이루어지는 듯하다. 그러나 여기에서 도움이 되는 것은 개인심리학의 또 다른 경험이다. 즉 인간은 자신이 이해하는 것보다 더 많은 것을 안다. 그렇다면 꿈에서 이해력이 잠자는 동안 지식은 깨어 있다는 것인가? 만약 정말로 그렇다면 깨어 있는 상태에서도 비슷한 것이 증명될 것이다. 그리고 실제로 인간은 자신의 목표에 대해 아무것도 이해하지 못하면서도 이것을 좇는다. 인간은 자신의 생활양식에 대해 아무것도 이해하지 못하면서도 늘 거기에 얽매어 있다. 그리고 문제에 직면한 개인에게 그의 생활양식이 특정한 방향을 가리킬 때는, 예컨대 술판을 벌이도록 또는 유망한 기업에 입사하도록 가리킬 때는 언제나 이 길이 매력적으로 보이도록 만드는 생각과 이미지가 그에게 떠오르기 마련이다. 그러나 내가 안전장치라고 부른 이런 것들이 언제나 명백하게 목표와 결부되어 있는 것은 아니다. 아내가 매우 불만족스러운 남편에게는 종종 다른 여성이 훨씬 더 매력적으로 보일 수 있지만, 그렇다고 해서 그가 언제나 이 연관성을 이해하거나 심지어 아내에 대한 그의 비난과 복수심을 이해할 수 있는 것은 아니다. 자신의 생활양식 및 당면 문제와 연관 지어 살펴볼 때 비로소 가까운 사물에 대한 그의 지식을 이해할 수 있다. 그러나 이미 지적한 것처럼 환상 그리고 꿈은 상식의 상당 부분을 떨쳐 버린 상태다. 따라서 많은 저자가 그렇듯이 꿈에게 상식을 요구하고 그럼으로써 꿈이 불합리하다는 결론에 도달하는 것은 그리 공정하지 못하다. 꿈은 아주 드문 경우에만 상식에 강력히 접근할 것이며, 결코 상식과 완전히 일치하지 않을 것이다. 그러므로 꿈의 가장 중요한 기능은 환상의 경우와 마찬가지로 **꿈꾸는 사람을 상식에서 벗어난 길로 인도하는 것**이다. 꿈꾸는 사람은 꿈에서 자기를 기만한다. 우리의 근본 견해를 바탕으로 덧붙이자면, 이 자기기만은 꿈꾸는 사람으로 하여금 그의 공동체 감정으로 감당할 수 없는 문제를 그의 생활양식에 맞게 풀도록 유도한다. 사회적 관심을 요구하는 현실과 분리된 그에게 생활양식을 통해 입력된 이미지들이 흘러들어온다.

그래서 꿈이 지나가면 아무것도 남는 것이 없는가? 나는 가장 중요한 이 물음을 풀었다고 생각한다. 우리가 환상에 빠질 때, 남는 것은 그대로 남는다. 즉 느낌과 감정과 태도가 남는다. 이런 것들이 모두 생활양식의 방향으로 작용한다는 것은 인격의 통일성에 대한 개인심리학의 근본 견해에 비추어 볼 때 당연한 것이다. 1918년에 프로이트의 꿈 이론에 대한 나의 첫 번째 공격은 꿈이 앞을 향한다고, 꿈이 꿈꾸는 사람으로 하여금 당면 문제를 자기 자신의 방식으로 풀도록 부추긴다고 내 경험을 바탕으로 주장한 것이었다. 나중에 나는 이 견해를 보완하는 사실을 확인할 수 있었는데, 그것은 꿈꾸는 사람이 이것을 상식과 공동체 감정에 맞게 하는 것이 아니라, 예컨대 시인이 느낌과 감정을 불러일으킬 때 그렇듯이 '비유적으로', 은유를 통해, 비유의 이미지를 통해 그렇게 한다는 사실이었다. 그러나 이것은 각성 상태에서도 관찰되는 것이다. 즉 시인의 소질이 전혀 없는 사람조차 인상을 전달하기 위해 비유를 사용한다. 예컨대 '당나귀 Esel', • '할망구altes Weib' 등등의 욕설을 퍼부을 때 또는 교사가 간단한 단어로 설명할 자신이 없을 때 비유를 사용한다.

이때 두 가지가 일어난다. 첫째로 비유는 객관적인 진술보다 감정을 불러일으키기에 더 적합하다. 때문에 특히 시를 지을 때 또는 격조 있는 언어에서 은유의 사용이 힘을 발휘한다. 그러나 순수예술의 영역을 벗어나는 곳에서 우리는 비유의 사용과 결부된 위험을 보게 된다. 흔히 "절뚝거리는 비유"라고들 하는데, 이것은 비유의 사용에 내포된 기만의 위험을 옳게 지적하고 있다. 꿈에서 이미지가 비유적으로 사용되는 것에 관한 우리의 평가도 같다. 이미지는 실천 이성의 길을 벗어나 꿈꾸는 사람의 자기기만과 감정의 고무에 기여하며, 따라서 또한 생활양식에 부합하는 태도에 기여한다. 어쩌면 꿈에 앞서 늘 좌절감 같은 기분이 존재할지 모르는데, 이것은 좀 더 자세한 연구가 필요한 문제다. 어쨌든 이럴 때 자아가 자신의 생활양식에 맞게 온갖 가능성 중에서 선택하는 이미지들은 다름 아니라 바로 생활양식의 편에서 실천 이성을

• '얼간이'라는 뜻

14. 몽상과 꿈

무시하기에 적합한 것들이다.

위에서 확인한 것처럼 꿈꾸는 사람의 환상은 다른 경우와 마찬가지로 꿈에서도 앞으로 그리고 위로 향하는 생활양식의 노선을 좇으며, 이것은 우리의 모든 사고와 느낌과 행위가 그렇듯이 환상을 통해 기억의 이미지들이 이용되는 경우에도 그렇다. 응석둥이의 삶에서 관찰되는 기억의 이미지는 아이의 응석을 받아 준 오류에서 비롯하지만 다른 한 편으로는 미래에 대한 예감도 담고 있는데, 그렇다고 해서 마치 유아기의 욕망이 이를 통해 충족된다거나 아동 단계로의 퇴행이 일어난다는 식의 결론을 내려서는 안 된다. 여기서 우리가 추가로 고려해야 할 것은 생활양식이 자신의 목적에 맞게 이미지를 선택하며, 따라서 우리는 이런 선택을 바탕으로 생활양식을 이해할 수 있다는 점이다. 꿈의 이미지들을 외인성 상황에 비추어 봄으로써 우리는 꿈꾸는 사람이 해결을 요구하는 문제에 직면해 자신의 생활양식에 의지해 자신의 운동 법칙에 맞게 선택하는 운동 노선을 발견할 수 있다. 그가 취하는 입장의 허약함은 그가 기만적인 방식으로 느낌과 감정을 불러일으키는 비유와 은유를 이용하면서 이것들의 가치와 의미는 검토하지 않는다는 데서 확인된다. 이런 느낌과 감정은 달리는 자동차의 가속 페달을 밟듯이 생활양식에 맞는 운동의 강화와 가속을 야기한다. 꿈의 비합리성은, 깨어 있는 상태에서도 억지 근거를 들이대면서 자신의 오류를 정당화하려 할 때 자주 확인되는 이 비합리성은 따라서 우연이 아니라 필연이다.

깨어 있을 때와 마찬가지로 꿈꾸는 사람에게도 실천 이성을 벗어나기 위한, 즉 당면 문제를 하찮게 취급하거나 문제의 핵심을 차단하기 위한 또 다른 수단이 있다. 종종 꽤 널리 사용되는 듯한 이 방법은 내가 1932년에 『개인심리학 저널』 최근 호에서 문제의 부분적이고 불완전한 해결이자 열등 콤플렉스의 표시라고 서술한 것과 유사하다. 다시 말하지만 나는 꿈의 해석을 위한 규칙을 제시하지 않을 것인데, 왜냐하면 꿈의 해석을 위해 필요한 것은 엄격한 비평가의 체계라기보다 예술적 영감이기 때문이다. 다른 표현 형태를 바탕으로 추론할 수 없는 것을 꿈이 제공하지는 않는다. 연구자의 입장에서 꿈은 오래된 생활양식이 아직도 얼마나 강력하게 작동 중인지를 인식하고 그래서 연구 대상자에게 이를 환기시키는 데 유용할 뿐이며, 이렇게 연구 대상자를 설득하는 데는 꿈이 확실히 기여한다. 꿈의 해석을 통해 환자는 자신이 페넬로페^{Penelope}처럼 낮에 배운 것을 밤에 푼다는 사실을 이해할 수 있다.[*] 또한 환자의 환상 자체가 마치 최면에 걸린 사람처럼 의사에게 외견상 순종하면서 전개되더라도 여기서 도출되는 입장을 통해 환자의 생활양식이 변하는 것은 아니라는 사실도 잊지 말아야 한다. 이것은 이미 환자의 아동기에 은밀하게 훈련된 반항의 일종일 뿐이다.

반복되는 꿈은 비슷한 종류로 지각된 문제들에 직면한 개인의 운동 법칙이 그의 생활양식에 맞게 표현된 것으로 볼 수 있다. 짧은 꿈은 문제에 대한 응답이 엄격하고 신속히 이루어짐을 보여 준다. 꿈의 망각은 꿈꾸는 사람의 강력한 기분이 마찬가지로 강력한 실천 이성에 대립

---

[*] 그리스 신화에서 오디세우스의 아내 페넬로페는 곤경을 모면하기 위해 낮에 짠 옷을 밤에 몰래 푸는 일을 반복한다.

14. 몽상과 꿈

해 있으며 실천 이성을 우회하기 위해 사고의 재료들을 증발시킴으로써 감정과 태도만 남은 것이라고 추측할 수 있다. 불안에 휩싸이는 꿈은 패배에 대한 강력한 불안을 반영하는 경우가 많으며, 기분 좋은 꿈은 단호한 결심을 반영하거나 오히려 반감을 자아내는 현재 상황을 반어법적으로 드러내는 경우가 매우 자주 관찰된다. 망자에 대한 꿈은 꿈꾸는 사람이 망자를 아직 완전히 땅에 묻지 못했으며 여전히 망자의 영향력 안에 있음을 시사하는데, 다만 이것은 다른 표현 형태를 통해 검증되어야 한다. 아마도 가장 흔한 꿈인 추락하는 꿈은 자신의 가치감을 잃지 않으려는 불안과 조심을 시사하며, 또한 동시에 이것의 공간적 표상은 꿈꾸는 사람이 '높은' 위치에 있다고 느끼는 망상과 관련이 있다. 공중을 나는 꿈은 다른 사람을 능가하는 무언가를 이루려는 야심에 찬 사람의 우월에 대한 추구의 침전물로서 관찰된다. 이런 꿈은 야심 차고 위험천만한 추구를 경고하는 추락의 꿈과 결부되어 나타날 때가 드물지 않다. 꿈에서 추락 후 안전하게 착륙하는 것은 종종 생각이 아니라 느낌으로만 표현되곤 하는데, 이것은 대개 안전하다는 느낌을 시사하며, 때로는 아무 일도 없을 것이라고 스스로 다짐하는 숙명의 느낌을 시사하기도 한다. 기차 또는 기회를 놓치는 꿈은 대개 지각함으로써 또는 기회를 놓침으로써 패배에 대한 두려움을 회피하는 훈련된 성격 특성의 표현으로 관찰된다. 옷을 형편없이 입고 있다가 이 때문에 스스로 깜짝 놀라는 꿈은 대개 자신의 불완전함이 탄로 나는 것에 대한 두려움으로 소급된다. 운동 성향, 시각적 성향 또는 청각적 성향이 자주 꿈에 표현되는데, 이것은 늘 당면 과제에 대한 태도와 결부되어 있다. 개별 사례에서 볼 수 있듯이 드물게는 이를 통해 과제 해결이 촉진되기도 한다. 꿈꾸는 사람이 구경꾼 역할을 하는 꿈은 그 사람이 삶에서도 구경꾼 역할에 만족할 가능성을 어느 정도 확실하게 시사한다. 성적인 꿈은 방향이 다양한데, 어떤 때는 미약한 성행위 훈련을 시사하기도 하고 어떤 때는 파트너를 멀리하고 자신에게로 후퇴하는 것을 시사하기도 한다. 동성애 꿈은 내가 자주 강조했듯이 타고난 성향이 아니라 이성을 거부하는 훈련을 시사한다. 꿈꾸는 사람이 능동적으로 관여하는 잔인한 꿈은 분노와 복수심을 시사하며, 누구를 더럽히는 꿈도 마찬가지다. 야뇨증 환자는 적절한 곳에서 오줌을 누는 꿈을 자주 꾸는데, 이것은 무시당하는 것에 대한 불만과 복수심이 소심한 방식으로 표현된 것이라 하겠다. 꿈에 대한 해석은 내 책과 글에서 무수하게 많이 찾아볼 수 있으므로, 여기서는 구체적인 예를 들지 않겠다. 다만 생활양식과 관련해 다음과 같은 꿈을 살펴보기로 하자.

두 아이를 둔 한 남성은 아내와 자주 다투었다. 그는 아내가 자신을 사랑해서 결혼한 것이 아니란 걸 알고 있다. 다툼의 불씨는 양쪽 모두가 지폈다. 이 남자는 원래 응석둥이였으나 나중에 다른 아이 때문에 '폐위'되었다. 그러나 엄격한 학교에서 쉽게 성을 내던 예전 버릇을 억제하는 법을 배울 수 있었다. 그래서 때로는 좋지 않은 상황에서 상대편과 화해하려고 어쩌면 너무 오랫동안 시도할 때도 있었는데, 이런 시도는 당연히 별로 성공적이지 못했다. 아내에 대한 그의 태도도 한편으로는 사랑과 신뢰가 넘치는 분위기를 만들려고 노력하고 참다가도 다른 한편으로는 열등감에 사로잡혀 어찌할 바를 모르게 되는 순간 갑자기 분노가 폭발하기를 반복하는 식이었다. 아내는 이런 상황을 도무지 이해할수 없었다. 남자는 두 아들에게 엄청난 사랑을 퍼부었으며, 그래서 아이들도 아버지를 잘 따랐다. 반면에 겉으로 태연한 모습을 유지했던 어머니는 자식의 사랑을 얻기 위한 경쟁에서 자연스럽게 남편에게 밀렸으며, 그래서 자식과의 연결 고리도 점점 사라져 버렸다. 남편에게는 이것이 자식을 소홀히 대하는 것으로 보였으며, 그래서 종종 아내를 비난했다. 부부 관계는 불화 속에서도 계속되었지만, 두 사람은 모두 자식이 또 생기지 않도록 노력했다. 두 사람의 관계는 오랜 기간 동안 이렇게 계속되었다. 격렬한 사랑의 감정만 인정한 남편은 자신이 이 권리를 박탈당했다고 느꼈고, 자신의 생활양식 때문에 남편과 아이들이 원하는 따스함이 부족하고 냉담한 아내는 무기력하게 결혼 생활을 유지할 뿐이었다. 어느 날 밤에 남편은 여자 시체가 피를 흘리며 참혹하게 나뒹구는 꿈을 꾸었다. 나와 그의 대화는 그가 의사 친구와 함께 간 해부실에서 보았던 장면에 대한 기억으로 이어졌다. 그러나 남편도 인정한 것처럼 그가 두 번 체험한 분만 장면도 그에게 큰 충격을 주었다는 사실을 어렵지 않게 알 수 있었다. 이에 대한 해석은 다음과 같았다. "나는 아내가 셋째를 낳는 것을 더 이상 보고 싶지 않아요."

그런가 하면 또 다른 꿈은 다음과 같았다. "마치 내가 잃어

버렸거나 납치당한 셋째 아이를 찾는 것 같았어요. 나는 아주 두려웠어요. 내 모든 노력은 소용이 없었어요." 이 남자에게는 셋째가 없었으므로, 만약 셋째가 생기면 아이에 대한 아내의 부주의 때문에 그 아이가 아주 큰 위험에 빠질 것이라는 불안이 늘 그를 따라다님에 틀림없었다. 이 꿈은 린드버그^{Lindbergh} 납치 사건 직후에 꾼 것인데,* 이 꿈은 이런 외인성 충격을 환자의 생활양식과 견해에 맞게 보여 주었다. 다시 말해 이 꿈은 따뜻하지 않은 사람과의 관계 단절, 그리고 이를 위해 더 이상 자식을 낳지 않겠다는 결심, 아내의 부주의에 대한 과장된 강조, 그리고 첫 번째 꿈과 마찬가지로 분만에 대한 과장된 공포를 시사했다.

애당초 이 환자는 발기부전 치료를 위해 나를 찾았다. 나는 환자의 추가 흔적들을 통해 그가 아동기에 오랜 노력 끝에 차갑게 느낀 사람의 거부와 무시를 받아들이게 되었으며 또한 어머니가 아이를 또 낳는 것을 매우 싫어했다는 사실을 확인할 수 있었다. 나는 그의 생활양식의 주요 성분, 그가 선택한 특정 이미지들, 실천 이성의 저편에서 생활양식에 새로운 활력과 힘을 선사한 비유를 통한 자기기만과 자기중독, 지속적인 충격을 상식의 관점에서 처리하지 못함으로써 은밀하게 몸에 밴 후퇴의 습관, 삶의 과제를 마주하는 이 남자의 연약함에 부합하는 절반의 불완전한 해결책 등의 상호 연관성을 분명하게 확인할 수 있었다.

---

* 1932년에 미국 비행사 찰스 린드버그의 아들이 납치되어 살해되었다.

14. 몽상과 꿈

프로이트의 꿈의 상징체계로 불리는 것에 관해 내 경험을 바탕으로 한마디 하자면 다음과 같다. 실제로 사람들은 오래전부터 성적인 과정과 사물을 농담 삼아 실제 삶의 사태와 비교하는 경향이 있었다. 술집 테이블에서는 이런 음담패설이 늘 오갔다. 이런 것에 대한 유혹은 아마도 상당 부분 남을 무시하려는 성향, 익살 성향, 허풍 성향 외에도 상징의 힘을 빌려 감정적 요소를 강조하려는 성향에서 비롯했을 것이다. 민간전승과 저속한 유행가에 등장하는 이런 상투적인 상징을 이해하는 데는 별다른 노력이 필요 없다. 반면에 이런 상징이 우리가 이제 규명해야 할 특정한 목적을 위해 꿈에 나타난다면, 이것은 좀 더 중요한 문제다. 이것의 중요성을 지적한 것은 프로이트의 업적이다. 그러나 이해할 수 없는 모든 것을 성적인 상징으로 설명하고, 그래서 모든 것이 성욕에서 비롯했다고 주장하는 것은 합리적인 비판을 이겨낼 수 없다. 게다가 최면에 걸린 사람들에게 먼저 성적인 장면을 꿈꾸도록 암시를 준 다음에 이들의 보고를 바탕으로 이들이 프로이트의 상징체계로 꿈을 꾼다는 사실을 발견했다고 주장하는 이른바 '증명 경험'은 정말로 허약한 증거일 수밖에 없다. 이 사람들이 노골적인 성적 표현 대신에 이들에게 익숙한 상징을 선택한다는 사실은 기껏해야 이들의 자연스러운 수치심을 증명할 뿐이다. 게다가 오늘날 프로이트의 추종자가 프로이트의 이론을 모르는 사람을 최면 실험의 참가자로 찾기란 결코 쉽지 않게 되었다. 물론 '프로이트의 상징체계' 덕분에 일반인의 어휘가 매우 풍부해졌으며 평범한 사물을 고찰할 때도 더 이상 순진하게만 접근할 수 없게 된 것도 사실이다. 그런가 하면 이전에 정신분석 치료를 받았던 환자들이 꿈을 꿀 때 프로이트의 상징체계를 많이 사용한다는 사실도 종종 관찰된다. 만약 내가 프로이트처럼 텔레파시를 믿는다면, 그래서 이전 세대의 천박한 텔레파시 신봉자들이 그랬던 것처럼 정신 감응이 라디오 연설처럼 매끄럽게 진행된다 가정할 수 있다면, 내 비판은 더욱 신랄했을 것이다. 아니, 그렇다면 나의 이런 반론도 필요 없을 것이다.

15. 삶의 의미

삶의 의미를 묻는 일은 인간과 우주Kosmos의 연관 관계에 주목할 때 비로소 가치와 의미를 지닌다. 우리가 어렵지 않게 이해할 수 있듯이 우주는 이 연관 관계 속에서 일종의 성형력을 지닌다. 우주는 말하자면 살아 있는 모든 것의 아버지다. 그리고 모든 생명은 우주의 요구를 충족하기 위해 끊임없이 노력한다. 마치 어떤 추동이 있어서 이것이 나중에 생명체 안에서 모든 것을 완성하거나 그저 발현되기만 하면 되는 것이 아니다. 오히려 타고난 것은 생명에 고유한 어떤 것이다. 이것은 추구, 갈망, 자기 발달, 또는 이것 없이는 생명 자체를 상상할 수 없는 어떤 것이다. 생명이란 곧 자기 발달이다. 인간의 정신은 흐르는 모든 것을 형태화하는데, 운동이 아니라 응고된 운동을, 형태가 된 운동을 보는 데 너무 익숙해져 있다. 개인심리학자들은 오래전부터 우리가 형태로 파악하는 것을 운동으로 해체해 왔다. 완성된 인간이 하나의 난세포에서 비롯했다는 사실은 모두가 안다. 그러나 이 난세포에 이후 발달에 필요한 성분이 담

15. 삶의 의미

겨 있다는 사실도 제대로 이해할 필요가 있다. 지구상에 어떻게 생명이 생겨났는지는 확실치 않으며, 어쩌면 결코 최종적인 해답을 찾지 못할 지도 모른다.

아주 작은 살아 있는 개체에서 생명체가 발달하려면 반드시 우주 적인 영향력의 허가가 필요하다. 어쩌면 얀 스미츠의 독창적인 시도처럼[30] 죽은 물질에도 생명이 있다고 가정할 수 있을지도 모른다. 이것은 양성자 주위를 도는 전자의 움직임을 보여 주는 현대 물리학에 비추어 볼 때 매우 그럴듯한 견해다. 과연 이 견해가 앞으로도 유지될지는 확실 치 않다. 확실한 것은 우리의 생명 개념이 더 이상 의심될 수 없으며, 이 와 동시에 운동이, 즉 소멸하지 않기 위해 자기 보존과 번식을 향한 운 동이, 외부 세계와의 접촉을, 성공적인 접촉을 향한 운동이 확인되었다 는 점이다. 우리는 다윈이 제시한 관점에서 외부 요건을 충족한 모든 생 물의 선택 과정을 이해할 수 있다. 우리의 견해에 비교적 가까운 라마르 크의 견해를 통해 우리는 모든 생명체에 담긴 창조력을 짐작할 수 있다. 모든 생명체의 창조적인 진화에 관한 전체 사실을 통해 우리는 모든 종 의 발달 방향에 목표가 있다는 사실을 알 수 있다. 이것은 우주적인 요 구에 능동적으로 적응하기 위한 완전의 목표다.

발달의 이 길, 외부 세계의 요구에 맞게 끊임없이 능동적으로 적응 하는 이 길을 바탕으로 비로소 우리는 삶이 지향하고 움직이는 방향을 이해할 수 있다. 우리는 이것이 원초적인 삶과 결부된 원초적인 어떤 것 이라는 점을 잊지 말아야 한다. 언제나 관건은 극복이다. 언제나 관건은 개인과 인간종의 존속이며, 언제나 관건은 개인과 외부 세계 사이에 양호한 관계를 구축하는 것이다. 더 잘 적응해야만 하는 이 필연성은 결코 종료되지 않는다. 나는 이 견해를 이미 1902년에 발전시켰으며,[31] 이 능동적 적응에 실패하면 항상 이 '진리'의 위협에 직면한다는 점을, 민족, 가족, 개인, 동물종과 식물종의 몰락이 이 능동적 적응의 실패 탓이라는 점을 분명히 지적했다.

내가 말하는 능동적 적응은 이런 적응이 현재 상황에 또는 모든 생명의 죽음에 관련된 것으로 보는 허황된 견해와는 아무 상관이 없다. 이것은 오히려 '영원의 관점에서' 본 적응이다. 왜냐하면 궁극의 미래에 '옳은' 것으로 간주될 수 있는 신체 발달과 정신 발달만이 옳은 것이기 때문이다. 나아가 능동적 적응이라는 개념은 신체와 정신 및 생명의 전체 조직이 이 최종 적응을, 우주가 부과한 모든 장점과 단점에 대한 대처를 지향할 수밖에 없음을 의미한다. 거짓 평형은 잠시 유지될지 몰라도 이내 진리의 압력에 굴복하기 마련이다.

우리는 진화의 흐름 한가운데 있지만, 지구의 자전을 느끼지 못하는 것처럼 이 흐름도 거의 느끼지 못한다. 개인의 삶을 포괄하는 이 우주적 연관 속에서 외부 세계에 성공적으로 적응하기 위한 노력은 삶의 필수 조건이다. 설령 삶이 시작될 때 이미 우월의 추구가 존재했다는 사실을 의심하더라도, 수십억 년의 세월을 통해 분명하게 증명되듯이 오늘날 완전의 추구는 모든 사람이 타고나는 사태일 수밖에 없다. 이런 사실은 다른 것을 통해서도 증명된다. 유일하게 옳은 길이 무엇인지를 아는 사람은 아무도 없다. 인류는 인간 발달의 이 최종 목표를 확인하기 위해 다양한 노력을 기울였다. 우주가 생명의 보존에 관심을 가질 것이

15. 삶의 의미

라는 것은 기껏해야 경건한 소망에 불과하지만, 이것은 종교와 도덕과 윤리에서 인류 전체의 안녕을 촉진하는 강력한 추동력으로 사용될 수 있으며 또 실제로 사용되어 왔다. 선사시대 부족들의 물신, 도마뱀, 남근 숭배 등도 우리에게는 과학적으로 정당해 보이지 않는다. 그러나 동일한 종교적 열정의 마법에 휩싸인 사람이면 누구든 형제로, 건드릴 수 없는 터부로 간주해서 부족의 보호를 제공함으로써 이런 원시적인 세계관이 인류의 공동생활과 공동체 감정을 촉진했다는 사실도 간과하지 말아야 한다.

인류의 이상적인 고양을 위해 지금까지 우리가 획득한 최고의 표상은 신 개념이다.[32] 신 개념에는 완전을 향한 운동이 목표로서 내포해 있으며, 완전의 구체적인 목표로서 인간이 추구하는 어두운 갈망도 신 개념을 통해 가장 잘 표현됨에 틀림없다. 다만 내가 보기에는 모든 사람이 저마다 신을 다르게 상상하는 듯하다. 물론 처음부터 완전의 원칙에 한참 모자라는 신 개념도 여럿 있지만, 가장 순수한 형태의 신 개념을 통해 비로소 완전의 목표가 구체적인 형태를 띠게 되었다고 말할 수 있을 것이다. 인류의 상호 결합을 초래한 종교적 목표의 수립에 기여한 근원적인 힘은 다름 아니라 바로 진화의 업적인 공동체 감정의 힘이자 진화의 흐름 속에서 더 높은 곳을 추구하는 힘이었다. 사람들은 이 완전의 목표를 상상하기 위해 당연히 무수하게 많은 시도를 했다. 우리 개인심리학자들은, 특히 개인의 실패를 다루는, 신경증이나 정신병에 걸린 사람, 범법자, 알코올 중독자 등등을 다루는 우리 개인심리학 의사들은 이런 사람들에게서도 우월의 목표를 발견하지만, 이것은 완전의 올바른 목표로 보기 어렵다는 점에서 이성에 반하는 다른 방향을 지향한다. 예컨대 다른 사람을 지배하려는 욕구를 통해 이 목표가 구체화될 경우, 완전의 이런 목표는 모두가 이것을 자신의 과제로 삼을 수는 없다는 이유만으로도 개인이나 대중을 인도하기에 부적합해 보인다. 이런 사람은 진화의 필연성과 대립할 수밖에 없으며 불안에 휩싸인 채 진리와 진리의 신봉자로부터 자신을 보호하기 위해 현실을 억압할 수밖에 없을 것이다. 또한 다른 사람에게 의지하는 것을 완전의 목표로 삼는 경우에도 완전의 목표가 이성에 반한다고 할 수 있다. 그리고 완전의 목표에 정반대되는 확실한 패배를 모면하기 위해 삶의 과제를 미해결 상태로 두는 것을 완전의 목표로 삼는 사람이 있다면, 이 목표는 비록 많은 사람들에게 받아들일 만한 것으로 보일지라도 결코 적합한 것이라고 하기 어렵다.

시야를 넓혀 다음과 같은 문제를 던져 보자. 완전의 목표를 잘못 세워 능동적 적응에 성공하지 못한 생물, 공동체 촉진의 길을 발견하지 못하고 잘못된 길로 접어든 생물은 어떻게 되는가? 아무것도 남기지 못한 채 몰락한 종, 인종, 부족, 가족 및 무수한 개인의 사례를 통해 우리는 완전의 목표를 지향하는 어느 정도라도 올바른 길을 발견하는 것이 얼마나 중요한지를 깨달을 수 있다. 완전의 목표는 전체 인격의 발달에 대해, 모든 표현 운동에 대해, 개인의 지각과 사고와 감정과 세계관에 대해 방향을 제시한다. 그리고 개인심리학을 아는 사람이라면 누구나 이해할 수 있듯이, 진리를 벗어나는 방향은 당사자의 피해로 또는 심지어 몰락으로 이어질 수 있다. 우리는 진화의 흐름 한가운데에 놓여 있으며 이것을 좇을 수밖에 없기 때문에, 우리가 접어들 방향에 관해 좀 더 자세히 알 수 있다면, 우리에게 큰 도움이 될 것이다. 개인심리학은 완전의 추구라는 보편적 경향을 확인한 것 외에 이 점에서도 큰 업적을 남겼다. 즉 개인심리학은 수많은 경험을 바탕으로 이상적인 완전의 방향을 어느 정도 이해할 수 있는 견해를 발전시켰는데, 그것은 바로 **공동체 감정**이라는 규범의 확인에 근거한 것이었다.

공동체 감정이란 무엇보다도 영원한 것으로 간주될 만한 공동체 형태의 추구를 뜻한다. 이것은 예컨대 인류가 완전의 목표에 도달했을 때 공동체가 띨 형태와도 같은 것이다. 이것은 결코 현존하는 공동체나 사회가 아니며, 정치적인 또는 종교적인 형태도 아니다. 이것은 오직 완전을 위해 가장 적합한 목표, 전체 인류의 이상적인 공동체이자 진화의 마지막 성취가 될 목표다. 내가 그것을 어떻게 아는지 당연히 궁금할 것이다. 직접적인 경험을 통해서는 아니다. 그리고 누가 개인심리학에서 형이상학적 측면을 발견한다면, 나는 그가 옳다고 말할 것이다. 누구는 이것을 칭찬하고 누구는 꾸짖는다. 유감스럽게도 많은 사람들은 형이상학에 대해 잘못된 견해를 가진 채 직접 파악할 수 없는 것이면 무엇이든 인류의 삶에서 배척하려 한다. 그러나 이럴 경우 새로운 모든 사상과 발전 가능성이 차단될 것이다. 새로운 개념은 모두 직접적인 경험 저편에 있다. 무언가 새로운 것은 직접 경험에서 생기는 것이 아니라 이런 사실들을 결합하고 요약하는 개념을 통해 비로소 받아들여진다. 누구는 이것을 사변적 또는 초월적이라고 부를지 모르지만, 형이상학으로 수렴되지 않는 과학은 존재하지 않는다. 나는 형이상학을 기피해야 할 이유가 없다고 보며, 형이상학이야말로 인간의 삶과 발전에 가장 큰 영향을 미쳤다고 생각한다. 우리는 절대적 진리를 알지 못하며, 때문에 우리의 미래, 우리 행위의 결과 등을 고려할 수밖에 없다. 인류의 최종 형태인 공동체 감정에 대한 우리의 이념, 삶의 모든 과제가, 외부 세계에 대한 모든 관계가 해결된 상태에 대한 우리의 이념, 우리에게 기준이 되는 이상, 우리에게 방향을 제시하는 목표, 완성의 이 목표에는 이상적인 공동체의 목표가 담겨 있을 수밖에 없다. 왜냐하면 우리가 삶에서 소중히 여기는 모든 것은, 존재하고 앞으로도 존재할 모든 것은 영원히 이런 공동체 감정의 산물이기 때문이다.

지금까지 나는 오늘날 개인과 대중이 지닌 공동체 감정의 사실과 작용과 결함을 서술했으며, 내 경험을 바탕으로 인간 이해 또는 성격론의 관점에서 개인과 대중의 운동 법칙 및 이것의 일탈을 분명히 밝히려고 노력했다. 개인심리학에서 부정할 수 없는 모든 경험은 이런 과학의 관점에서 고찰 및 이해되었으며, 개인심리학의 과학적 체계는 이런 경험의 압력 속에서 발전했다. 이렇게 획득한 결과는 서로 모순되지 않으며 상식을 통해 정당화된다. 개인심리학은 엄밀한 과학 이론의 요건을 충족하기 위해 요구되는 것들을 이루었다. 엄청난 수의 직접 경험, 이런 경험을 반영하고 이것에 모순되지 않는 체계, 상식과 조화를 이루는 훈련된 추측 능력, 다시 말해 경험을 체계적 연관 속에서 분류할 수 있는 능력이 바로 그것이다. 이 능력은 모든 사례가 다르고 언제나 예술가적 상상력이 요구되기 때문에 더더욱 필요하다. 이제 내가 인간 삶의 의미를 이해하는 데 개인심리학을 사용함으로써 개인심리학이 세계관으로도 간주될 수 있는 자격을 갖추었다고 주장하기 위해서는 미덕과 악덕을 가르는 도덕적인 또는 종교적인 모든 견해를 내가 포기할 수 있어야 할 것이다. 물론 그렇다고 해서 이 두 흐름과 정치적 운동이 언제나 삶의 의미에 부응하기 위해 노력했으며 절대적 진리인 공동체 감정의 압력 속에서 성장해 왔다는 사실을 부정하려는 것은 아니다. 다만 이런 흐름과 달리 개인심리학의 관점은 과학적 인식에 기초하며, 나아가 공동체 감정을 인식의 일부로서 더욱 강력하게 발전시키기 위해 좀 더 직접적인 노력을 기울여 왔다. 이 개인심리학의 관점을 요약하면 다음과 같다. 나는 어떤 흐름이든 인류 전체의 안녕이라는 목표를 지향한다는 반박할 수 없는 증거를 제시할 경우 정당한 흐름으로 간주할 것이다. 그리고 이런 관점에 반하거나 "제가 왜 제 이웃을 사랑해야 합니까?"라고 묻는 카인의 관점에 서 있는 모든 흐름은 잘못된 것으로 간주할 것이다.

지금까지 말한 것을 바탕으로 나는 우리의 삶이 시작될 때 우리가 가진 것은 진화를 위해, 인류 전체의 더 높은 발달을 위해 우리 조상들이 성취한 것이 전부라는 사실을 간단히 증명해 보이고자 한다. 그리고 이 사실만으로도 우리는 삶이 어떻게 계속 전진하는지를, 모든 개인이 지금까지보다 더 전체의 일부가 되어 더 큰 기여와 더 큰 협동 능력이 가능한 상태에 어떻게 접근할 수 있는지를 이해할 수 있을 것이다. 이 상태에 비추어 볼 때 모든 형태의 사회적 운동은 시도 또는 사전 시도에 불과하며, 이 중에서 이 이상적인 공동체를 지향하는 것만이 계속 존속할 것이다. 여러모로 인간의 탁월한 능력을 보여 주는 노력들도 다른 많은 면에서는 불완전하거나 심지어 잘못된 것으로 판명될 수 있다는 사실은 진화의 길을 따라 전진하는 인간이 '절대적 진리'에 좀 더 가까이 갈 수는 있어도 이것을 손에 넣을 수는 없다는 사실을 보여 줄 뿐이다. 게다가 다수의 공동체 활동은 그저 특정 시간 동안 특정 상황에 대해 지속될 뿐 얼마 후에는 해로운 것으로 판명되기도 한다. 우리가 해로운 허구의 십자가에 못 박히지 않도록, 해로운 허구의 도식에 얽매이지 않도록 우리를 인도하는 별은 인류 전체의 안녕Wohl der Allgemeinheit이다. 오직 이 별의 인도를 받을 때 우리는 우리의 길을 좌절 없이 더 잘 찾을 수 있다.

인류 전체의 안녕, 인류의 더 높은 발전은 우리 조상의 영원불멸한 요구에 기초한다. 이들의 정신은 영원히 살아 있다. 우리가 우리의 자손을 통해 불멸하듯이 이들의 정신도 그러하다. 인간종의 존속은 이 두 가지에 기초한다. 이에 관한 지식은 중요치 않다. 중요한 것은 사실이다. 내가 보기에 무엇이 옳은 길인지는 명확하다. 물론 우리는 종종 어둠 속에서 더듬을 수밖에 없으며, 모든 것을 단정 지을 수는 없다. 그러나 한 가지만 말하고자 한다. 개인의 운동과 대중의 운동은 영원을 위해, 인류 전체의 더 높은 발달을 위해 가치를 창출할 때만 가치 있는 것으로 간주될 수 있다. 우리는 우리의 또는 타인의 어리석음에 기대어 이 명제를 무력화하지 말아야 할 것이다. 중요한 것은 당연히 진리의 소유가 아니라 이를 추구하는 것이다.

이 사실을 자명하게 만들진 않더라도 더욱 명확하게 만드는 물음은 다음과 같다. 인류 전체의 안녕에 아무것도 기여하지 않은 사람들은 어떻게 되었는가? 그들은 흔적도 없이 사라졌다. 아무것도 남지 않았으며, 그들은 신체적으로나 정신적으로나 말소되었다. 땅이 그들을 삼켜 버렸다. 그들의 운명은 우주의 여건과 조화하지 못해서 멸종한 동물종의 운명과 다르지 않았다. 여기에는 은밀한 법칙성이 존재한다. 이것은 마치 심문하는 우주가 다음과 같이 명령하는 것과도 같다. "꺼져라! 너희는 삶의 의미를 깨닫지 못했다. 너희는 미래로 갈 수 없다."

분명히 이것은 잔인한 법칙이다. 이것은 고대 민족의 잔인한 신들이나 공동체에 반하게 행동하는 자는 모두 망할 것이라고 위협하는 금기 사상과 비슷하다. 여기서 강조되는 것은 인류 전체를 위해 무언가를 남긴 사람들의 기여의 존속, 영원한 존속이다. 그러나 우리는 무엇이 영원을 위한 것이고 무엇이 그렇지 않은지를 모든 경우에 정확히 말할 수 있는 열쇠를 가졌다고 경솔하게 주장하지는 않을 것이다. 우리는 오류를 범할 수 있다. 오직 아주 정확하고 객관적인 연구만이 판단의 근거를 제공할 것이며, 때로는 시간이 지나야 비로소 판단이 가능할 것이다. 어쩌면 우리가 공동체에 기여하지 않는 것을 피할 수만 있어도 큰 발전일 것이다.

오늘날 우리의 공동체 감정은 훨씬 더 폭넓어졌다. 교육, 개인과 대중의 행동, 종교, 과학, 정치 등의 분야에서 우리는 비록 제대로 이해하진 못하더라도 인류의 미래 행복과 조화를 이루기 위해 다양한(때로는 잘못된) 방법으로 노력을 기울인다. 더 나은 공동체 감정을 가진 사람이라면 미래의 조화를 간파하는 데 당연히 더 유리한 위치에 있을 것이다. 그리고 전체적으로 보면 비틀거리는 사람을 넘어뜨리지 않고 부축하는 복지의 원칙이 정착하기 시작했다.

우리의 현재 문화생활에 우리의 견해를 적용할 때, 그래서 이미 아동기에 공동체 감정의 정도가 이를 개선하려는 추가 개입이 없는 경우 변경할 수 없게 삶 전체에 걸쳐 확정된다는 점을 확인할 때, 우리는 아동기 공동체 감정의 발달에 파괴적인 영향을 미칠 수 있는 일반적인 몇몇 상태에 주목하지 않을 수 없다. 여기저기서 벌어지는 전쟁이 그렇고, 학교 수업에서 전쟁을 찬미하는 일이 그렇다. 이것은 의도와 상관없이 공동체 감정이 약할지도 모르는 아직 완성되지 않은 아이들로 하여금 인간이 기계 및 독가스와 싸워야 하는 세계를 준비하도록, 인류의 미래를 위해서도 소중한 사람들을 최대한 많이 죽이도록 강제하고 그래야만 명예로운 것으로 지각되는 세계를 준비하도록 자극할 것이다. 비록 이보다는 작은 규모이지만 사형 제도도 아이들의 감성에 나쁜 영향을 미치며, 이런 피해는 사형수가 공생인이 아니라 반인간이라는 평가를 통해서도 크게 감소되지 않을 것이다. 죽음의 문제에 갑자기 직면하는 것만으로도 협력 성향이 약한 아이의 경우 공동체 감정의 성급한 종결로 이어질 수 있다. 주위 사람들의 부주의 때문에 사랑과 출산과 분만을 섬뜩한 것으로 경험하는 소녀도 마찬가지로 위태로운 처지에 놓여 있다. 해결되지 않은 경제적 문제도 공동체 감정의 발달에 엄청난 부담으로 작용한다. 아이에 대한 응석받이와 무시 외에도 자살과 범죄, 불구자, 노인, 거지에 대한 차별 대우, 개인, 직원, 인종, 종교 집단에 대한 편견과 부당한 취급, 노약자와 아동의 학대, 부부간 다툼, 여성을 어떤 식으로든 열등한 존재로 취급하려는 시도 등, 돈과 출신의 과시, 파벌주의와 이것이 최고위층까지 미치는 파급 효과 등은 모두 아이가 공생인으

15. 삶의 의미

로 발달하는 과정을 조기에 종료시킬 수 있다. 오늘날 이런 악영향에 맞서기 위해서는 아동의 협력을 촉진하는 일 외에도 우리의 현재 공동체 감정이 아직도 꽤 낮은 수준이라는 점을, 그리고 올바른 공생인이 되려면 허황된 발전 경향 등에 기대어 이런 문제가 해결되길 기다리는 대신에 문제 해결과 전체의 안녕을 위해 적극 협력하는 것을 자신의 과제로 삼아야 한다는 점을 제때에 제대로 가르쳐야 한다. 이런 해악 중의 하나를 강화함으로써(예컨대 전쟁, 사형 제도의 도입, 특정 인종이나 종교에 대한 혐오 등을 통해) 더 높은 발달을 이루려는 시도는 그것이 아무리 선한 의도로 이루어지더라도 다음 세대의 공동체 감정을 황폐하게 만들고 따라서 다른 해악들까지 현저하게 악화되는 결과를 초래할 것이다. 흥미롭게도 이런 것들은 거의 항상 인간의 삶과 동료애와 사랑에 대한 경시 풍조를 낳는데, 이것은 공동체 감정의 저하를 여실히 드러내는 사실이라 하겠다.

지금까지의 논의를 바탕으로 독자들도 충분히 이해했을 테지만, 개인이 전체의 일부로서 살면서 목표를 추구할 때만 개인의 올바른 발달이 계속된다는 내 주장은 과학적 인식에 기초한 것이다. 이 견해에 대해 개인주의적 체계를 바탕으로 제기되는 천박한 반론은 정말로 하찮은 것이다. 나는 이에 관해 더 많은 논의를 진행하면서 우리의 모든 기능이 어떻게 인간 공동체를 저해하지 않으면서 개인과 공동체를 연결하는 데 초점을 맞추고 있는지를 자세히 설명할 수도 있을 것이다. 무엇을 본다는 것은 망막에 맺힌 것을 받아들여 활용함을 뜻한다. 이것은 그저 생리학적 과정이 아니라 전체의 일부로서 무엇을 받기도 하고 주기도 하는 인간의 활동이다. 보기, 듣기, 말하기를 통해 우리는 다른 사람들과 연결된다. 인간은 외부 세계 및 다른 사람들과 결부된 관심을 가지고 있을 때만 올바로 보고 듣고 말한다. 인간의 이성과 상식은 공생인과 절대적 진리의 통제를 받으면서 영원히 옳은 것을 지향한다. 우리의 심미적인 느낌과 직관은 훌륭한 업적을 낳는 가장 큰 원동력일지 모르지만, 이것이 영원한 가치를 갖기 위해서는 진화의 흐름 속에서 인류의 행복을 향해 나아가야 한다. 우리의 모든 신체 기능과 정신 기능은 공동체 감정을 충분히 내포한 채 협력에 적합하게 작동할 때만 옳고 정상이며 건강하게 발달한 것이다.

우리가 말하는 미덕이란 협력을 뜻하며, 악덕이란 협력의 방해를 뜻한다. 실패자로 간주되는 사람(예컨대 문제아, 신경증 환자, 범죄자, 자살자 등)이 실패자인 까닭은 공동체의 발전에 방해가 되기 때문이다. 이 모든 경우에 전체를 위한 기여가 빠져 있다. 인류의 전체 역사에 걸쳐 고립된 인간은 존재하지 않는다. 인류의 발전이 가능했던 까닭은 인류가 공동체로 존재했으며 이상적인 공동체라는 완전을 추구했기 때문이다. 이것은 개인의 모든 운동과 모든 기능을 통해 표현된다. 이것은 공동체 이념으로 특징지어진 진화의 흐름 속에서 개인이 이 방향을 발견했든 아니든 상관없이 타당한데, 왜냐하면 개인은 필연적으로 공동체 이념을 통해 인도되고 방해와 처벌과 칭찬과 지원을 받으며 그래서 모든 개인이 자신의 일탈에 대해 책임을 지고 대가를 치러야 하기 때문이다. 이것은 엄하고 어찌 보면 잔인한 법칙이다. 강력한 공동체 감정을 지닌 사람은 잘못된 길로 들어선 사람의 고초를 완화하기 위해 꾸준히 노력한다.

15. 삶의 의미

이런 사람은 잘못된 길로 들어선 사람의 일탈 행동이 개인심리학을 통해 비로소 밝혀진 원인 때문이라는 사실을 마치 아는 것처럼 행동한다. 만약 잘못된 길로 들어선 사람이 진화의 편을 벗어나 길을 잃게 된 원인을 이해한다면, 그는 이 길을 버리고 공동체의 편으로 돌아올 것이다.

인간 삶의 모든 문제는 내가 이미 설명한 것처럼 협력의 능력과 이를 위한 준비를 요구하는데, 협력은 공동체 감정의 가시적인 표시와도 같다. 이런 마음가짐에는 다른 곳에서는 찾을 수 없는 용기와 행복이 내포해 있다.

모든 성격 특성은 공동체 감정의 정도를 드러낸다. 성격 특성은 개인의 견해에 따라 우월의 목표를 향한 노선과 일치한다. 성격 특성은 이것을 규정하고 되풀이해서 드러내는 생활양식과 얽혀 있는 개인의 기본 노선이라 하겠다. 우리가 성격 특성에 관해 이야기할 때처럼 정신생활의 아주 미세한 산물들을 단 하나의 단어로 표현하기에는 우리의 언어가 너무 빈곤하기 때문에 이런 표현 뒤에 숨은 다양성을 간과하기 쉽다. 그래서 단어에 집착하는 사람들에게는 정신생활의 통일성 대신에 모순되는 것들이 어른거린다.

아마도 많은 사람에게 가장 설득력 있게 느껴지는 간단한 사실은 우리가 실패로 규정하는 모든 것에서 공동체 감정의 결여가 드러난다는 사실일 것이다. 아동기와 성인의 삶에서 발생하는 모든 실패는, 가족, 학교, 인생, 다른 사람과의 관계, 직업, 사랑 등의 장면에서 일시적이거나 지속적인 온갖 변형으로 나타나는 모든 나쁜 성격 특성은 공동체 감정의 결여에서 비롯한다.

과거와 현재에 걸쳐 개인과 대중의 삶을 자세히 고찰해 보면 더 강력한 공동체 감정을 얻기 위한 인류의 노력을 확인할 수 있다. 인류는 이 문제를 알고 있으며 이 문제 때문에 많은 고민을 했음에 틀림없다. 오늘날 우리에게 부담으로 작용하는 것은 불완전한 사회적 교육 탓이다. 우리 안에 억눌려 있는 공동체 감정이 우리의 공개적인 삶과 인격에서 발견되는 실패를 제거하고 더 높은 단계로 오르도록 부추긴다. 우리 안에 살고 있는 공동체 감정이 앞으로 나서려 하지만, 온갖 저항에 맞서기에는 힘이 부쳐 보인다. 우리는 먼 미래에, 인류에게 충분한 시간이 허용될 경우, 공동체 감정의 힘이 마침내 외부의 모든 저항을 무찌를 것이라고 정당하게 기대할 수 있다. 그때는 인간이 숨 쉬듯이 공동체 감정을 표출할 것이다. 그때까지는 사물의 이 필연적인 진행을 이해하고 가르치는 수밖에 없다.

부록

부록 1 : 바람직한 상담사의 태도

통일적인 생활양식이 이미 유아기에 형성되기 시작한다는 사실을 나는 연구를 시작할 때부터 이해는 못 해도 알고 있었다. 그리고 이 덕분에 나는 피상담자가 상담을 받으러 오는 첫 순간부터 자기 자신의 인격을 많이 알지는 못하더라도 그대로 드러낸다고 처음부터 가정할 수 있었다. 환자에게 상담은 사회적인 문제다. 한 사람이 다른 사람과 만나는 모든 경우가 그러하다. 때문에 누구나 자신의 운동 법칙 속에서 자신을 드러낸다. 전문가라면 종종 한 번 보고도 다른 사람의 공동체 감정에 관해 어느 정도 말할 수 있기도 하다. 노련한 개인심리학자 앞에서는 감추어도 별 소용이 없다. 환자는 상담사로부터 많은 공동체 감정을 기대한다. 경험상 환자에게 많은 사회적 관심을 기대하기는 어려우므로, 환자에게 요구하는 것도 그리 많지 않을 것이다. 이 견해는 다음과 같은 두 가지 사정을 통해 뒷받침된다. 첫째로 공동체 감정의 수준은 일반적으로 그리 높지 않다. 둘째로 환자의 대다수는 커서도 자신의 허구적인 세계를 벗어나지 못한 응석둥이다. 때문에 "제가 왜 제 이웃을 사랑해야 합니까?"라는 물음을 많은 독자가 아무렇지 않게 받아들여도 놀랄 일이 아니다. 왜냐하면 누구보다도 카인이 이와 비슷한 물음을 던졌기 때문이다.

시선, 거동, 문제에 접근하는 강도 등을 통해 많은 것을 추측할 수 있다. 환자에게 소파 같은 특정한 자리를 권하거나 아주 세세하게 시간을 준수하도록 규칙을 정할 경우, 많은 것을 놓칠 수 있다. 첫 번째 만남부터 선입견 없는 시험대가 되도록 해야 한다. 악수하는 방식이 특정 문제에 주목하는 계기가 될 수 있다. 응석둥이로 자란 사람은 기꺼이 어딘가에 기대려 하는 것을, 아이라면 함께 온 어머니에게 기대려 하는 것을 종종 볼 수 있다. 그러나 추측의 대상이 되는 모든 것이 그렇듯이 이 경우에도 규칙을 융통성 없이 적용하지 말아야 한다. 차라리 자신이 생각하는 것을 마음속에 품은 채 검토하면서 나중에 적합한 형태로 이해시킬 수 있는 방법을 찾아야 한다. 그래야 늘 있기 마련인 환자의 과민한 상태를 건드리지 않을 수 있다. 때때로 환자에게 특정한 자리를 권하는 대신에 아무 데나 앉도록 하는 것도 좋은 방법이다. 환자가 의사 또는 상담사에 대하여 취하는 거리는 취학 아동을 상담할 때와 마찬가지로 환자의 성격에 관해 많은 것을 말해 준다. 나아가 이런 상담뿐 아니라 사교 모임에서도 회자되는 통속 심리학을 엄격히 금하고 처음에는 피상담자와 그의 가족의 질문에 유연하게 답변하는 것이 중요하다. 개인심리학자는 훈련된 추측 능력을 사용하는 것과 별개로 미숙련 심리학자를 포함한 다른 사람들을 위해 증거를 제시해야 한다는 점을 잊지 말아야 한다. 조언을 구하는 사람의 부모나 가족에게 절대로 비판자로 맞서지 말아야 한다. 가망이 전혀 없는 경우에 진실을 말해야만 하는 중요한 이유가 있지 않다면, 설령 환자의 사례를 떠맡을 마음이 없더라도 사례를 절망적인 것으로 묘사하지 말고 고민할 가치가 있는 것으로 묘사해야 한다. 환자의 활동을 중단시키지 않는 것이 좋다. 환자가 원하는 대로 일어서고 이리저리 오고 가면서 흡연도 할 수 있게 놔두는 것이 좋다. 심지어 나는 환자가 내 작업을 방해할 목적으로 내 면전에서 잠을 자고 싶다고 했을 때도 그러도록 허락했다. 이런 태도는 환자가 내게 반대하는 말을 노골적으로 내뱉을 때만큼이나 분명한 언어다. 환자가 비스듬히 옆을 바라보는 것은 적극적인 협력 의사가 없음을 분명하게 말해 준다. 이런 태도는 다른 형태로도 관찰되는데, 예컨대 환자가 이야기를 전혀 또는 거의 하지 않을 때, 또는 빙 둘러 말하거나 쉬지 않고 떠들어서 상담사에게 말할 기회를 주지 않을 때가 그렇다. 다른 심리치료사와 달리 개인심리학자라면 다음과 같은 것들을 삼가야 한다. 졸기 또는 잠자기, 하품, 무관심의 표시, 냉정한 단어의 사용, 성급한 조언, 최종 심판자처럼 구는 행동, 시간을 지키지 못하는 행동, 환자와 논쟁 벌이기, 무슨 이유로든 치유의 가망이 없다고 선언하기 등이 그것이다. 치유의 가망이 없어 보이고 엄청난 어려움에 직면할 경우에는 자신은 능력이 부족하니 더 뛰어난 사람을 소개해 주겠다고 말하는 것이 바람직하다. 권위적인 언행은 언제나 실패의 싹이 되며, 모든 허풍은 치유를 방해한다. 상담사는 언제나 치유의 책임이 피상담자에게 있음을 처음부터 분명히 해야 한다. 왜냐하면 영어 속담에도 있

부록 1 : 바람직한 상담사의 태도

듯이 "말을 물가까지 데려갈 수는 있어도 물을 억지로 먹일 수는 없기" 때문이다.

　언제나 치료와 치유를 상담사의 성공이 아니라 피상담자의 성공으로 보아야 한다. 상담사는 오류를 지적할 수 있을 뿐이며, 진실에 생명을 불어넣는 것은 환자의 몫이다. 우리가 살펴본 실패의 모든 경우에 문제는 협력의 결여이므로, 먼저 상담사에 대한 환자의 협력을 촉진하기 위해 모든 수단을 동원해야 한다. 이것은 당연히 환자가 의사 곁에서 안전하게 느낄 때만 가능하다. 따라서 이 공동체 작업은 공동체 감정을 높이기 위해 과학적으로 진지하게 실시된 첫 번째 시도로서 엄청난 중요성을 지닌다. 다른 상담사들은 필요하다고 주장하기도 하지만 특히 엄격하게 삼가야 할 것은 열등감이 그대로 남아 있고 의사에 대해 환자가 느끼는 안전감이 미약한 상태에서 특히 억압된 성적 요소를 지속적으로 지적함으로써 프로이트가 '긍정적 전이'라고 부른 심리적 흐름을 인위적으로 불러일으키는 행동이다. 정신분석 치료에서는 이것을 요구하기도 하지만, 이것은 이렇게 인위적으로 불러일으킨 상태를 기껏해야 다시 사라지게 만들어야 하는 새로운 과제를 낳을 뿐이다. 거의 언제나 응석둥이거나 누군가의 응석받이를 갈망하는 성인 환자가 자신의 행동에 대해 전적으로 책임지는 태도를 학습한 경우, 상담사는 환자가 충족되지 않은 욕망의 간편하고도 직접적인 충족을 약속하는 것처럼 보이는 유혹에 넘어가는 것을 어렵지 않게 예방할 수 있을 것이다. 전체적으로 볼 때 응석둥이로 자란 인류는 충족되지 않은 또는 충족할 수 없는 욕망이면 무엇이든 억압으로 간주하기 때문에 나는 여기서 다시 한번 확실히 말하고자 한다. 욕망이 정당한 것이든 그렇지 않은 것이든, 개인심리학은 욕망의 억압을 주장하지 않는다. 그 대신에 개인심리학은 정당하지 않은 욕망이 공동체 감정에 반한다는 점을 깨달아야 하며 사회적 관심의 함양을 통해 이런 욕망을 억압하는 것이 아니라 사라지게 만들 수 있다고 가르친다. 실제로 나는 조현병에 걸려 허약했던 남성에게 위협을 당한 적이 있다. 내가 완전히 치료한 그는 나한테 치료를 받기 3년 전에 이미 불치 판정을 받았다. 당시 나는 그가 내게서도 거절당하고 내쫓기리라 예상할 것을 미리 알았는데, 왜냐하면 그런 일이 아동기부터 숙명처럼 그를 따라다녔기 때문이다. 그는 치료를 받던 석 달 내내 침묵했다. 그래서 나는 그의 삶을 아는 한에서 그에게 조심스럽게 문제 상황을 설명하기로 마음먹었다. 또한 나는 그의 침묵 및 이와 비슷한 방향의 행위가 나를 방해하려는 성향의 표현이라는 점을 간파했으며, 그가 나를 후려치려고 손을 치켜드는 순간 그의 행동이 절정에 달했음을 직감했다. 그 순간 나는 방어하지 않기로 마음먹었다. 잠시 후 그의 공격적인 행동 때문에 창문이 산산조각 나고 말았다. 나는 피가 흐르는 환자의 작은 상처 부위에 아주 정성스럽게 붕대를 감았다. (그러나 나는 친구들에게 이런 사례를 근거로 새로운 규칙을 세우지는 말라고 조언할 것이다.) 치료의 성공이 확실해진 시점에 나는 환자에게 다음과 같이 물었다. "우리 둘이 어떻게 했기에 당신이 다시 건강해질 수 있었을까요?" 이때 내가 들은 답변은 이 분야의 모든 관계자들에게 아주 강력한 인상을 심어 주기에 충분한 것이었으며, 이를 통해 나는 풍차와 씨름하는 우매한 심리학자들과 정신과 의사들의 온갖 공격을 웃어넘기는 법을 터득했다. 그의 답변은 다음과 같았다. "그것은 아주 간단해요. 저는 삶의 용기를 모두 잃어버렸어요. 그러다 상담을 통해 용기를 되찾았어요." 용기가 공동체 감정의 한 면일 뿐이라는 개인심리학의 진리를 깨달은 사람이라면 이 남성의 변화를 어렵지 않게 이해할 것이다.

피상담자는 어떤 상황에서도 자신이 치료에 대해 완전히 자유로운 입장이라는 확신을 가져야 한다. 그는 원하는 대로 무엇을 하거나 하지 않을 수 있다. 다만 치료의 시작과 함께 이미 증상에서 자유로워지기 시작했다고 믿는 것은 피해야 한다. 어느 상담사는 간질병자의 첫 번째 상담에서 그를 혼자 놔두면 더 이상 발작이 일어나지 않을 것이라고 그의 가족에게 자신 있게 말했다. 그러나 이미 첫째 날에 거리에서 격렬한 발작이 일어나 환자는 아래턱이 깨지는 부상을 입고 말았다. 그런가 하면 덜 비극적인 사례도 있다. 한 소년은 도벽이 있어서 정신과 의사를 찾았는데 첫 번째 상담을 마친 뒤 의사의 우산을 들고 사라졌다.

또 한 가지 조언을 하자면 다음과 같다. 환자와 나눈 대화를 누구에게도 이야기하지 않겠다고 약속하라. 그리고 이 약속을 지켜라. 반면에 환자는 본인이 적절하다고 판단하는 것이면 무엇이든 자유롭게 말할 수 있도록 허용하라. 그러면 때때로 환자가 의사의 설명을 이용해 공개적인 자리에서 통속 심리학을 설파할 위험이 있긴 한데("저렇게 입이 가벼우면 어쩌나!"), 친절하게 의논하면 문제를 완화할 수 있다. 또는 환자가 가족에 대한 불만을 늘어놓을 수도 있는데, 이에 대처하기 위해서는 가족이 비난받는 까닭은 환자 자신이 가족을 비난받게 행동하기 때문이며 본인이 건강을 회복하면 가족도 비난받을 이유가 없게 된다는 점을 사전에 환자에게 설명해야 한다. 나아가 환자 자신이 아는 것 이상의 지식을 가족에게 요구할 수 없으며, 환자가 환경의 영향을 재료로 삼아 잘못된 생활양식을 발달시킨 것은 환자 자신의 책임이라는 점을 설명해야 한다. 또한 환자의 부모에게 잘못이 있다면 그들은 그들의 부모 탓을 할지 모르고 조부모는 또 그들의 부모 탓을 할지 모르므로, 이런 식의 비난은 쓸모없다는 점을 지적하는 것도 좋다.

또한 개인심리학자들의 작업이 그들의 명예와 부를 위한 것이라는 견해를 피상담자가 갖지 않도록 하는 것도 중요해 보인다. 환자를 얻기 위해 분주하게 활동하는 것은 피해를 낳을 뿐이다. 다른 상담사를 비하하거나 증오하는 발언도 마찬가지다.

예를 하나만 들어 보자. 한 남성이 신경성 피로를 치료하기 위해 나를 찾아왔는데, 이것은 패배에 대한 두려움 때문인 것으로 나중에 밝혀졌다. 그는 또 다른 정신과 의사를 소개받았으며 그래서 그 의사도 찾아가고 싶다고 말했다. 나는 그에게 의사의 주소를 건넸다. 다음 날 그는 내게 와서 그 의사를 방문한 일에 관해 이야기했다. 그 정신과 의사는 병력을 살펴본 뒤에 냉수 요법을 권했다고 한다. 그러자 환자는 이미 다섯 번이나 그런 치료를 받았지만 아무 효과도 없었다고 말했다. 의사는 그가 특별히 추천하는 좋은 시설에서 다시 한번 치료를 받을 것을 권했다. 환자는 그곳에서 이미 두 번이나 냉수 요법을 받았지만 효과가 없었다면서, 나를 찾아가 치료를 받을 것이라고 덧붙였다. 정신과 의사는

부록 1 : 바람직한 상담사의 태도

이에 반대하면서 아들러 박사는 환자에게 무언가를 암시하려고
만 할 것이라고 말했다. 환자는 "어쩌면 그가 내게 암시하는 것이
나를 건강하게 만들지 모르죠."라고 답하면서 자리를 떴다. 만약
이 정신과 의사가 개인심리학을 인정하지 않으려는 욕망에 사로
잡혀 있지 않았다면, 이 환자가 나를 찾아오는 것을 막을 수 없다
는 점을 깨달았을 것이며 그의 정확한 지적을 더 잘 이해했을 것
이다. 어쨌든 환자 앞에서 다른 상담사를 비하하는 발언은 설령
그것이 옳다고 하더라도 삼가는 것이 좋다. 잘못된 견해를 수정
하고 올바른 견해를 위해 나서는 자리는 자유로운 과학의 장에서
과학적인 수단을 사용해 찾아야 할 것이다.

첫 번째 면담에서 과연 환자가 치료를 받으러 올지 확신이 서지 않
으면, 다음 날을 위한 결정은 환자에게 맡겨라. 치료 기간에 관한 흔한
질문은 간단히 답하기 어렵다. 나는 이 질문이 정당하다고 생각하는데,
왜냐하면 다수의 방문객이 8년이나 걸리고도 효과가 없는 치료에 관해
들은 적이 있기 때문이다. 개인심리학적 치료가 올바로 수행될 경우 3
개월이면 적어도 부분적인 성공이 가시화될 것이며, 대개는 더 일찍 가
시화되기도 한다. 그러나 성공은 환자의 협력에 달렸으므로, 치료 기간
이 환자의 협력에 달렸다는 점, 의사가 확고한 개인심리학적 토대 위에
서 있다면 30분만 지나도 방향이 잡히곤 한다는 점, 그러나 환자가 마찬
가지로 그의 생활양식과 이것의 실패를 깨달을 때까지 의사가 기다려야
한다는 점을 강조함으로써 처음부터 공동체 감정의 문을 여는 것이 좋

다. 게다가 다음과 같이 덧붙일 수도 있다. "만약 1~2주 후에도 우리가 올바른 길 위에 있다는 확신이 들지 않으면, 제가 치료를 접겠습니다."

불가피한 보수 문제는 결코 간단치가 않다. 나는 종종 이전 치료 과정에서 적지 않은 돈을 쓴 환자들을 받았다. 일단 해당 지역의 통상적인 보수를 기준으로 삼아야 할 것이며, 치료에 따라 더 큰 수고와 더 많은 시간을 들인 경우 이것을 계산에 포함할 수 있을 것이다. 그러나 무리한 액수를 요구하는 것은 특히 환자에게 큰 부담을 줄 경우 공동체 감정에도 부합하지 않으므로 삼가야 한다. 무상 치료를 할 경우 혹시라도 가난한 환자가 의사의 관심 부족을 느끼는 일이 없도록 주의해야 한다. 환자들은 대부분 이런 것을 놓치지 않는다. 일시불은 유리해 보이는 경우에도 거부해야 하며, 치료가 성공한 후 지불하겠다는 약속도 거부해야 한다. 그 이유는 후자의 경우 불확실하기 때문이 아니라 이를 통해 인위적으로 환자와 의사의 관계에 새로운 동기가 유입되어 성공을 어렵게 만들기 때문이다. 지불은 매주 또는 매월 후불로 이루어져야 한다. 요구나 기대는 어떤 종류든 치료에 해가 된다. 환자가 드물지 않게 자원하는 소규모 자선 봉사도 거절해야 하며, 선물도 정중하게 사양하거나 치료가 성공할 때까지 받는 것을 미뤄야 한다. 상호 초대 또는 공동 방문도 치료 기간 동안에는 삼가야 한다. 친척이나 지인을 치료하는 것은 쉽지 않은데, 왜냐하면 열등감이 있는 경우 으레 지인에게 더 큰 부담을 주기 때문이다. 게다가 치료사도 환자의 열등감을 명시적으로 추적하는 데 거부감을 느끼게 되며, 이때 환자에게 안도감을 주려면 무진 애를 써야 한다. 다행히 개인심리학에서처럼 언제나 과오만을 지적하고 결코

부록 1 : 바람직한 상담사의 태도

타고난 결함을 지적하지 않는다면, 언제나 치료 가능성과 환자가 치료사와 동등한 위치에 있다는 사실을 지적하고, 또한 언제나 사회 전반에 걸친 공동체 감정의 후퇴를 문제의 한 원인으로 함께 지적할 수 있다면, 이를 통해 상당한 안도감을 줄 수 있으며 나아가 어째서 개인심리학이 다른 치료 방법처럼 커다란 저항에 결코 부딪히지 않는지도 이해할 수 있다. 쉽게 이해할 수 있듯이 개인심리학적 치료는 결코 위기로 치닫지 않는다. 그리고 퀸켈처럼 능숙하지 않은 개인심리학자가 환자의 위기, 충격, 참회를 필요한 것으로 간주하는 까닭은 그가 이런 것들을 먼저 인위적으로 불필요하게 불러일으켰기 때문이다. 게다가 그는 이를 통해 교회에 호의를 베풀었다고 착각할지도 모른다.[33] 치료의 긴장 수준을 최대한 낮게 유지하는 것이 내게는 언제나 엄청난 이점을 제공했다. 그리고 거의 모든 환자에게 그의 독특한 신경증 구조와 완전히 동일한 농담이 존재하며 따라서 그의 신경증 구조도 평소보다 더 가볍게 취급할 수 있다고 말하는 것이 내게는 거의 정형화된 방법으로까지 발전했다. 그리 총명하지 않은 비판자들의 쓸데없는 말을 막기 위해 덧붙이자면, 이런 농담을 통해 당연히 열등감(프로이트가 지금은 아주 많은 것을 담고 있다고 말하는 열등감)이 소생해서는 안 될 것이다. 그 밖에 우화, 역사적 인물, 시인이나 철학자의 명언 등을 언급하는 것도 개인심리학의 견해에 대한 신뢰를 강화하는 데 도움이 된다.

면담 시에는 항상 연구 대상자가 협력을 향해 나아가고 있는지 유의해야 한다. 모든 표정과 표현, 연구 대상자가 가지고 온 또는 가지고 오지 않은 자료가 이에 대한 증거가 된다. 꿈을 철저히 이해하는 것도 성공과 실패와 협력을 계산할 수 있는 기회다. 그러나 환자가 무엇을 시도하도록 독려하는 일은 매우 신중하게 해야 한다. 이에 관해 언급할 경우 일반적으로 위험한 시도는 당연히 배제해야 하며, 시도를 권하거나 금하는 대신에 환자가 성공할 것이라고 확신하지만 이를 위한 준비가 이미 되어 있는지는 정확히 판단하기 어렵다고 말하는 것이 좋다. 더 큰 공동체 감정을 획득하기도 전에 행동에 나서도록 독려할 경우 대개 증상의 강화 또는 재발을 야기한다.

직업 문제에 관해서는 좀 더 강력하게 대처해도 된다. 그러나 어떤 직업을 받아들이도록 요구해서는 안 되며, 이런저런 직업에 대해 환자의 준비가 가장 잘되어 있으며 그곳에서 뭔가 이룰 수 있을 것이라고 지적하는 방식이 바람직하다. 치료의 모든 단계에서 그렇듯이 격려의 방향이 흔들리지 말아야 하며, 허황된 자만심에 찬 많은 사람에게 모욕감을 안기는 개인심리학적 신념에 따라 "(우리가 말할 것이 그리 많지 않은 최고의 놀라운 업적들을 제외하면) 누구나 무엇이든 할 수 있다"고 격려해야 한다.

이제 나와 동료들이 고안한 설문지를 소개할 차례인데, 상담할 아동에 대한 일차 검사와 관련해 나는 이것이 지금까지 존재하는 모든 설문지 중에서 최고라고 자부한다. 다만 이것을 제대로 사용하려면 충분한 경험, 개인심리학적 견해의 확고한 체계에 대한 정확한 지식, 추측 능력의 충분한 연습이 필요하다. 이런 능력을 바탕으로 설문지를 사용하는 사람은 인간의 특성을 이해하기 위한 모든 기술이 아동기에 형성된 개인의 생활양식을 파악하고 이때 작용한 영향력들을 감지하며 이 생활양식이 인류의 공동체 과제와 씨름할 때 어떤 영향을 미치는지를 관찰하는 데 있다는 사실을 새삼 확인하게 될 것이다. 몇 년 전에 작성한 이 설문지에 대해 몇 마디 덧붙이자면, 공격의 정도 또는 활동성을 확인할 필요가 있다. 그리고 아동기에 발생하는 실패의 절대다수가 응석받이에서 비롯한다는 사실을 잊지 말아야 할 것이다. 왜냐하면 응석받이는 아동의 감정적인 추구를 지속적으로 상승시켜 아동을 늘 유혹에 빠뜨리고 나쁜 친구들의 유혹을 포함한 온갖 유혹에 대해 좀처럼 저항하지 못하게 만들기 때문이다.

부록 2 : 개인심리학 설문지
문제아의 이해와 치료를 위한 도구

저작 및 해설 : 국제개인심리학회 Internationaler Verein für Individualpsychologie

1. 언제부터 문제가 있었는가? 문제가 나타났을 때, 아동은 어떤 외적 및 심리적 상황에 있었는가?

    주요 사항 환경 변화, 초등학교 입학, 전학, 교사 변경, 동생의 출생, 학교에서의 실패 경험, 새 친구, 아동 또는 부모의 질병 등등

2. 이전에도 눈에 띄는 점이 있었는가? 신체적 또는 정신적 허약? 비겁함? 부주의? 은둔 성향? 유난히 서툰 언행? 유별난 시기심? 식사, 옷 입기, 세수, 취침 시 의존성? 혼자 있는 것에 대한 불안? 어둠에 대한 불안? 자신의 성 역할을 잘 알고 있는가? 일차, 이차, 삼차 성징? 이성을 어떻게 보는가? 성 교육의 진도는? 의붓자식? 사

생아? 양자? 양부모는 어떤 사람이었는가? 아직도 접촉하는가? 말하기와 걷기를 제때에 시작했는가? 말하기와 걷기에 문제는 없었는가? 치아 발달이 제때에 이루어졌는가? 쓰기 학습에서 눈에 띄는 어려움은? 수학에서? 미술에서? 음악에서? 수영 학습에서는? 단 한 사람에게만 유난히 집착하는가? 아버지? 어머니? 조부모? 보모?

주의 사항 삶에 대한 적대적 태도의 확인, 열등감을 일깨운 원인, 어려움과 사람들을 배제하는 성향, 이기심, 민감성, 조급함, 격화된 정동, 활동성, 탐욕, 조심성 같은 특성.

3. 아이가 골치를 많이 썩였는가? 아이가 가장 두려워하는 것은 무엇인가/누구인가? 밤에 비명을 지른 적이 있는가? 이불에 오줌을 싼 적이 있는가? 지배욕이 강한가? 강자에게도 그런가 아니면 약자에게만 그런가? 부모와 같이 자려는 뚜렷한 성향을 보였는가? 아이의 언행이 서투른가? 아이가 똑똑한가? 놀림과 비웃음을 많이 당했는가? 머리, 옷, 신발에 대해 허영심을 보이는가? 코를 파는가? 손톱을 물어뜯는가? 식탐이 많은가? 무엇을 훔친 적이 있는가? 배변에 어려움을 겪는가?

확인할 사항 어느 정도 활동성을 띠면서 우위를 차지하려 하는가? 반항심 때문에 추동 행동을 교정하는 데 어려움을 겪은 적이 있는가?

4. 친구를 쉽게 사귀는가 아니면 사교성이 없고 사람과 동물을 괴롭

혔는가? 어린이, 노인, 소녀(소년)와 잘 어울리는가? 지도자 성향이 있는가? 아니면 사람들을 배제하는가? 무엇을 수집하는가? 인색하게 구는가? 돈을 탐내는가?

관련 사항 접촉 능력, 낙심의 정도.

5. 아이의 이 모든 관계가 지금은 어떤가? 학교에서 품행은 어떤가? 기꺼이 학교에 가는가? 지각하는가? 등교 전에 흥분하는가 또는 서두르는가? 책, 책가방, 공책 등을 잃어버리는가? 숙제나 시험을 앞두고 흥분하는가? 숙제하기를 잊거나 거부하는가? 빈둥거리며 시간을 허비하는가? 게으른가? 무관심한가? 집중을 잘 못하거나 아예 못 하는가? 수업 시간에 떠드는가? 교사에 대한 태도는 어떤가? 비판적인가? 거만한가? 무관심한가? 숙제를 할 때 다른 사람의 도움을 구하는가 또는 다른 사람이 다그칠 때까지 늘 기다리는가? 체조 또는 운동 시간에 야심을 보이는가? 꽤 또는 아주 소질이 없다고 스스로 생각하는가? 책을 유난히 많이 읽는가? 어떤 책을 특히 좋아하는가?

이런 질문을 통해 학교생활에 대한 아동의 준비 상태와 학교라는 시험대에 오른 아동의 상황을 헤아릴 수 있다. 나아가 여러 어려움에 대한 아동의 태도도 알 수 있다.

6. 가정 상황, 가족의 질병, 알코올 중독, 범죄 성향, 신경증, 정신 박약, 매독, 간질, 생활 수준에 관한 객관적 증거가 있는가? 주위 사

람이 사망했는가? 아동이 몇 살 때 그런 일을 겪었는가? 아동이 고아가 되었는가? 가족 안에서 누가 지배적 지위에 있는가? 양육 방식은 엄격한가, 잔소리가 심한가, 응석을 받아 주는가? 아이들이 삶을 두려워하는가? 감시는 어떻게 이루어지는가? 의붓부모?

가족 내 위치에서 아동을 관찰하고 아동이 어떤 인상을 받았는지를 추측할 수 있다.

7. 아동은 형제자매 순서에서 어느 위치에 있는가? 첫째, 둘째, 막내, 외아들, 외딸? 경쟁 관계? 자주 우는가? 경멸적인 웃음? 다른 사람을 맹목적으로 평가 절하하는 성향이 있는가?

다른 사람에 대한 아동의 태도를 설명하는 성격론을 위해 중요함.

8. 아동은 지금까지 어떤 직업을 선택하려고 생각했는가? 결혼에 대해 어떻게 생각하는가? 가족의 직업은 무엇인가? 부모의 결혼 생활은 어떤가?

미래에 대한 아동의 용기와 자신감을 추론할 수 있음.

9. 좋아하는 놀이는? 좋아하는 이야기는? 역사와 문학 작품에서 좋아하는 인물은? 다른 아동의 놀이에 종종 훼방을 놓는가? 환상에 정신없이 빠져드는가? 냉정하게 사고하고 환상을 거부하는가? 몽상에 자주 빠지는가?

우월을 지향하는 모범에 대한 단서를 제공.

10. 가장 오래된 기억은? 인상적이거나 자주 반복되는 꿈은? (비행, 추락, 방해받음, 기차 시간에 지각함, 경쟁, 붙잡힘, 불안 등에 관한 꿈)

고립 성향, 경고의 목소리와 지나친 조심, 야망, 특정 개인이나 수동성 등등에 부여되는 우선순위 등을 종종 발견할 수 있다.

11. 아동이 어떤 면에서 기가 죽어 있는가? 아동이 무시당한다고 느끼는가? 주위 사람들의 주목과 칭찬에 호의적으로 반응하는가? 미신 같은 상상을 하는가? 어려움에 처하면 회피하는가? 여러 가지를 시작했다가 이내 그만두는가? 자신의 미래에 대한 확신이 없는가? 유전적인 불이익을 당하고 있다고 생각하는가? 주위 환경으로부터 체계적인 좌절을 경험한 적이 있는가? 비관적인 세계관을 가지고 있는가?

아동이 자신감을 상실했으며 잘못된 방향으로 길을 찾고 있다는 것을 시사하는 중요한 관점을 제공함.

12. 기타 나쁜 버릇: 걸핏하면 얼굴을 찡그리는가? 어리석게, 유치하게, 우스꽝스럽게 처신하는가?

주목을 받기 위한 소심한 시도.

13. 종종 말을 틀리게 하는가? 외모가 추한가? 통통한가? 안짱다리? 구루병? X형 다리 또는 O형 다리? 성장 장애? 비정상적인 비만? 비정상적으로 큰 키? 비정상적으로 작은 키? 눈 또는 귀에 결함

부록 2 : 개인심리학 설문지

이 있는가? 정신 지체? 왼손잡이? 밤에 코를 고는가? 외모가 빼어난가?

이것은 아동이 대개 과잉 평가하는 삶의 어려움에 관한 것이다. 이로 인해 아동은 장기간 절망적인 기분에 빠질 수 있다. 외모가 빼어난 아동의 경우에도 이와 비슷하게 잘못된 발달이 종종 발견된다. 그럴 경우 모든 것을 노력 없이 공짜로 얻을 권리가 있다는 암시에 빠져 삶을 위한 준비를 게을리한다.

14. 아동이 자신의 무능력, 학업을 위한 '자질 부족'을 공개적으로 이야기하는가? 노동 또는 삶을 위한 자질 부족? 자살에 관한 생각? 아동의 불운과 아동의 과오 사이에(예컨대 부모의 방치와 아동의 불량 집단 결성 사이에) 시간적 연관성이 있는가? 아동이 외적 성공을 과대평가하는가? 아동이 노예처럼 구는가? 위선적인가? 반항적인가?

포괄적인 낙심의 표현 형태. 종종 득세하기 위한 시도가 내재된 비합목적성과 주위 환경에 대한 이해 부족 때문에 실패한 후 비로소 나타남. 그 후에는 소규모 격전지에서 대리 만족을 추구함.

15. 아동이 달성한 긍정적인 성과가 있는가? 아동은 시각, 청각, 운동 유형 중 어디에 속하는가?

아동의 관심, 성향, 준비가 지금까지와는 다른 방향을 지향할 수 있기 때문에 중요한 단서가 됨.

이 질문들은 결코 단답식이 아니라 대화하듯이, 결코 판에 박은 방식으로가 아니라 동시에 상호 구축하는 방식으로 제시해야 한다. 이렇게 제시된 질문들을 통해 구성된 인격의 모습 속에서 실패는 정당한 것은 아니더라도 이해할 수 있는 것이 된다. 그리고 발견된 과오는 언제나 인내심을 갖고 위협을 가하지 않으면서 우호적으로 설명해야 한다.

성인의 실패와 관련해 내게는 다음과 같은 연구 도식이 가치 있는 것으로 판명되었는데, 이것을 따를 경우에 능숙한 사람이라면 30분 만에도 개인의 생활양식에 대해 포괄적인 통찰을 얻을 수 있다.

나는 다음과 같은 순서로 탐색을 진행하는데, 다만 이것이 늘 규칙적인 것은 아니다. 전문가라면 이것이 의학적 접근법과 일치하는 면이 있다는 것을 쉽게 알아차릴 것이다. 여기서 질문에 대한 응답은 개인심리학 체계에 기초한 심리학자들에게 다른 접근법에서는 무시하고 넘어갔을 수많은 관찰의 기회를 제공한다. 이 순서는 대략 다음과 같다.

1. 무엇이 문제입니까?
2. 증상을 감지했을 때, 당신은 어떤 상황에 처해 있었습니까?
3. 지금은 어떤 상황에서 살고 계십니까?
4. 직업은 무엇입니까?
5. 부모님의 성격, 건강, 경우에 따라서는 사망 시 질병, 그리고 당신과 부모님의 관계에 관해 말씀해 주십시오.
6. 형제자매가 몇 명이며, 당신은 그중에서 어떤 위치에 있습니까?

당신과 형제자매의 관계는 어떻습니까? 당신의 삶에서 중요한 다른 사람들은 어떻습니까? 그들도 병으로 고생하고 있습니까?

7. 아버지와 어머니가 특히 사랑한 자식은 누구입니까? 양육 방식은 어땠습니까?

8. 아동기에 경험한 응석받이의 표시를 찾기 위한 물음(소심함, 수줍음, 친구를 잘 사귀지 못함, 정돈되지 않은 외관 등등).

9. 아동기에 걸린 병과 이에 대한 반응.

10. 아동기의 가장 오래된 기억?

11. 가장 두려운 것 또는 두려웠던 것은 무엇입니까?

12. 아동기에 그리고 나중에 이성에 대한 태도는 어땠습니까?

13. 어떤 직업에 가장 끌렸습니까? 그리고 그것을 선택하지 않았다면, 왜 그랬습니까?

14. 야망, 민감함, 분노가 쉽게 폭발하는 성향, 꼼꼼함, 강한 지배욕, 수줍음, 조급함?

15. 현재 당신 주변의 사람들은 어떻습니까? 조급함? 성마름? 다정함?

16. 잠은 어떻게 주무십니까?

17. 꿈은 어떻습니까? (추락, 비행, 반복되는 꿈, 예언, 시험, 기차를 놓치는 꿈 등등)

18. 가계도상의 질병.

여기서 독자들에게 중요한 조언을 하나 하고자 한다. 여기까지 읽었는데도 이 질문들의 의미가 완전히 이해되지 않는 사람은 다시 처음부터 읽으면서 혹시 이 책을 부주의하게 또는 만에 하나라도 적대적인 의도를 가지고 읽지 않았는지 돌아보기 바란다. 만약 내가 생활양식의 구축에 대해 이 질문들이 갖는 의미를 여기서 설명하려 한다면, 나도 이 책 전체를 다시 한번 반복할 수밖에 없다. 그러나 그것은 공정하지 않을 것이다. 따라서 이 일련의 질문과 아동용 설문지는 과연 독자가 함께했는지를, 다시 말해 공동체 감정을 충분히 습득했는지를 알아볼 훌륭한 시험대가 될 것이다. 그리고 이런 절차를 통해 다른 사람들을 이해할 수 있도록 도울 뿐 아니라 공동체 감정의 중요성을 깨닫고 이것을 우리 각자 안에서 살아 숨 쉬게 만드는 것이야말로 이 책의 가장 중요한 과제이기도 하다.

1 아들러, 『열등 기관에 관한 연구 *Studie über Minderwertigkeit von Organen*』(Mnchen 1927. 무
  수정 복사판: Darmstadt, 1965) 참조

2 아들러, 『개인심리학의 실천과 이론 *Praxis und Theorie der Individualpsychologie*』(제3판,
  Mnchen 1927. 피셔 Fischer 출판사 문고판 제6236권: Frankfurt a. M. 1974) 참조

3 여러 해 동안 개인심리학을 배운 사람들조차 이것이 '영원의 관점에서' 본 공동체가 아
  니라 오늘날의 공동체라고 '주장'하는데, 이것은 그들에게 개인심리학의 수준이 너무
  높음을 보여 준다.

4 아들러, 『열등 기관에 관한 연구』 참조

5 아들러, 『동성애 문제 *Das Problem der Homosexualitt*』, Leipzig, 1930

6 얀 스미츠 J. Chr. Smuts, 『전체와 진화 *Wholeness and Evolution*』, London 참조

7 아들러, 『치유와 교육』, 피셔 문고판 제6220권 참조

8 캐넌 Cannon, 『신체의 지혜 *The wisdom of the body*』, New York 참조

9 특히 『개인심리학의 실천과 이론』 참조

10 Frankfurt a. M. 1972, 피셔 문고판 제6174권

11 에른스트 얀 E. Jahn & 아들러, 『종교와 개인심리학 *Religion und Individualpsychologie*』,
  Wien, 1933

12 아들러, 『치유와 교육 *Heilen und Bilden*』 참조

13 아들러, 『개인심리학의 실천과 이론』 참조

14 아들러, 『열등 기관에 관한 연구』 참조

15 아들러, 「강박신경증 Die Zwangsneurose」, 『개인심리학 저널 *Zeitschrift fr Individualpsycholo-
  gie*』, Leipzig, 1931

16 아들러, 『개인심리학의 실천과 이론』 참조

17 아들러, 『신경성 성격에 관하여』

18 아들러, 「삶의 의미Der Sinn des Lebens」, 『개인심리학 저널』, Leipzig, 1931, 161쪽 이하도 참조

19 루돌프 드라이커스Rudolf Dreikurs, 『심리적 발기부전Seelische Impotenz』, Leipzig. 그리고 아들러, 『동성애 문제』 참조

20 『개인심리학 저널』 제10권에 실린 아들러의 논문 참조. 여기서 아들러가 구별한 운동 법칙의 네 가지 형태는 '문제 해결에 대해 거리 두기', '망설이는 태도', '문제 회피 및 소규모 격전지 찾기', '축소된 행진 폭'이다.

21 홀럽Holub, 『열등 기관의 이론Die Lehre von der Organminderwertigkeit』, Leipzig 참조

22 아들러, 「잠자는 자세Schlafstellungen」, 『개인심리학의 실천과 이론』 참조

23 그루스Groos, 『아동의 놀이Spiele der Kinder』 참조

24 도이치 박사Dr. Deutsch, 『개인심리학에 기초한 피아노 교습Klavierunterricht auf individualpsy- chologischer Grundlage』 참조

25 아들러, 『신경성 성격에 관하여』 참조

26 홀럽, 『개인심리학 국제 저널Internationale Zeitschrift für Individualpsychologie』, Leipzig, 1933 참조

27 아들러, 『신경성 성격에 관하여』 참조

28 무엇보다 아들러, 『열등 기관에 관한 연구』 참조

29 『개인심리학의 실천과 이론』 참조

30 얀 스미츠, 『전체와 진화』, London

31 아들러, 『치유와 교육』 참조

32 에른스트 얀 & 아들러, 『종교와 개인심리학』 참조

33 에른스트 얀 & 아들러, 『종교와 개인심리학』 참조

아들러의 삶과 지적 유산

1870년에 오스트리아의 빈에서 유대인 가정의 일곱 아이 중 둘째로 태어난 알프레드 아들러는 신체적으로 매우 허약한 아이였다. 그는 구루병 때문에 네 살까지 걷지도 못했으며, 울 때는 기도가 수축되어 숨이 막히는 증상에 시달렸고, 네 살 때는 폐렴에 걸려 거의 죽을 뻔했다. 이렇게 허약하고 불완전한 자신의 상태에 대한 경험은 열등감과 이것의 극복이라는 그의 평생 연구 주제를 형성하는 밑거름이 되었다. 그의 말을 인용하자면, "인간이 된다는 것은 곧 자신이 열등하다고 느끼는 것"(이 책 97쪽)이다.

아들러는 빈대학에서 의학을 전공한 후 처음에는 안과의사로, 나중에는 일반의로 활동했다. 그러다 1902년에 지그문트 프로이트가 이끄는 정신분석 토론회에 참석하게 되었다. 이 모임은 나중에 빈 정신분석학회로 발전했으며, 아들러는 한때 이 학회의 장을 맡기도 했다. 프로이트는 성격의 분열을 강조했다. 그에 따르면 개인의 문제 행동은 분열된 성격 구조에서 비롯하며, 그 근저에는 무엇보다도 성적 추동이 있었다. 원초아(성적 추동)와 초자아(내면화된 문화적 규범) 사이에서 자아가 중재와 타협을 모색하는 과정에서 긴장과 불안이 생긴다. 그러나 아들러는 프로이트의 이런 견해에 동의할 수 없었다. 그는 개인을 분열된 성격 구조의 틀로 바라보는 대신에 분할할 수 없는 통일체로 간주했으며, 원초적인 추동에 휘둘리는 존재라기보다 삶의 목표를 이루려고 애쓰는 목표 지향적인 존재로 보았다. 결국 아들러는 프로이트의 모임에서 탈퇴하였고, 1912년에는 함께 탈퇴한 동료들과 '개인심리학회Verein für Individualpsychologie'를 결성했다. 참고로 '개인'을 뜻하는 독일어 'Individuum'은 '나눌 수 없는'을 뜻하는 라틴어 'in-dividual'에서 유래했다.

1907년에 발표한 아들러의 첫 번째 주요 저작인『열등 기관에 관한 연구Studie über Minderwertigkeit von Organen』에서는 신체적 소질의 결함으로 인한 발달 장애가 논의의 초점이었다. 1912년에 발표한『신경성 성격에 관하여Über den nervösen Charakter』는 그의 이론적 견해가 포괄적으로 서술된 최초의 저서였는데, 아들러는 이것을 빈대학 의학부의 교수 자격 취득을 위한 논문으로 제출했으나 거절당하고 말았다. 1913년에는 의사와 교육자를 위한 논문과 강연 원고를 모은 선집인『치유와 교육Heilen und Bilden』을 발표했고, 1914년에는『개인심리학 국제 저널Internationale Zeitschrift für Individualpsychologie』을 창간했다. 그사이 아들러의 모임은 탄탄한 이론적 토대 위에서 많은 동료들이 함께하는 활발한 조직으로 발전했다.

1914년에 제1차 세계대전이 발발하면서 아들러는 폴란드의 크라

쿠프Kraków에서 군의관으로 복무했는데, 이때의 전쟁 경험을 계기로 그는 모든 종류의 권력 투쟁에 단호하게 반대하면서 친사회적인 성향을 발전시키게 되었다. 그리고 아들러가 공동체 감정Gemeinschaftsgefühl을 정신 건강의 핵심 기준으로 삼게 된 것도 이때부터였다.

두 번에 걸친 세계대전 사이의 시기는 개인심리학의 전성기였다. 1918년에 전쟁에서 돌아온 그는 빈에서 28개에 달하는 무료 아동 상담소를 개설했고, 1924년에는 동료들과 함께 유명한 '개인심리학 실험학교Individualpsychologische Versuchsschule'를 설립했다. 1927년에는 시민대학에서 행한 강연을 모은 『아들러의 인간이해Menschenkenntnis』를 발표했으며, 이 무렵부터 개인의 통일적이고 목표 지향적인 생활상을 서술하기 위해 생활양식Lebensstil이라는 개념을 사용하기 시작했다. 그리고 1933년에는 그의 마지막 주저로 평가되는 이 책『삶의 의미』를 발표했다.

1926년부터 미국을 정기적으로 방문했던 아들러는 1929년에 뉴욕의 컬럼비아대학에서 객원교수가 되었고, 1932년에는 뉴욕의 롱아일랜드의과대학에서 의학심리학 교수직을 얻었다. 독일에서 나치가 집권하자 그는 1934년에 가족과 함께 미국으로 이주했지만, 강연을 위해 자주 유럽을 방문했다. 그리고 1937년에 강연을 위해 스코틀랜드의 애버딘에 머무를 때 갑작스러운 심장마비로 67년의 삶을 마감했다.

사회심리학자 윌리엄 맥두걸William McDougall의 평가에 따르면 1935년경에 특히 미국에서 개인심리학의 추종자 수는 다른 모든 심리학파의 추종자 수를 합한 것보다 많았다고 한다. 그러나 나치 시대의 유럽에서 개인심리학은 '유대인 과학'이라는 이유로 탄압을 받았으며, 오스트리아의 개인심리학회는 1939년에 강제 해산되었다.

아들러는 많은 사람에게 현대 심리학의 여러 요소를 앞서 고찰한 인물로 기억되며, 그의 이론은 심리 치료와 아동 발달을 포함해 심리학의 많은 분야에 큰 영향을 미쳤다. 아들러의 영향을 받은 주요 심리학자로는 신프로이트학파로 분류되는 카렌 호나이Karen Horney와 에리히 프롬Erich Fromm, 인본주의 심리학자 에이브러햄 매슬로Abraham Maslow, 내담자 중심 치료법을 개발한 칼 로저스Carl Rogers, 실존주의 상담사 롤로 메이Rollo May, 합리정서행동치료를 창시한 앨버트 엘리스Albert Ellis 등이 꼽힌다.

삶의 의미

이 책에서 '삶의 의미'는 두 가지 의미를 지닌다. 첫째는 개인이 자신의 삶에 부여하는 주관적인 의미인데, 이것은 개인이 자신, 주위 사람, 세계, 삶 등에 관해 품고 있는 그의 '견해Meinung'에 기초한다. 이 책 1장 '자신과 세계에 관한 견해'에서는 개인의 이런 주관적 견해가 아동기의 경험을 바탕으로 어떻게 형성되고 개인의 행동과 느낌과 생각을 이끄는 삶의 목표와 생활양식으로 발전하는지를 고찰한다. "삶의 의미에 관한 개인의 견해는 결코 한가한 사안이 아니다. 왜냐하면 이것이 궁극적으로 개인의 사고와 느낌과 행위를 좌우하기 때문이다. 그러나 삶의 진정한 의미는 그릇되게 행동하는 개인이 부딪히는 저항 속에서 모습을 드러낸다."(이 책 31쪽) 여기서 아들러가 말하는 '삶의 진정한 의미'는 이 책에서 '삶의 의미'라는 표현이 지닌 두 번째 의미다. 아들러의 이론에서 이것은 개인의 정신 건강과 나아가 삶의 건강성을 판단하는 척도 구실을 한다. "삶의 의미를 묻는 일은 인간과 우주의 연관 관계에 주목할 때 비로소 가치와 의미를 지닌다. (…) 우주는 말하자면 살아 있는 모든 것의 아버지다. 그리고 모든 생명은 우주의 요구를 충족하기 위해 끊임없이 노력한다. (…) 생명이란 곧 자기 발달이다."(이 책 273쪽) 인간이라는 생명체가 충족해야 할 이 '우주의 요구'를 아들러는 공동체, 노동, 사랑이라는 삶의 3대 과제로 구체화한다. "이것은 사회화, 생계 유지, 번식의 필연성에 뗄 수 없게 묶여 있는 인간의 처지에서 비롯한다. (…) 우주적인 관계 속에서 이 땅의 산물인 인간은 공동체에 결속된 채 공동체를 위한 신체적이고 정신적인 배려, 노동 분업과 근면, 충분한 번식을 통해서만 발달하고 존속할 수 있었다."(이 책 44쪽)

아들러에 따르면 개인이 공동체, 노동, 사랑이라는 삶의 3대 과제에 성공적으로 대처하기 위한 토대가 되는 것은 공동체 감정이다. 왜냐하면 공동체, 노동, 사랑을 둘러싼 삶의 과제는 혼자의 능력만으로 해결할 수 있는 것이 아니라 다른 사람과 함께할 때만 해결할 수 있기 때문이다. 아들러가 말하는 공동체 감정은 소속감, 공동체 전체의 안녕에 기여하려는 협력의 태도 등을 포함한다. 인간은 사회적 동물로 진화했기 때문에 사회적 본성을 지니고 있지만, 잘 발달한 공동체 감정은 타고난 것이라기보다 올바른 양육의 결과라고 아들러는 말한다. 무기력한 처지의 젖먹이는 어머니 같은 보호자의 도움에 의지할 수밖에 없으며, 보호자와 아이 사이의 상호 작용을 바탕으로 아이가 타인의 보호 속에서 편안함을 느끼고 타인에 대한 신뢰를 형성할 수 있을 때 비로소 타인과 협력하고 때로는 타인을 위해 기꺼이 헌신하려는 공동체 감정이 발달할 수 있다고 아들러는 말한다. "인간의 공동체 감정이 발달하는 데 어머니의 접촉만큼 중요한 것은 없다고 말해도 지나치지 않을 것이다. (…) 인간이 지닌 공동체 감정의 가장 큰 부분은, 그리고 따라서 인간 문화의 본질적인 성분은 아마도 어머니의 접촉감 덕분일 것이다."(이 책 225쪽)

개인이 겪는 심리적인 문제, 즉 열등감, 고독감, 우울, 신경증, 정신병, 나아가 중독과 범죄 같은 행동상의 문제는 아들러에 따르면 이런 삶의 과제에 직면한 개인에게 나타나는 부적응 현상이다. 즉 공동체 감정, 타인의 삶에 대한 유대감, 협력과 공생의 능력 등이 결여된 경우, 온갖 형태의 열등감과 현실을 외면하는 반응 양식이 발달하는데, 아들러는 이런 심리적 복합 현상을 가리켜 열등 콤플렉스라고 불렀다. 공동체 감정이 결여된 개인의 "우월을 향한 지칠 줄 모르는 추구는 이 콤플렉스를 우월 콤플렉스로 덮으려 하는데, 이것은 언제나 공동체 감정 밖에서 개인적 우월의 외관을 좇는다."(이 책 38쪽)

아들러를 비판하는 사람들은 아들러가 공동체 감정을 인간 이해의 중심에 놓음으로써 과학의 영역을 넘어 윤리의 문제를 심리학 안으로 끌어들였다고 비판한다. 그러나 역자가 보기에는 아들러 이론의 이런 특징이야말로 거의 100년 전에 세상에 나온 그의 이론이 오늘날까지도 많은 연구자들에게 영감과 방향성을 제시할 수 있는 이유다. 왜냐하면 인간의 행복과 인류의 안녕을 고려하지 않는 과학이 있다면, 그것은 맹

목적 객관주의에 빠져 '삶의 의미'에 대한 연관성을 상실한 무가치한 활동에 지나지 않을 것이기 때문이다.

옮긴이의 말

역자는 꽤 오랜 시간 심리학을 전공으로 공부했지만, 아들러에 관해서는 그리 많이 알고 있지 못했다. 때문에 이 책을 번역하면서, 원문의 의미를 제대로 이해하기 위해서라도 아들러의 이론 체계를 피상적으로나마 살펴보는 과정을 거쳐야 했다. 아들러는 인간에 대한 자신의 견해를 세상에 널리 알리기 위해 매우 평이한 문체로 글을 썼다고 알려져 있지만, 그래도 역자에게는 이 책을 번역하는 일이 결코 쉽지 않았다. 아마도 그 이유는 한편으로 아들러에 대한 역자의 이해 부족 때문일 것이고, 다른 한편으로는 거의 90년 전에 오스트리아에서 집필된 책과 21세기 한국에서 생활하는 역자 사이의 문화적 간극 때문인 듯하다. 그래서 한편으로는 생활양식, 열등감같이 우리의 일상생활에서도 자주 쓰는 개념을 이 책에서 접하게 되는 반면에, 다른 한편으로는 개인의 운동 법칙, 추동 같은 매우 낯선 용어도 종종 접하게 된다. 역자가 군데군데 용어 해설을 추가하긴 했지만, 충분해 보이지는 않는다. 따라서 이런 낯선 용

옮긴이의 말

어가 포함된 낯선 내용의 문장을 접할 때 독자에게 요구되는 첫 번째 태도는 인내심인 듯하다. 나아가 아들러와 오늘날의 한국 독자 사이에 놓인 간극을 넘어서려는 문화적 상상력을 발휘할 수 있다면 더더욱 좋을 것이다. 이런 것은 고전을 읽는 독자의 의무이자 즐거움이라 하겠다.

이 책을 번역하면서 역자가 직면한 두 번째 어려움은 책의 내용에 관련된 것이었다. 인간은 공동체, 노동, 사랑이라는 삶의 3대 과제에 직면할 수밖에 없으며, 공동체 감정을 바탕으로 이런 과제에 잘 대처할 때 비로소 삶의 진정한 의미를 실현할 수 있으며, 그렇지 않을 경우에는 온갖 심리적 문제와 반사회적 일탈 행동의 잘못된 길로 빠질 것이라고 저자는 경고한다. 역자에게는 책의 이런 기본 메시지가 한편으로는 매우 상식적인 것으로 느껴지기도 했고, 다른 한편으로는 심리학적 분석 대신에 윤리적 설교를 듣는 듯한 인상을 주기도 했다. 그러나 아들러를 점차 알아 가던 중에 역자가 학창 시절에 감명 깊게 읽었던 에이브러햄 매슬로나 에리히 프롬 같은 인본주의 심리학자들에게 아들러가 큰 영향을 미쳤다는 사실을 알게 되었다. 다시 말해 아들러의 주장이 매우 상식적인 것으로 느껴진 까닭은 역자가 (그리고 역자와 비슷한 문화적 배경을 가진 한국 독자들이) 이미 그의 영향력이 깊이 스며든 문화 속에서 성장했기 때문일지 모른다. 그리고 심리 현상에 대한 아들러의 설명에 깔려 있는 윤리적인 관점도 그의 이론의 과학성을 해치는 요소라기보다 그의 이론이 현대에 이르기까지 호소력을 갖는 근본 이유일지 모른다는 생각을 하게 되었다. 인간의 행복과 인류의 번영을 외면하는 과학은 결국 자기 파괴의 수단일 뿐이기 때문이다. 이 고전을 읽는 독자가 역자와 비슷한 경험을 하게 될지 아니면 전혀 다른 견해를 갖게 될지는 전적으로 독자 자신의 몫이다.

　이 책을 독자들이 읽기 좋게 만들기 위해 여러모로 애쓰신 을유문화사의 여러 분에게 이 자리를 빌려 감사의 말씀을 전한다.

찾아보기